中國歷代與國際間的
關係及規範變遷

從「文明標準」到「新文明標準」

張小明 著

崧燁文化

中國歷代與國際間的關係及規範變遷：從「文明標準」到「新文明標準」
目錄

目錄

導言
  一 7
  二 9
  三 14

第一章　國際社會、國際規範與文明標準
  第一節　國際社會 17
  第二節　國際規範 21
  第三節　文明標準 32
  第四節　新文明標準 38

第二章　古代中國的「文明標準」與東亞地區國際社會
  第一節　歷史上的國際社會／國際體系 51
  第二節　古代中國的天下觀念 53
  第三節　以中國為中心的朝貢體系 59
  第四節　天下觀、朝貢體系與中國的對外行為 69

第三章　中國加入現代國際社會
  第一節　東亞朝貢體系遭遇衝擊和逐步走向瓦解 74
  第二節　中國對外關係行為與觀念的變化 84
  第三節　中國成為現代國際社會的一員 99

第四章　中華人民共和國在國際社會中「反抗西方」
  第一節　「另起爐灶」「打掃乾淨屋子再請客」 108
  第二節　從「一邊倒」到「兩個拳頭打人」 115
  第三節　從「中間地帶」到「第三世界」 122
  第四節　「一條線」與中國國際社會間關係的改善 128
  第五節　中國加入聯合國 131

第五章　改革開放與中國主動融入國際社會

- 第一節　中國的改革開放與對外政策的重大調整 ... 135
- 第二節　積極締結國際條約和參與國際立法過程 ... 137
- 第三節　建設和完善現代外交制度 ... 141
- 第四節　中國建設性地參與國際組織 ... 143
- 第五節　中國融入國際貿易、投資與金融制度 ... 146
- 第六節　中國對某些重要國際規範態度的變化 ... 147
  - 一、中國與裁軍和核不擴散規範 ... 148
  - 二、中國與人權規範 ... 150
  - 三、中國與民主規範 ... 152
  - 四、中國與國際干涉規範 ... 153
  - 五、中國與國際環境保護規範 ... 156
- 第七節　改革開放以來中國在國際社會中所承受的壓力 ... 157

第六章　中國的崛起與國際規範的變遷

- 第一節　中國的崛起 ... 161
- 第二節　中國努力成為國際社會中的負責任大國 ... 168
  - 一、參與國際社會的程度更深 ... 168
  - 二、更加積極地參加聯合國的工作 ... 170
  - 三、在維護國際核不擴散體系中扮演重要角色 ... 171
  - 四、勇於承擔國際責任 ... 174
  - 五、積極參加全球治理 ... 177
  - 六、深入參與地區一體化建設 ... 179
- 第三節　中國與「新文明標準」 ... 183
  - 一、中國與人權規範 ... 188
  - 二、中國與人道主義干涉規範 ... 190
  - 三、中國與民主規範 ... 194
  - 四、中國與市場經濟規範 ... 198

五、中國與環境主義規範..200
　第四節　崛起的中國與未來的國際秩序................................204
結論
主要參考文獻
　一、中文著作..219
　二、英文著作：...233

中國歷代與國際間的關係及規範變遷：從「文明標準」到「新文明標準」
目錄

導言

一

　　本書的研究主題，從狹義上說是中國與國際規範變遷，而從廣義上說則是中國與現代國際社會關係的歷史演進。眾所周知，自從近代[1]以來一直到今天，中國與發源於歐洲的、由主權國家所組成的現代國際社會的關係，始終是中國對外關係的核心內容，也是中外學術界熱衷於討論的重要話題之一，相關研究成果可謂汗牛充棟。20世紀80年代初，我到北京大學國際政治系求學，成為一名學習國際政治專業的學生。從那個時候開始到現在，有關中國與現代國際社會關係的思索似乎就從來沒有離開過我的學習、研究與教學。在過去的30多年裡，我選修過幾門相關的課（比如中國近代外交史和中華人民共和國對外關係史），讀過數量不少的相關主題的中英文書籍或文章，也在給學生開設的多門課程中或多或少地論及這個主題。我想，作為一個學習、研究和講授國際關係或國際政治的中國學人，他（或者她）總是會自覺或者不自覺地關注和思考中國與現代國際社會的關係或者中國與世界的關係之類的話題。正所謂研究外國問題，心裡總想著中國的事情。這可能屬於大多數中國學者所持的自覺或不自覺的「中國中心觀」吧！

　　然而，我開始有寫一本相關主題著作的想法，卻是最近十年的事情。更具體地說，2007—2008年，我在英國倫敦政治經濟學院休學術假的時候，最早產生了這樣一個念頭。

　　我在英國那一年的主要工作是撰寫一本有關國際關係英國學派（English School of international relations，又譯「國際關係英格蘭學派」）的理論與歷史的書。在閱讀有關英國學派的著作、文章以及個人檔案文獻的時候，我有一個意外發現，即從20世紀50年代末開始，英國學派的主要學者在闡述國際社會的理論與歷史的時候，常常會提及中國，而且其論述的重點是中國與現代國際社會的關係，尤其是中國與現代國際社會擴展的關聯性，把中國視為一個非西方國家如何抵制、加入和挑戰西方主導的現代國際社會之重要研究個案或者參照物。我在英國牛津大學圖書館查閱英國學派著名學者赫

中國歷代與國際間的關係及規範變遷：從「文明標準」到「新文明標準」
導言

德利·布爾的個人檔案的時候瞭解到，布爾曾經在 20 世紀 70 年代初，隨澳大利亞國立大學代表團（其成員中包括王賡武教授）訪問中國，並且寫了兩本關於中國之行的日記和一篇訪華報告。後來在布爾牛津的家中，布爾夫人瑪麗·布爾給我看了她丈夫在中國拍的照片，證實布爾訪華一事。英國學派中的華裔學者（如江文漢和張勇進）還發表過影響頗大的相關研究專著。進入 21 世紀之後，在中國崛起的背景之下，當代英國學派學者有關中國與現存國際秩序關係的討論也很多，不少英國學派學者（比如巴裡·布贊、伊恩·克拉克、安德魯·赫里爾、張勇進、蒂姆·鄧恩、鈴木省悟等人）都就此問題發表過自己的看法，他們和中國國際關係學界也有不少交流。由於這個原因，英國學派的中國觀，特別是該學派有關中國與現代國際社會關係的理論思考和歷史敘述，就成了我的一個重要學術關注點。因此，後來我便把英國學派的中國觀寫入了我的書《國際關係英國學派：歷史、理論與中國觀》（2010）[2] 中，我也在英國國際研究學會（BISA）編輯的刊物《國際研究評論》（Review of International Studies）上發表了一篇相同主題的英文論文（2011）[3]。閱讀英國學派的著述，激起我對中國與現代國際社會關係歷史演進的更大興趣，我因而閱讀了更多的相關文獻，也產生了寫一本從中國人的視角講述中國與現代國際社會關係歷史演進的書之想法。這是我寫作此書的主要學術動機。

此外，我在英國期間，正好趕上 2008 年北京奧運會的火炬傳遞活動在一些歐美國家進行，其中一站就是英國倫敦。奧運火炬在巴黎、倫敦、舊金山等城市傳遞的時候，我連著好幾天都在觀看英國廣播公司（BBC）24 頻道的直播節目。我從 BBC 的電視直播以及當地其他媒體的報導中瞭解到，在這些地方的火炬傳遞活動頻頻遭遇來自「藏獨」勢力、人權組織等的粗暴阻撓或干涉，而當地媒體幾乎是一邊倒地批評中國侵犯人權的行為，也有人主張「抵制北京奧運會」。實際上，在奧運火炬傳遞活動前後，中國在非洲蘇丹達爾富爾衝突、與津巴布韋的關係、東亞的緬甸反政府示威、中東的「阿拉伯之春」（又稱「阿拉伯覺醒」）等問題上的立場與態度，一面對對著來自西方政府、民間組織以及新聞媒體的強烈批評與指責。從中國的角度看，北京舉辦奧運會是中國改革開放以來更深地與國際接軌、融入現代國際社會的

一個重要表現,理應受到國際社會的歡迎。然而,綜合實力日益增強且更深融入國際社會的中國為什麼卻頻頻遭遇來自西方世界以及一些非西方國家的批評和指責呢?我感覺到,奧運火炬傳遞在歐美國家受阻一事,從一個側面說明當今中國與現代國際社會的關係並非十分融洽,而是存在著某種緊張關係。那麼中國與現代國際社會關係中的問題到底出在哪裡呢?我很想從瞭解和研究中國與國際社會關係的歷史演進中尋找到這個問題的答案。因此,在倫敦感受奧運火炬傳遞活動,也是促使我寫作本書的另外一個重要原因,或者說是一個環境推動力。

2008年夏天回國之後,我集中精力於《國際關係英國學派:歷史、理論與中國觀》一書的補充與修改工作。2009年春天,我在完成該書的定稿之後,便開始認真考慮寫一部與該書相關聯的後續著作,其主題是中國與國際規範的變遷。有了這個想法之後,我就在2009年6月申請教育部人文社科規劃基金項目,並且有幸在這一年的年底獲得了研究資助。此後的幾年裡,我便按照當初申請項目時所設計的研究計劃,開始這項新的研究工作,並且陸續寫了幾篇相關主題的中英文文章,有些或在國內外學術刊物上正式發表,或被收錄於某些編著。[4] 在文獻資料不斷積累及研究思路逐漸清晰的基礎上,我便開始撰寫這部書稿。

書稿的撰寫比最初預想的要艱難得多,這是因為它所涉及問題的時間跨度與研究難度都實在是太大了,我也因此多次產生了放棄的念頭。好在我最後還是咬牙堅持下來了,於2013年春夏之交最終完成了書稿初稿的寫作以及研究項目的結項。然而,此後書稿的修改過程持續的時間更長,我在對書稿進行補充和完善的時候,不斷髮現或遇到新的材料、新的問題以及新的困難,從而導致書稿的修改工作迄今已經斷斷續續地進行了好幾年。

二

對我來說,本書的寫作既是一個尋找答案的思想探索之旅,也是一個積累知識的學習過程。在這個歷經約十年的過程之中,前人的研究成果和其他文獻資料無疑給了我很多思想啟示,也豐富了我的知識結構。我特別從閱讀以下四類文獻中,獲益良多。

中國歷代與國際間的關係及規範變遷：從「文明標準」到「新文明標準」
導言

　　第一類文獻是英國學派的著述。從 20 世紀 50 年代末至今，國際關係「英國學派」學者在探索國際社會的理論與歷史的時候，對古代以中國為中心的東亞國際社會/國際體系、中國與現代國際社會的擴展、中國在當代國際社會中的崛起等一系列相關問題，都進行了比較深入的探討並發表了研究成果。於 1959 年成立的「英國國際政治理論委員會」一直十分關注中國與西方主導的現代國際社會的關係，並討論了「文明標準」與中國加入國際社會的歷史過程。這個委員會的重要成員馬丁·懷特、赫德利·布爾、亞當·沃森以及傑佛瑞·哈德遜等人，都在他們的相關著述中把中國當作思考現代國際社會緣起與擴展的重要分析個案或者參照物。該委員會的部分成員還發表了與中國相關的一些研究成果，其中最著名、最經典的研究成果有兩項。第一項成果就是赫德利·布爾和亞當·沃爾森聯合主編的《國際社會的擴展》（1984）一書[5]，該書有兩章分別專門論述中國加入國際社會以及中國在國際社會中「反抗西方」，其作者是江文漢和科拉·貝爾。第二項成果就是布爾的華裔學生江文漢所出版的研究專著《國際社會中的「文明標準」》（1984）[6]，該書比較分析了中國、日本和泰國加入現代國際社會的歷史過程，它迄今為止還是該問題領域的一部經典著作。1985 年，赫德利·布爾去世之後，英國國際政治理論委員會不復存在，但英國學派的理論探索並沒有結束。此後，英國學派學者在思考國際社會變遷的時候，依然把中國作為一個重要的研究個案。冷戰結束以前，英國學派相關的重要研究著作包括約翰·文森特的《人權與國際關係》（1986）[7]。冷戰結束之後，英國學派學者發表的專門論述中國與國際社會的關係或者涉及該主題的研究著述不斷出版，其中比較重要的著作包括，張勇進的《國際體系中的中國 1918—1920 年》[8]（1991）、亞當·沃森的《國際社會的演進：歷史比較分析》（1992）[9]、大衛·阿姆斯特朗的《革命與世界秩序：國際社會中的革命國家》（1993）[10]、張勇進的《1949 年以來的國際社會中的中國》（1998）[11]、巴裡·布贊和羅斯瑪麗·富特主編的《中國重要嗎？》（2004）[12]、伊恩·卡拉克的《國際社會中的合法性問題》（2005）[13]、安德魯·赫里爾的《論全球秩序》（2007）、伊恩·克拉克的《國際合法性與世界社會》（2007）[14]、鈴木省悟的《文明和帝國：中國和日本遭遇歐洲國際社會》（2009）[15]，以及鈴木省悟和張勇進等主編的《近代世界早期

的國際秩序：在西方崛起之前》（2014）[16]等。本書的基本分析框架就是英國學派的國際社會理論，書中所用的「國際社會」「文明標準」「新文明標準」等概念均來自英國學派學者的著述。與此同時，我也從閱讀與英國學派有一定關聯性的國際關係建構主義學派的理論著作[17]中獲益匪淺，書中出現的「國際規範」概念便是借用於國際關係建構主義者。

　　第二類文獻是除了英國學派作品之外的其他國外學者（包括海外華裔學者）的相關著述，這類著作的數量很多。在我已閱讀過的此類文獻中，數美國著名漢學家、哈佛大學教授費正清的作品（包括專著和編著，其中大多已經被譯成中文）最多，它們給予我的思想啟迪和知識養分也最為豐富。我之所以對費正清的作品情有獨鍾，除了他的作品享譽國際學術界之外，也和我本人曾經作為富布賴特研究學者在美國哈佛大學費正清東亞研究中心（Fairbank Center for East Asian Research）訪學一年（1999—2000）的經歷有很大關係，那時我經常逛哈佛大學附近的舊書店，買過多本費正清寫的英文原版圖書。我閱讀過的費正清作品包括《中國對西方的反應》（1954，1979）[18]、《被認知的中國：中美關係中的形象與政策》（1974）[19]、《劍橋中國晚清史 1800—1911 年》（1985）[20]、《中國：傳統與變革》（1992）[21]、《劍橋中華民國史 1912—1949 年》（1994）[22]、《劍橋中華人民共和國史》（1998）[23]、《中國新史》（1998）[24]、《偉大的中國革命 1800—1985》（2000）、[25]《美國與中國》（2000）[26]、《觀察中國》（2001）[27]、《中國的世界秩序：傳統中國的對外關係》（2010）[28]等。其中，費正清教授有關「衝擊—反應」關係的論述給我留下的印象特別深刻，儘管我並非完全認同它。除了費正清的作品之外，我也讀過其他國外學者的一些相關著作，其中包括馬士的《中華帝國對外關係史》（1963，2000）[29]、柯文的《在中國發現歷史——中國中心觀在美國的興起》（1989）[30]、濱下武志的《近代中國的國際契機：朝貢貿易體系與近代亞洲經濟圈》[31]（1999）、汪榮祖的《走向世界的挫折》（2000）[32]、伊麗莎白·埃克諾米和米歇爾·奧克森伯格主編的《中國參與世界》（2001）[33]、何偉亞的《懷柔遠人》（2002）[34]、康燦雄的《中國崛起：東亞的和平、權力與秩序》（2007）[35]、徐中約的《中國近代史：1600—2000 中國的奮鬥》（2008）[36]、徐國琦的《中國與大戰：

尋求新的國家認同與國際化》（2008）[37]、鄧勇的《中國爭取國際地位的奮鬥》（2008）[38]、馬丁·雅克的《當中國統治世界》（2010）[39]、川島真的《中國近代外交的形成》（2012）[40]、文安立的《躁動的帝國：1750年以來的中國與世界》（2012）[41]、佩雷菲特的《停滯的帝國：兩個世界的撞擊》（2013）[42]、沈大偉的《中國走向全球：不完全的大國》（2013）[43]、金容九的《世界觀衝突的國際政治學——東洋之禮與西洋公法》（2013）[44]、夏偉和魯樂漢的《富強之路——從慈禧開始的長征》（2014）[45]、柯慶生的《來自中國的挑戰：塑造一個崛起大國的選擇》（2015）[46]、魏斐德的《中華帝國的衰落》（2017）[47]等。這些學者的研究作品，大多是從他者的視角看中國的對外關係，並給我以啟示。

　　第三類文獻是中國學者的研究成果。近代以來中國與世界的關係，一直是中國學術界，特別是史學界和國際關係學界關注的重點，相關研究成果也很多。首先，我看得最多的是中國歷史學者的研究專著，其中包括鐘叔河的《走向世界：近代知識分子考察西方的歷史》（1985）[48]、王立誠的《中國近代外交制度史》（1991）[49]、茅海建的《天朝的崩潰：鴉片戰爭再研究》（1995）[50]、戴逸的《18世紀的中國與世界》（導言卷，1999）[51]、萬明的《中國融入世界的步履：明與清前期海外政策比較研究》（2000）[52]、王建朗的《中國廢除不平等條約的歷程》（2000）[53]、蔣夢麟的《西潮·新潮》（2000）[54]、李雲泉的《朝貢制度史論——中國古代對外關係體制研究》（2004）[55]、陳永祥的《宋子文與美援外交》（2004）[56]、陳廷湘和周鼎的《天下·世界·國家：近代中國對外觀念演變史論》（2008）[57]、雷頤的《李鴻章與晚清四十年》（2008）[58]、李兆祥的《近代中國的外交轉型研究》（2008）[59]、臧運祜的《20世紀的中國與世界》（2010）[60]、謝俊美的《東亞世界與近代中國》（2011）[61]、蔣廷黻的《中國近代史》（2015）[62]、李文杰的《中國近代外交官群體的形成（1861—1911）》（2017）[63]等。其次，一些中國國際關係學者的著作也涉及相關主題，其中包括王逸舟主編的《磨合中的建構：中國與國際組織關係的多視角透視》（2003）[64]、李揚帆的《走出晚清——涉外人物及中國的世界觀念之研究》（2005）[65]、秦亞青等的《國際體系與中國外交》（2009）[66]、王逸舟和譚秀英主編的《中國外交六十年（1949—

2009）》（2009）[67]、陳琪和劉豐主編的《中國崛起與世界秩序》（2011）[68]、趙可金的《當代中國外交制度的轉型與定位》（2012）[69]、李揚帆的《湧動的天下：中國世界觀變遷史論（1500—1911）》（2012）[70]、張蘊嶺的《尋求中國與世界的良性互動》（2013）[71]、閻學通的《歷史的慣性：未來十年的中國與世界》（2013）[72]。最後，是中國外交史或對外關係史教科書，其中有一些是我讀大學本科和研究生的時候就看過的。這類的教科書包括韓念龍主編的《當代中國外交》（1988）[73]、王邵坊的《中國外交史：鴉片戰爭至辛亥革命時期 1840—1911》（1988）[74]、謝益顯主編的《中國外交史：中華人民共和國時期 1949—1979》（1988）[75]、吳東之主編的《中國外交史：中華民國時期 1911—1949》（1990）[76]、田曾佩主編的《改革開放以來的中國外交》（1993）[77]、裴堅章主編的《中華人民共和國外交史》（1994）[78]、謝益顯主編的《中國外交史：中華人民共和國時期 1979—1994》（1995）[79]、曲星的《中國外交 50 年》（2000）[80]、牛軍編著的《中華人民共和國對外關係史概論（1949—2000）》（2010）[81]、張忠紱編著的《中華民國外交史（1911—1921）》（2012）[82] 等。這類著作大多體現了中國的視角，這也正是我自覺或不自覺地採用的分析視角。

第四類文獻是近代以來中外關係參與者或親歷者的文集、回憶錄、傳記等，它們提供了很多有關中國與現代國際社會關係的鮮活史料。如保羅·芮恩施的《一個美國外交官使華記》（1982）[83]、顧維鈞的《顧維鈞回憶錄》（1983）[84]、伍修權的《在外交部八年的經歷 1950.1—1958.10》（1983）[85]、王炳南的《中美會談九年回顧》（1985）[86]、劉曉的《出使蘇聯八年》（1986）[87]、中華人民共和國外交部和中央文獻研究室編的《周恩來外交文選》（1990）[88]、師哲的《在歷史巨人身邊——師哲回憶錄》（1991）[89]、伍修權的《回憶與懷念》（1991）[90]、汪東興的《汪東興日記》（1993）[91]、中華人民共和國外交部和中央文獻研究室編的《毛澤東外交文選》（1994）[92]、熊向暉的《我的情報與外交生涯》（1999）[93]、容閎的《容閎自傳——我在中國和美國的生活》（2003）[94]、顏惠慶的《顏惠慶自傳：一位民國元老的歷史記憶》（2003）[95]、錢其琛的《外交十記》（2003）[96]、馬戛爾尼的《1793 乾隆英使覲見記》（2006）[97]、黃華的《親歷與見聞——黃華回憶

錄》（2007）[98]、凌青的《從延安到聯合國——凌青外交生涯》（2008）[99]、唐家璇的《勁風煦雨》（2009）[100]、楊公素的《滄桑百年——楊公素回憶錄》（2011）[101]、喬治馬戛爾尼和約翰巴羅的《馬戛爾尼使團使華觀感》（2013）[102]、施肇基和金問泗的《施肇基早年回憶錄·外交工作的回憶》（2016）[103]、蔣廷黻的《國士無雙——蔣廷黻回憶錄》（2016）[104]等。這些中外關係參與者或親歷者的著述，給本書的撰寫提供了很多研究素材。

當然，除了上述四類文獻之外，我也參考了其他一些文獻，包括眾多的期刊文章，在此就不一一贅述了。

三

如上所述，與本書研究主題相關的研究成果很多，我試圖在學習和吸收他人研究成果的基礎上，按自己所理解的研究思路與敘事方式來撰寫本書。

首先，是選擇一個分析框架。本書試圖借鑑英國學派有關國際社會緣起、性質、擴展的論述，圍繞著中國與國際規範的變遷這個主題，來詮釋近代以來中國與西方主導的現代國際社會關係的歷史演進過程，以期理解正在崛起的中國與國際社會的關係之現實狀況與發展前景。作為西方國際關係理論的一個流派，英國學派最大的理論特色，就是把國際社會置於自己理論思考的中心位置，或者說把國際社會作為國際關係的研究主題，認為主權國家組成國際社會，其行為受共同價值、規範、規則、制度的制約，國際社會是無政府但有秩序的。在我看來，英國學派的國際社會理論能夠給我們提供一個有意義的、詮釋中國與現代國際社會關係的分析框架。與此同時，我在研究英國學派的時候也深刻地認識到，英國學派有關國際社會的擴展與國際規範的擴散之傳統敘事帶有明顯的歐洲中心主義傾向，把中國與現代國際社會的關係簡單描述為：源於歐洲的國際規範向全球範圍擴散，包括中國在內的廣大非歐洲國家被動接受歐洲（西方）的國際規範並加入國際社會之單向發展和文明進步的一個過程。這一思路有點類似於美國漢學家費正清所說的「衝擊—反應」模式。這可能比較符合晚清與民國時期中國與國際社會的關係。但是，如果我們從一個更長的歷史視角來看問題，比如把鴉片戰爭以前的中國對外關係和鴉片戰爭以後到今天中國的對外關係放在一起進行長時段的歷史考

察，那麼就會發現，中國與外部世界的關係並非簡單的、單向的「衝擊—反應」模式，其實也具有雙向互動的性質，特別是在某些歷史時期或階段，中國也是衝擊的一方。此外，我們如果從中國的視角來看問題，那麼也會發現，中國並非始終只是被動接受外來的行為規範，也有主動抵制、適應、內化、修正和參與塑造現代國際規範的多種行為。因此，本書試圖在借鑑英國學派理論框架的同時，有意識地克服其歐洲中心主義傾向，選擇從較長歷史時段和從中國的視角，來探尋中國與國際規範變遷的關聯性。

其次，是確定研究主題。本書的研究主題是中國與國際規範的變遷。其實，不管是中國，還是國際規範，都是處於不斷變動或者演變的過程之中的。中國的歷史很漫長，從第一個統一的中央集權國家秦帝國開始至今，就已經歷了 2000 多年、多個朝代或政權，其間有很多變化，其中包括對外關係理念的變化。所謂的以中國為中心的東亞地區國際社會也是如此。早在 17 世紀歐洲國際社會形成之前，在東亞地區就存在著一個以中國為中心的地區國際社會，它不是建立在各國主權平等基礎之上，而是建立在以中國皇帝或者天子為中心的等級制度基礎之上。儘管這個地區國際社會曾經很穩定地存在了很長時間（它比現代國際社會的歷史更長），這個地區國際社會的成員、範圍等並非一成不變，特別是西方殖民擴張浪潮波及東亞之後，其變化越來越大，乃至最後主要在外來勢力的衝擊與壓力之下走向瓦解，逐漸被納入西方主導的現代國際社會之中。其原先的主導國家中國以及成員國家（大多為中國的朝貢國），也從此開始了一個近代化或現代化的進程，其在國際社會中的身份與地位一直在發生著變化。迄今為止，有的國家完成了現代化過程，也有的國家（包括中國）還處於現代化進程之中。主權國家所組成的國際社會或者現代國際社會發源於歐洲，一般認為其形成的標誌是 1648 年威斯特伐利亞和會及其簽訂的和約。但是，17 世紀產生的主權國家社會或現代國際社會只具有地區性，它屬於歐洲國際社會，與同時期世界其他地區所存在的地區國際社會或國際體系，包括以中國為中心的東亞地區國際社會（通常被稱為朝貢體系）實際上是並列的、相互獨立的。但是，隨著歐洲的工業化和殖民擴張，發源於歐洲的主權國家組成的國際社會逐漸擴展到世界各個角落，並瓦解了其他形式的或前現代的地區國際社會，到第二次世界大戰結束以後

中國歷代與國際間的關係及規範變遷：從「文明標準」到「新文明標準」
導言

發展成為全球性的現代國際社會。除了現代國際社會的地理範圍在逐步擴大，即從歐洲擴展到全球，源於歐洲的、現代國際社會賴以存在的國際規範與國際制度其實也是處於不斷演進、發展的過程之中。本書就是要敘述與分析中國與國際規範變遷及其關聯性。

最後，是回答一個核心問題。本書主要想透過研究近代以來中國與國際規範的歷史變遷，來回答一個問題，即近代以來至今，中國與西方主導的國際社會是否總是存在著不和諧或緊張的關係？其原因何在？這是一個很難，也很複雜的問題。本書試圖回答這個問題，但是我也不敢肯定能給讀者一個滿意的答案。

這本書只是有關中國與現代國際社會關係的一個階段研究性成果，中國與現代國際社會的關係是一個沒有終點的不斷演進過程，本書所涉及的相關主題的學術探索也是一個沒有終點的思維過程。因此，本書只是起拋磚引玉的作用，我相信今後一定會有更多的學人參與這個探索過程，並貢獻自己的真知灼見。

張小明

2017 年 10 月於北京大學國際關係學院

第一章　國際社會、國際規範與文明標準

本書的主題是中國與國際規範變遷，它涉及幾個重要的概念，即「國際社會」「國際規範」以及「文明標準」，這些概念其實是相互關聯的，也常常被加以混用。因此，在論述中國與國際規範變遷之前，有必要對上述概念加以闡釋與界定。

第一節　國際社會

「國際社會」（international society）或者「國家社會」（society of states，society of nations）和「國際體系」（international system）一樣，是國際關係研究中被廣為使用的重要概念。國際社會屬於社會事實，而非自然事實，它是社會建構的產物，或者說「國際社會是一個歷史的（而非理論的）建構」。[105] 國際社會有別於國內社會，前者是由國家所組成的社會，而後者則是由個人所組成的社會。因此，詹姆斯·梅奧爾（James Mayall）明確指出：「國際社會是國家間的社會，而非人與人之間的社會。」[106] 他還說：「它（國際社會）是一個由國家（它們彼此承認對方的主權、在各方之間建立外交關係並且共同支持國際法）組成的社會的概念。」[107]

國家組成國際社會的思想至少可以追溯到 16—17 世紀，歐洲自然法思想家維多利亞（Francisco de Vitoria）、蘇亞雷斯（Francisco Suarez）、格勞秀斯（Hugo Grotius）等人。但是「國際社會」這個概念被加以使用，則要晚一些。大約從 20 世紀初開始，國際法學家和政治學家便廣泛使用「國際社會」這個概念，其中兩次世界大戰之間的理想主義者用得最多，他們希望以國際社會取代權力政治。比如，美國總統伍德羅·威爾遜於 1919 年 1 月 25 日在巴黎和會上的發言中指出：「美國追求建立一個國際社會（society of nations）的熱情——其熱情是深厚和真實的——不是源於恐懼和憂慮，而是來自在這場戰爭中逐漸清晰的理想。」[108] 即便是像漢斯·摩根索（Hans Morgenthau）和肯尼思·沃爾茲（Kenneth Waltz）這樣的、「二戰」以後

中國歷代與國際間的關係及規範變遷：從「文明標準」到「新文明標準」

第一章　國際社會、國際規範與文明標準

美國著名的國際關係現實主義者，也使用過該概念。[109]赫德利·布爾（Hedley Bull）在1977年出版的《無政府社會：世界政治中的秩序研究》一書中提及，奧托·吉爾克（Otto Gierke）在1957年出版的一部被譯為英文的著作中，就使用了「國際社會」的概念：「有關確立一個世界君主的中世紀理念，同自然法學派思想家們的觀點格格不入。他們讓那些神聖羅馬帝國的政論家們連篇累牘地發表言論，再次祈求那個未經證實的世界主權（imperium mundi）的古老幽靈，但是也從那個瀕臨死亡的思想體系之堅不可摧的胚胎中催生了新鮮的、富有成果的國際社會思想……一方面，一些人繼續傾向於強化國際社會，使之變成一個世界國家，並且根據共和主義原則，讓它享有一個超國家的權威；另一方面，那些比較堅決地倡導主權理論的人，則完全反對任何一種把國家連為一體的自然共同體的理念。」[110]

長期以來，在國際關係研究中，「國際社會」和「國際體系」往往被混用。但是，一般說來，美國的國際關係學者傾向於使用「國際體系」概念，而所謂的國際關係「英國學派」學者則把「國際社會」視為自己理論的核心概念。[111]英國學派一直把國際社會作為研究國際關係的主題。實際上，國家組成國際社會的思路貫穿於英國學派的一系列經典著述之中。[112]特別需要指出的是，英國學派重要代表人物赫德利·布爾最早把「國際體系」和「國際社會」加以區分，並且對後者的含義進行了清晰的界定，並被廣為接受。

從目前已有的文獻來看，布爾最早是在1967年開始清晰界定「國際社會」這個概念的。他在該年7月給英國國際政治理論委員會寫了一個備忘錄，表達了自己對現代國際體系的理解。布爾在該備忘錄中寫道，有兩種不同的「國際體系」概念。第一種「國際體系」概念，就是美國學派（American school）在分析國際關係的時候通常所說的「國際體系」，某些18世紀的歐洲思想家，特別是法國的盧梭，也是這樣來使用「國際體系」這一概念的。在布爾看來，這裡所說的「國際體系」是一系列國家相互作用與聯繫的「一種行為格局」（a pattern of behaviour）。從這個意義上說，兩個或兩個以上的政治單位，雖然沒有共同的目的、法律體系、外交程序或者維持均勢的意識，但是可能構成一個體系。儘管政治集團之間只有戰爭，而沒有其他的關係，它們只要是作為一個整體中互動的組成部分，就會構成一個體系。

第二種「國際體系」概念，就是「國際社會」，即歐洲近代自然法學家普芬多夫（Samuel von Pufendorf）、安西隆（Friedrich Ancillon）、根茨（Friedrich Gentz）、希爾倫（A.H.L.Heeren）以及19世紀初國際體系思想家所說的「國際體系」。這裡所說的「國際社會」指的是一個國家的聯盟，它建立在國際體系的基礎上，國家具有共同的身份或認同感，意識到需要依靠共同的制度來追求共同的目的。[113] 亞當·沃爾森（Adam Watson）給布爾寫了一封信，高度讚賞其對兩種國際體系概念及國際體系與國際社會概念的清楚界定與區分。[114] 甚至有新生代的英國學派學者指出，布爾對「國際社會」概念的清晰界定及其和「國際體系」概念的區分，是英國國際政治理論委員會在其第二個歷史發展階段所取得的最重要的思想創新。[115] 布爾在1977年出版的《無政府社會：世界政治中的秩序研究》一書中，對「國際社會」概念下了一個更為清晰、全面並被廣為引用的經典定義：「如果一群國家意識到它們具有共同利益和價值觀念，從而組成一個社會，即它們認為在彼此之間的關係中受到一套共同規則的制約，並且一起確保共同制度的運行，那麼國家社會（或國際社會）就形成了。如果說今天的國家構成了一個國際社會的話（國家在多大程度上構成一個國際社會，這正是下一章要探討的問題），那麼這是因為它們具有某些共同的利益，或許還具有某些共同的價值觀念，它們認為在相互打交道的時候受到一些規則的制約，比如必須尊重對方的獨立地位，履行業已達成的協議，並且對相互使用武力的行為加以某些限制。與此同時，它們也互相進行合作以確保國際制度運行，比如國際法、外交機關、普遍的國際組織以及有關戰爭的習慣和慣例等。」[116]

1984年出版的、由布爾與亞當沃爾森（Adam Watson）共同主編的《國際社會的擴展》一書，也把「國際社會」與「國際體系」兩個概念進行了區分。這本書有關「國際社會」概念的定義，類似布爾在《無政府社會》一書中所下的定義：「我們所說的國際社會，指的就是一群國家（或者更籠統地說，一群獨立的政治共同體）不僅構成一個體系，即一方的行為乃他人必須考慮的因素，而且還透過對話和共識，為規範相互間的關係而創立起共同的規則和制度，並且承認它們具有維護這些安排的共同利益。」[117]

同樣值得注意的是，被稱為英國學派「教父」的馬丁·懷特（Martin Wight），是把「國際社會」與「國際體系」加以混用的。[118] 也有其他一些英國學派學者認為，「國際體系」和「國際社會」兩個概念之間的區別並沒有布爾所說的那麼清晰，二者可以混用。因為在他們看來，「國際體系」和「國際社會」無法分得很清楚，因為一個國際體系或多或少總會有某些共同規則和共同價值觀。[119] 亞當·沃爾森就聲稱，在國際關係現實中，兩者的區分並非那麼清楚，任何一種國際體系中，均不同程度地存在著共同的行為規則與制度，而且共同的規則與制度可能導致有關國家意識到共同的價值倫理規範。[120] 實際上，不少當代英國學派學者也採取相同的態度，把國際體系概念和國際社會概念加以混用。[121]

對於大多數英國學派學者（特別是經典英國學派學者）來說，所謂的國際社會基本上指的就是由源於近代歐洲的主權國家所組成的國家社會，或者主權國家社會，即現代國際社會。對於現代國際社會的歷史起點這個問題，學界一般認為現代國際社會源於1648年的威斯特伐利亞和會，[122] 儘管也有個別學者聲稱，1713年的《烏特勒支和約》才是現代國際社會和國際合法性形成的標誌。[123] 所以，從某種程度上說，英國學派所論述的國際社會概念，屬於大衛·阿姆斯特朗（David Armstrong）所說的「威斯特伐利亞國際社會概念」（「Westphalian conception of international society」）。[124] 在他們看來，正是源於近代歐洲、歐洲人主導的歐洲國際社會逐漸擴展到其他地區，國際社會才成為今天大多數成員為非歐洲國家的全球性國際社會。也就是說，今天全球性國際社會在很大程度上是過去300多年歐洲影響世界其他地區的結果，是歐洲國家把世界統一起來的。然而，英國學派學者在從事有關國際社會的理論與歷史研究的時候，也分析各種「前現代國際社會」（pre-modern international society）[125]，或者前現代世界（pre-modern world）中各種類型的國際體系，並把它們與現代國際社會／國際體系加以比較。有英國學派學者認為，在全球性國際社會／國際體系形成之前，世界上曾經存在過多個不同形式的國際社會／國際體系。[126] 但總的說來，英國學派所說的國際社會，實際上指的就是發源於歐洲的主權國家所組成的現代國際社會，各種「前現代國際社會」或者「前現代國際體系」（其中包括以中

國為中心的東亞地區國際社會）都是被用來當作現代主權國家社會的參照物。這種對國際社會的認識，無疑具有明顯的歐洲中心主義傾向。

冷戰後，這種對國際社會認識的歐洲中心主義傾向受到一些當代英國學派學者的批評。亞當·沃爾森、巴裡·布贊（Barry Buzan）、理查德·利特爾（Richard Little）、愛德華·基恩（Edward Keene）、張勇進（Yongjin Zhang）、鈴木省悟（Shogo Suzuki）等人，都對馬丁·懷特、赫德利·布爾等人所代表的經典英國學派的歐洲中心主義或西方中心主義傾向提出了批評。[127] 布贊批評布爾等人對國家的認識是威斯特伐利亞式的，即關注現代主權國家。他認為這種認識是「狹隘的」。[128] 沃爾森對布贊、利特爾等人提出的脫去「威斯特伐利亞緊身衣」的提法表示欣賞，並提出自己那一代人必須把火炬交給更年輕的學者和實踐者。[129] 值得指出的是，這些學者的分析思路已經影響到一些中國的國際關係學者，他們在寫國際關係史教科書的時候，已經不再以1648年的威斯特伐利亞和會為敘述起點了。[130]

我認同國際社會是由國家構成的社會這一基本觀點，但是不贊同國際社會只是由主權國家所構成的社會的說法。主權國家所構成的國際社會，即現代國際社會，其歷史並不長。而在現代國際社會產生之前，實際上是存在各種形式的、地區性的、前現代的國際社會的。也正因為如此，本書在論述中國與國際規範變遷的時候，雖然主要關注中國與現代國際社會的關係，但是也分析中國與東亞地區前現代國際社會的關係，中國與東亞地區前現代國際社會關係的歷史遺產在一定程度上影響了中國與現代國際社會的關係。

第二節　國際規範

「國際規範」（international norms）概念與「國際社會」概念是密不可分的。國際規範也是社會事實，屬於社會建構的產物。國際規範的存在，正是國際社會（包括現代國際社會和前現代國際社會）得以存在的基礎與表現。

那麼如何界定「國際規範」這一概念呢？有關規範和國際規範的學術定義很多，也不盡相同。

中國歷代與國際間的關係及規範變遷：從「文明標準」到「新文明標準」

第一章 國際社會、國際規範與文明標準

國際關係建構主義者用「規範」概念比較多，並對其進行了比較抽象的界定：「規範（norms）就是對某個給定認同所應該採取的適當行為的集體期望」,[131]或者「行為體共同持有的適當行為的共同預期」。[132]正因為如此，有學者指出，規範一定是共有的，存在於各個主體或者主體間的，因此是社會性的。[133]美國社會學教科書這樣來界定規範這一概念：「社會學家把人們在特定環境下被要求如何行動、如何思考、如何體驗的期望稱為規範。規範既有正式的，又有非正式的。正式規範通常以法律的形式固定下來，對違反者有特定的懲罰。非正式規範是不成文的，但往往能被社會成員普遍理解。最重要的規範往往是社會中絕大多數人公認的規範，如一般美國人都能遵守嚴禁謀殺、搶劫、裸體出行的規範。」[134]林永亮認為：「規範指某一特定範圍內所有行為者共享的觀念和共同遵守的行為準則。」[135]不管是正式的規範，還是非正式的規範；無論是依法制定的法律，還是道德戒律，都能夠由人來強制執行，被人所遵守或者違背，也是能夠改變的。另外，它們會被描述為好的或壞的、正確的或錯誤的、可接受的或不可接受的。[136]

從上述有關「規範」的界定來理解「國際規範」，就相對容易了。國際規範就是國際社會中大多數成員對適當行為的集體期望或集體理解，既包括正式規範，也包括非正式規範。有人認為，「國際規範是國家在國際社會中所遵守的原則、準則和習慣」。[137]也有人指出，國際規範規定了國家的權利與義務，它提供了一個判斷國家行為是否正確的標準。[138]然而「這並不等於說，規範在一定程度上從外部控制了國家的行為。但是它意味著，規範塑造了權力政治遊戲、行為體的性質與身份、使用武力的目的以及行為體使自己的行為具有正當性與合法性的途徑」。[139]於是，「國際規範」概念往往與「國際規則」（international rule）概念相混用。比如國際關係建構主義者克拉托赫維爾（Friedrich Kratochwil）在1989年出版的專著《規則、規範與決策》一書中就把「規範」與「規則」兩個概念加以混用，並且認為，「所有的規則都是規範」，儘管「並不是所有的規範都展現類似規則的特徵」。[140]一般認為，國際規則比規範更具體一些，變化更快一些，但是都是規定國際社會成員的權利與義務的。[141]布爾在《無政府社會》一書中就使用「國際規則」概念，而非「國際規範」概念，[142]但是當代英國學派學者的著述

也往往把國際規則與國際規範相混用。[143] 值得指出的是，相對來說，國際關係建構主義者較多使用「國際規範」概念。本書選擇使用「國際規範」概念，並且更關注原則性、指導性的規定國家權利與義務的行為規範，而非較為具體的行為規則。其實，布爾在書中所使用的「國際規則」概念，實際上指的就是具有原則性、指導性的國際規範。此外，「國際規範」「國際規則」和「國際制度」三個概念也有很大的關聯，有時也被混用。基歐漢（Robert Keohane）有關國際制度的定義就是這麼表述的，即「國際制度」是指「規定行為角色、限制活動，並塑造預期的持久的和相互聯繫的（正式的和非正式的）成套規則」。[144]

如前所述，國際社會存在的基礎在於國際規範的存在與作用。那麼國際規範產生的根源何在呢？被稱為「國際法之父」的近代歐洲國際法學家格勞秀斯認為，包括國際法在內的國家之間的行為規則與制度源於人類的理智。他指出，即使沒有上帝，法律（包括戰爭法）、君主間的權利和義務以及國家間社會的各種制度都會照樣存在，因為人類的本性就是理智。[145] 也有人認為，國際規範的產生源於權力政治，是政治的產物，即「國家透過政治權力構建約束國際關係的法律規範與社會規範，使國家得以在此規範體系內互動」。[146] 於是，能夠構建國際規範或者遊戲規則的國家就擁有了影響他國行為的權力，即「軟權力」。正如「軟權力」概念發明者約瑟夫·奈（Joseph Nye, Jr.）所說的：「如果能夠利用觀念與制度擬定行動議程，讓其他人的偏好看起來無關緊要或不合理，那就可能永遠都不需要向他人施加壓力了。換言之，透過影響他人對合法性與可行性的預期來塑造其偏好是可能的。議程構建關注的是將某些議題排除在談判桌以外的能力，或者，用福爾摩斯的話來說，就是讓狗吠不出來。」[147] 在我看來，國際規範無疑是國家間互動的產物，是社會建構的結果。但是，在這種互動和社會建構過程中，存在著人類的理智以及權力關係等諸多因素的推動。

國際規範具體包含哪些內容呢？實際上，對於不同的人以及不同的歷史時期來說，國際規範的具體含義也是不盡相同的。其中，國際關係英國學派的相關看法，或許能有助於我們理解國際規範的具體含義。國際關係英國學派主要代表人物之一的赫德利·布爾對國際社會中的規則與制度有比較深入

中國歷代與國際間的關係及規範變遷：從「文明標準」到「新文明標準」
第一章　國際社會、國際規範與文明標準

的理解，而他所說的國際社會中的規則與制度，實際上就是本書所說的國際規範。布爾早在 1961 年提交給英國國際政治理論委員會的一篇文章中就指出，在國家組成的國際社會中存在著規則，主權國家承認指導其行為的規則。其中，有三個規則存在於包括國際社會在內的所有類型的社會中，但它們並非自然法。這三個原則是：誠信原則（the principle of truth），在國際關係中表現為條約必須遵守的原則；生命規則（the rule about life），即不能隨意奪取他人的生命，在國際關係中表現為國家的生存權；財產規則（the rule about property），即私有財產不可侵犯，在國際關係中表現為國家的主權。國際社會中的確存在著這些規則，儘管它們時常會被違背。但是，布爾強調，不要把國內社會和國際社會加以簡單類比，國際社會是一種特殊形式的社會，具有自己的特點。他認為，國內社會所沒有的、國際社會中的核心制度（central institutions）或者基本制度（fundamental institutions），包括外交、聯盟、均勢、戰爭等，使得不需要建立起一個世界政府，也可以減弱（mitigate）無政府狀態和確保某種秩序的存在。當然，不同種類的國際社會所具有的秩序程度高低是不一樣的。[148] 他在 1977 年出版的《無政府社會：世界政治中的秩序研究》一書中，對此作了更加清晰的論述。布爾認為，國際體系中的國際社會要素，即有關國家共同的利益觀念、國家遵循的共同的行為規則以及國家所創立的共同的制度，使得世界政治秩序得以維持。具體來說，首先，國家之間要形成一個「追求社會生活基本目標的共同利益觀念」，即限制暴力行為、確保條約得到遵守、維護國家的主權地位。[149] 其次，國家遵守相關的三套行為規則：

　　第一套規則可以稱之為當今世界政治中的基本規範性原則，闡明誰是國際社會的成員，「這套原則認同國家社會的思想，否定世界帝國、世界人類共同體、霍布斯的自然狀態或者戰爭狀態等理念，它是有關人類政治組織的最高規範性原則」；

　　第二套規則可以稱之為「共處規則」，規定了國際社會成員實現共處的基本條件，包括限制使用暴力的規則、對主權國家合法從事戰爭的理由和目標加以限制的規則、限制主權國家從事戰爭方式的規則、規定中立國和交戰國相互關係中的權利與義務的規則等；

第二節　國際規範

　　第三套規則被用來規範國家間的合作，其中包括促進政治和戰略合作或者社會與經濟合作的規則。[150]最後，國家構建起一系列共同的制度，使得國家透過認定規則、傳達規則、解釋規則、執行規則、修改規則以及保護規則，來確保規則具有效力，這些制度包括均勢、國際法、外交、戰爭、大國管理體系等。

　　這裡所說的制度並不一定指組織或者管理機制，而是指「一整套用於實現共同目標的習慣與慣例」。[151]和布爾一樣，也有現實主義者把均勢視為整個國際社會大廈得以支撐的首要制度。[152]

　　但是，在英國學派內部，對於國際社會中的規則與制度的認識，存在著不同的觀點。一些人（被稱為多元主義者）強調主權和不干涉原則或規範是國際社會存在的基礎。比如，羅伯特·傑克森（Robert Jackson）在《全球契約》一書中指出，國際社會源於歐洲，並逐漸擴展到全球。在國際社會的歷史演變過程中，國際行為規範也在發生變化，並逐漸形成了今天跨越不同文明或文化的、普遍性的「全球契約」（global covenant）。這種「全球契約」屬於國際倫理的範疇，包括程序性規範（procedural norms）和謹慎性規範（prudential norms）兩個方面。所謂程序性規範，屬於「原則倫理」（ethic of principle），指的就是國際法，其中主權平等和不干涉原則是「基石」，地位高於人權等其他基本規範；而謹慎性規範屬於「國策倫理」（ethic of statecraft），指政治家在特定情勢中要做出「負責任的」抉擇。在他看來，「全球契約」雖然在歷史上源於歐洲文明，但它現在已經發展為跨越不同文明或文化的行為規範，因而具有了普遍性，它體現了多樣化基礎上的一致（unity in diversity），而不是趨同化基礎上的一致（unity in conformity），因此文明或文化的差異不會成為「人類政治對話」的障礙。[153]另外一些人（被稱為連帶主義者）認為國際社會中存在著很多普遍性的規範，否認主權、不干涉原則的絕對性，支持「正當的干涉」（justified intervention），特別是人道主義干涉，反對「義務止於邊界」，主張捍衛普遍的民主和人權原則。比如，尼古拉斯·惠勒（Nicholas Wheeler）和蒂姆·鄧恩（Tim Dunne）認為，《聯合國憲章》《世界人權宣言》《公民權利和政治權利國際公約》《經濟、社會和文化權利國際公約》以及《維也納

人權宣言》等國際文件所體現的「國際人權規制」（global human rights regime）表明，國際社會的規範發生了演變，在當今國際社會中存在著普遍的或全球的人權標準，尊重和保護人權是一項國際義務，也是國家的國際合法性之重要來源。[154]

值得注意的是，在冷戰結束以後，當代英國學派學者對經典英國學派學者布爾等人有關國際制度的論點進行了修正與拓展。其中，巴裡·布贊的觀點最值得關注，而且影響也最大。布贊認為，國際制度概念在英國學派思想中占據核心地位，因為國際制度是國際社會的實質內容，也是英國學派所說的國際秩序之基礎。同時，英國學派對國際制度的理解，也是該學派與占據主流地位的新自由制度主義理論的重要區別之一。[155] 他指出，經典英國學派對國際社會制度的論述不同於美國的新自由制度主義者。英國學派所關注的是可以被稱為「首要制度」（primary institutions）的那一類國際制度，它們是在演進中自然產生而非特意設計的，因而具有很強的生命力、悠久的歷史和深厚的根基，並且在一定意義上還屬於構成性（constitutive）制度，即規定誰是社會中的行為體以及遊戲規則是什麼。而新自由制度主義者所關注的，則是人們為了某種目的而專門設計的國際制度，它們實際上屬於「次要制度」（secondary institutions）。布贊認為，有關國際制度的論述，是英國學派對國際關係研究的一大貢獻。但是，經典英國學派的論著集中於論述那些始於17世紀歐洲的威斯特伐利亞國際社會的首要制度，它們包括布爾等人所關注的7種國際社會的首要制度：主權、領土、戰爭、均勢、大國、外交、國際法。在布贊看來，王朝主義、人與人間不平等、殖民主義等也應該屬於威斯特伐利亞國際社會中的首要制度。同時，布贊也指出，在英國學派的思想中，國際制度都不是永恆的，它們經歷了一個產生、衰落與消失的過程，但有的國際制度（如主權）變化過程很緩慢。因此，當今的英國學派學者必須關注一些最近出現的國際制度，其中民族主義和市場就是兩個十分重要的國際制度，它們均屬於「首要制度」的範疇，重新塑造或者限制了威斯特伐利亞國際社會中的制度。布贊也探討了國際制度的類型、多寡與國際社會類型之間的關係，並思考了國際制度是如何被確立和得到遵守的，認同溫特所說的強制手段、權衡利弊以及信念可能導致制度得以確立和獲得遵守

的思想。這樣一來，英國學派的理論就能夠幫助人們思考今天國際社會的制度是如何被構建起來的、國際社會的制度將如何發生演變等。[156] 這屬於對經典英國學派國際制度概念的拓展與深化，具有一定的理論創新意義。

同樣值得注意的是，進入 21 世紀，有學者指出，在國際社會中存在著一系列基於西方經驗的「好的治理」（good governance）規範，它們包括：市場競爭（market competition）、民主（democracy）、人權（human rights）、透明度（transparency）、擔責（accountability）、法治（rule of law）。[157] 國際規範的存在導致國際關係中存在著「規範性歧視」的事實，一個國家根據彼此在制度上的同質性或異質性來決定與另外一個國家的關係，各國會根據相互間是否擁有共同價值觀而把彼此分成敵人或朋友。[158]

在談到國際規範的時候，就不得不提到國際法，即「對國家在它們彼此往來中有法律約束力的規則的總和」，[159] 或者「主要在國家之間形成並主要靠國家單獨或集體的力量來加以實施的，調整以國家為主導的國際關係的原則、規則和制度的總和」。[160] 這是因為兩者的關係是很密切的，國際法是現代國際規範的一個重要組成部分。也可以說，國際法就是正式的、具有法律性質的國際規範，儘管國際法作為法律並不一定都被遵守。正如美國社會學教科書所指出的，「法律就是一種正式的規範」。[161] 有學者把國際法明確界定為一整套「被廣泛認可的規範」。[162] 而布爾則把國際法定義為一組特定的規則：「國際法可以被看作是對世界政治中的國家及其他行為體在它們彼此交往中具有約束力和法律地位的一組規則……我提到的這個定義把國際法視為一組特定的規則。」[163] 另外，布爾也把國際法視為國際制度的組成部分。實際上，如前所述，布爾所說的國際制度就包含國際法。傑克森所說的「全球契約」中的程序性規範指的也是國際法。那麼我們能否說，國際法是國際規範的「法律化」，具有法律上的約束性，屬於國際法律規範（international legal norms）？或者說這只是國際關係學者與國際法學者使用的不同概念而已？一般來說，國際規範這個概念比較國際法更廣，它除了包含國際法律規範之外，還包括國際道德規範、國際禮節規範等諸多內容，[164] 因此，國際關係學者常常傾向於使用國際規範概念。羅伯特·基歐漢指出，國際關係學者曾經忽視國際法，尤其是探討國際規則與規範如何影響國家行

為時，迴避使用「國際法」一詞。[165] 國際法學者一般都把國際條約、國際習慣以及文明國家所承認的一般法律原則視為國際法的淵源。[166] 與此同時，和其他國際規範一樣，國際法也是在不斷發展變化之中的。有學者指出，在第二次世界大戰結束以後，「國際法的適用範圍發生很大的變化，即從主要以調整國家間政治、戰爭、外交關係為基本任務的國際法，迅速向經濟、社會、人權、通信和環境等領域擴展，產生了數量龐大的調整國際經濟、社會、環境、人權等方面的法律規則與制度，並形成了一些相對獨立的新法律部門，如國際貿易法、國際金融法、國際投資法、國際環境法、國際刑法、國際人權法、WTO法、國際仲裁法等。事實上，國際法發展到今天，已成為一個具有『廣泛性』特徵的龐大法律體系，強弱程度不一的各種規範約束著國際社會的各個領域」。[167] 進入21世紀以後，越來越多的國際關係學者進行國際法─國際關係跨學科研究究，將國際法視為國際規範，探討規範的建立、執行與遵守。也有國際關係學者研究國際關係的法律化（legalization），探討國際法在國際關係中的角色與功能。

與此相關的一個問題是，國際組織與國際規範是什麼樣的關係呢？國際組織是國際規範本身的表現形式，還是國際規範的制定者，或者國際規範的執行者？有學者指出，「國際組織被當作是規則、原則、規範和決策程序的結構，其他行為體──通常是國家──透過此結構採取行動」。[168] 他們進一步指出，國際組織「使得行為體遵守現有的行為規則和規範。聯合國難民事務高級專員公署公開有關國家殘酷統治的訊息，由此促使各個國家遵守人權規範。國際組織具有一系列的工具來管制國家和非國家行為體的行為」。[169] 與此同時，國際組織也有「表述和傳播新的規範和規則」的作用。[170] 國際組織表述和傳播新的規範與規則的作用，是與其創立、執行規範與規則的作用密不可分的。也就是說：「國際組織創立了規則和規範之後，就熱切地傳播其專業知識的好處，並且經常充當傳輸帶，傳遞良好政治行為的規範和模式。這種作用並非是偶然的或者是無意識的。國際組織的官員堅持認為他們的部分使命是傳播、灌輸和執行全球價值觀和規範。他們是當代的傳教士。許多國際組織的工作人員被進步的觀念所武裝，比如如何建立美好生活的觀念以及對轉換過程的某些理解。他們把塑造國家的行為作為既定的目的。為

了實現這個目標,他們確定最好的做法,並且明確地表達和傳播那些規範,以界定是什麼組成了可以接受的以及合法的國家行為。例如,國際貨幣基金組織努力勸說其成員國重組國內的金融制度和實踐,以與國際標準接軌。聯合國難民事務高級專員公署職責中很明確的一部分是:推動國家和其他行為體意識到並且遵守國際難民法。」[171]也就是說,國際組織既可能體現了國際規範,也可能參與了國際規範的制定、執行與傳播。

還有,國際規範是如何傳播或者擴散的呢?現代國際規範是隨著西方的軍事擴張而傳播的嗎?它們是被非西方國家自願還是非自願接受的?主流英國學派學者有關國際社會擴散的敘事是,國際規範源於歐洲,然後向全球擴散或傳播,成為具有合法性的全球規範,歐洲國家是規範的建構者,而非歐洲國家則是規範的接受者。非歐洲國家接受源於歐洲的國際規範,也就是一個使自己符合「文明標準」,成為國際社會中的「文明國家」的過程。[172]但是,最近有英國學派學者質疑這種歐洲中心主義敘事,認為我們應該注意到,很多非歐洲國家實際上是在槍口之下被迫接受這些規範的。[173]建構主義者瑪莎·芬尼莫爾和凱瑟琳·斯金克則提出了國際規範生命週期理論,將其分為規範興起、規範普及和規範內化三個階段。[174]傑佛瑞·切克爾和阿米塔·阿查亞探討了國際規範的擴散或傳播問題。[175]此外,還有國際規範國內化問題,即國家在國內層面調整併接受(既可能是工具性接受,也可能是內化式接受)來自國際體系層面規範的動力。[176]國際規範的國內化,包括科赫所說的國際規範的社會性內化、政治性內化與法律性內化問題。當國際規範需要獲得非常廣泛和普遍的支持以示其具有公共正當性時,發生的是社會內化;當政治精英接受國際規範,並倡議將之採納為政府政策時,發生的是政治內化;當國際規範透過行政、立法和司法途徑被納入國內法律體系時,發生的是法律性內化。[177]有學者認為,透過霸權國家主導的國家社會化的過程,其他國家領導人內化霸權國家倡導的規範和價值,使得由霸權國家和其他國家組成的國際社會接受霸權國的領導地位。[178]此外,非國家行為體與國際規範的構建和傳播,也是值得注意的一個方面。例如,禁止地雷條約就是一些互聯網組織同跟加拿大這樣的中等國家政府、一些政治家以及像已故的戴安娜王妃這樣的名人進行合作的結果。又比如,在從1997年京都會議

中國歷代與國際間的關係及規範變遷：從「文明標準」到「新文明標準」
第一章　國際社會、國際規範與文明標準

開始的氣候變化會議上，非政府組織或者作為各國代表團之間的交流渠道，或者作為議題的設置者，或者作為公眾壓力的動員者，都扮演了重要角色。[179]正如有學者所指出的：「全球化社會的一個突出特點就是國家權力的相對收縮，國際組織、跨國公司、NGO 等非國家行為體變得愈加活躍，它們的行動構成『全球治理』的重要組成部分，扮演著彌補國家權力空間之外空白的重要角色。全球金融治理也是如此，尤其是銀行業踐行社會責任的領域，越來越多的由國際組織、跨國銀行、NGO 等制定或推動的國際標準或規範，構成一個交叉互動的制度網絡，約束著銀行業對社會責任的踐行與發展。」[180]還有學者分析制度化與國際規範的普及問題：「制度化可以清楚地告訴人們某一規範是什麼，什麼行為被視為違反規範的行為（這往往是行為體之間出現分歧的地方）。制度化還可以明確具體的程序，使規範領導者得以協調不同意見，並對違反規範的行為進行制裁。這樣一來，制度化就可以大力促進規範的普及。比如，生化武器規範的制度化對於海灣戰爭之後協調各方力量、就制裁伊拉克達成幾近一致的意見造成了至關重要的作用，並使各國形成了一個在伊拉克境內開展核查的機制，以保證對這一規範的遵守。」[181]有學者注意到，源於西方的國際規範向非西方國家進行傳播或者擴散時，總是會不同程度地遇到當地文化這道「防火牆」的阻礙，因此只能是「部分」傳播或者擴散。[182]

國際規範並非一成不變，而是始終處於變遷之中，它們「會隨著社會互動的變化而演進」。[183]或者說，「規範和規則是隨著時間和空間或快或慢地發生變化的」。[184]所以，研究人權規範或人權標準變遷的學者 Makau Mutua 就明確指出，標準的設定、規範的創立是一個持續不斷的、有機的過程，規範是移動的靶標。[185]但是，在這個變遷過程中，主要是哪些行為體參與規範的創建與修訂呢？研究國際規範變遷的一些理論家認為，不同的國家在規範創建和變遷過程中所扮演的角色是不一樣的，實際上是世界上的主導國家左右了國際規範的變遷。他們認為，新的國際規範的形成有三個階段，即世界主導國提出，多數國家效仿，然後內化並成為普遍的國際行為準則。[186]巴裡·布贊就指出，「把全球層次的國際社會理解為一種核心—邊緣結構，這樣比較準確一些。在這一結構中，西方把自己的價值推廣到全球，

它導致在世界上的不同地方產生不同程度的接受和抵制態度」。[187] 約翰·伊肯伯裡（John Ikenberry）和查爾斯·庫普乾（Charles Kupchan）總結了霸權國促使新國際規範被普遍接受的三個途徑，即霸權國家透過規範說服（normative persuasion）、外部誘惑（external induce-ment）、內部重構（internal reconstruction），來使他國接受新的國際規範。[188] 也就是說，國際規範的變遷與強權國家之間的關係十分密切，強權國家根據自身的利益塑造國際規範。正如羅伯特·吉爾平所說的，「歷史性變革源於強權國家的自我利益」，「社會結構的創立為最強大的成員提高利益而服務」。[189] 但是，霸權並非持久不變的，「經過一段時間後，能力分配發生變化，新興權力必將尋求以有利於自身的方式改變遊戲規則，而且只要變革的收益超過成本，那麼就會一直持續下去。」[190] 史蒂芬克拉斯納（Stephen D.Krasner）也指出：「規則是根據強國的價值觀念制定的，並以歧視的方式應用於弱國的身上。」[191] 瑞典學者彼得·瓦倫斯騰強調大國群體在制定普遍標準與行為準則中所扮演的重要角色：「一項普遍標準只有適用於很多行為體，才能稱為普遍。大國的存在，對於制定和執行這些標準而言相當重要。所以，不論默示還是明示，大國的群體能夠設計特定的行為準則，並持續加以執行，其效果能夠超越該集體自身。」[192]

值得指出的是，中國學者閻學通對有關國際規範產生和演化的基本假設是：主導國的領導性質決定了該國的國際行為，而該國的行為（透過樣板、支持和懲罰）促使他國在國際互動中採取相同的行為原則；隨著多數大國採取該種行為原則，該行為原則就社會化為國際規範了。[193] 正因為如此，很多學者都提到一個事實，即美國崛起為世界大國之後，在促使國際規範和國際秩序「美國化」上扮演了重要的角色。正如歷史學家王立新所說的：「已經成長為大國的美國如何處理與現存國際秩序的關係，是接受國際社會既有的規範和準則，完成在國際社會內部的『社會化』，還是運用自己的力量重塑現存的國際規範，實現國際秩序的『美國化』？實際上，從1898年起，美國的國際角色以及美國與國際（歐洲）秩序的關係就成為美國處理對外關係時面臨的難題。當第一次世界大戰導致歐洲『舊秩序』傾覆之後，如何處理這一問題成為擺到美國人面前的迫切任務。兩次世界大戰期間的美國歷屆

政府都追求在國際關係中貫徹美國的原則，試圖透過國際秩序的『美國化』來維護美國的安全和利益。這一目標在第二次世界大戰結束時，伴隨著自由國際主義秩序的建立基本得以實現。」[194] 事實上，第二次世界大戰結束以後至今，美國的確一直是最主要的國際規範創建者，也是最主要的國際規範變遷的塑造者。

與此同時，也有國際關係學者認為，不應該過於強調權力對於規範的塑造作用，因為在國際體系中，規範既是權力的產物，也是權力的來源和對權力的約束。[195] 其實，一些國際規範的形成，並非大國塑造的結果，而是某些中小國家、國際組織或者非政府組織、個人努力的結果。

第三節　文明標準

把國家分為文明國家與野蠻國家（或者未開化國家）的思想古已有之，但是「文明標準」（standard of civilization）則是產生於近代歐洲的概念。「文明標準」概念與「國際社會」「國際規範」概念也是密不可分的。實際上，規範就是行為準則和標準。正如美國社會學家戴維·波普諾所指出的：「規範是一種確定人們在特定情境下應如何行動、思想和感受的準則和標準。」[196] 美國國際關係學者克拉斯納也是這樣給規範下定義的：規範是「界定為權利與義務的行為標準」。[197] 所以，「文明標準」就是用來判斷國家是否為國際社會中的合法或者合格成員的國際規範。[198] 更嚴格地說，「文明標準」是近代以來西方國家用來判斷非西方國家是否為國際社會的合法或者合格成員的準則。

近代主權國家產生於歐洲，西方國家成為主權國家社會的主導者，以及標準的制定者和解釋者。[199] 根據歐洲的文明國家標準，世界被想像成由文明國家和野蠻國家兩大類國家組成。歐洲（西方國家）為文明國家，非歐洲（西方）國家為野蠻國家。野蠻國家只有在經歷一段啟蒙教育和自治準備的時間之後，才可以演化為「文明」國際社會的成員。[200] 隨著西方的殖民擴展，在世界上就按照西方的標準，產生了「文明」國家與「非文明」國家的分野，中國等非西方國家自然屬於非文明國家或者半文明國家。正如日本近代思想

第三節 文明標準

家福澤諭吉所指出的：「現代世界的文明情況，要以歐洲各國和美國為最文明的國家，土耳其、中國、日本等亞洲國家為半開化的國家，而非洲和澳洲的國家算是野蠻的國家。這種說法已經成為世界的通論，不僅西洋各國人民自詡為文明，就是那些半開化和野蠻的人民也不以這種說法為侮辱，並且也沒有不接受這個說法而強要誇耀本國的情況為勝於西洋的。不但不這樣想，而且稍識事理的人，對事理懂得越透徹，越能洞悉本國的情況，越明了本國情況，也就越覺得自己國家遠不如西洋，而感到憂慮不安。於是有的就想效仿西洋，有的就想發奮圖強以與西洋並駕齊驅。亞洲各國有識之士的終身事業似乎只在於此。（連守舊的中國人，近年來也派遣了西洋留學生，其憂國之情由此可見。）所以，文明、半開化、野蠻這些說法是世界的通論，且為世界人民所公認。」[201] 他進而提出：「現在世界各國，即使處於野蠻狀態或是還處於半開化地位，如果想使本國文明進步，就必須以歐洲文明為目標，確定它為一切議論的標準，而以這個標準來衡量事物的利害得失。」[202]

值得注意的是，國際關係英國學派的學者最早把「文明標準」概念用於國際關係分析中，以此闡述發源於歐洲的主權國家社會向非歐洲地區擴展的問題。「文明標準」這一概念因此在國際關係研究中流行開來。

赫德利·布爾在1978年給英國國際政治理論委員會擬訂的有關國際社會擴展的研究計劃中，首先提出了文明標準與國際社會的擴展這一研究題目。[203] 布爾在1984年出版的《國際社會的擴展》一書中，分析了非歐洲國家如何符合歐洲的「文明標準」而加入國際社會的過程。布爾在該書的《全球國際社會的形成》一章中指出，15—19世紀歐洲的擴張，把不同的地區國際體系連為一體，到19世紀中葉的時候，一個全球性的國際體系基本形成。但在當時，尚未產生一個全球性的國際社會。這是因為，儘管歐洲國家與其亞洲、非洲、美洲殖民地之間的經濟、軍事以及政治互動得以發展，但是它們之間的關係尚未建立在共同的利益觀念、規則結構以及國際制度的基礎之上。在這個時期，歐洲國際社會的價值、規則、制度，或者歐洲「文明標準」被認為不適用於非歐洲國家，非歐洲國家和地區淪為殖民地，奴隸制度和殖民主義具有合法性。只有當這些殖民地獲得完全獨立的地位，成為像歐洲國家那樣的政治行為體，即被承認為主權國家的時候，它們才可以成為國際社會

中國歷代與國際間的關係及規範變遷：從「文明標準」到「新文明標準」
第一章　國際社會、國際規範與文明標準

的成員，從而導致國際社會具有全球性質。但歐洲國際社會的擴展以及全球性國際社會的形成有一個逐步發展的歷史過程。美國於18世紀末、原西班牙在美洲的殖民地於19世紀初率先成為國際社會的成員，但這些國家在宗教、種族、文化等很多方面仍屬於歐洲的衍生，它們雖然導致國際社會在地理範圍上的擴展，但是沒有改變國際社會的歐洲性質，從一定意義上說，還屬於歐洲國際社會自身的擴大。但是，從19世紀下半葉開始，國際社會的歐洲性質開始有所變化，因為一些在宗教、種族以及文化上和歐洲沒有關係的非歐洲國家，開始加入國際社會成員國的行列。其重要標誌是奧斯曼帝國[204]派代表參加了1856年的巴黎和會。中國、日本、波斯、泰國和美國、墨西哥以及奧斯曼帝國一道，派代表參加了1899年的海牙和平會議。到第一次世界大戰爆發的時候，全球性國際社會已經形成，因為其成員遍及全球，包括歐洲、美洲、亞洲以及非洲國家。也就是說，到了這個時候，不僅存在著一個全球性國際體系，也存在著一個全球性國際社會。布爾還特別指出，歐洲人對全球國際社會形成的通常解釋是，非歐洲國家加入原先為歐洲人參加的國傢俱樂部，其前提是符合該俱樂部創立者所規定的「標準」。布爾認為，這種解釋雖然受到質疑，被指責忽視了非歐洲國家的作用，但是我們的確不可否認歐洲在促使全球性國際社會的產生上所發揮的「特殊作用」。即便是在全球性國際社會形成之後，歐洲國家和美國（屬於歐洲的衍生物）依然在其中占據主導地位，但面臨著來自非歐洲國家的挑戰。[205]

　　布爾的學生江文漢（Gerrit Gong）也參加了這項課題的研究工作，並主要以中國、日本、泰國為個案撰寫和發表了影響深遠的《國際社會中的「文明」標準》一書。因此，江文漢的這部書就成為英國學派論述文明標準與非西方國家加入國際社會的主要代表作。但值得指出的是，江文漢的相關研究工作受布爾的影響很大，其著述因而也體現了布爾的思想，布爾還專門為該書寫了序言。正如江文漢教授在給我的電子郵件中所說的，自己有關國際社會文明標準的著述「受布爾教授相關研究思路的影響極大」。[206]

　　江文漢認為，在歐洲列強向世界其他地區擴展的過程中，逐漸形成了把自己視為「文明」（civilized）世界成員、把他者視為「未開化」（savage）或者「蠻夷」（barbarous）世界成員的觀念，並且制定和推廣文明標準，

第三節 文明標準

以便在與非歐洲國家的交往中保護歐洲人的「基本」權利（包括生命、自由與財產），並確定非歐洲國家是否享有成為西方主導的國際社會成員之權利。[207] 在江文漢看來，文明標準雖然根植於歐洲基督教國際社會或基督教世界的歷史經驗，但是它作為一個法律概念產生於 19 世紀末，當時歐洲與非歐洲國家之間的互動要求對此加以明確表述。有關文明標準的表述或者歷史記錄，反映在 19 世紀歐洲與非歐洲國家簽署的條約以及著名國際法學家的著述中。第一次世界大戰後締結的《國際常設法院規約》與第二次世界大戰後締結的《國際法院規約》，在闡述國際法淵源的時候，都提到「一般法律原則為文明國家所承認者」。[208] 最開始的時候，所謂的文明國家主要指歐洲國家。非歐洲國家要想被承認為國際大家庭（the Family of Nations）中的合法成員，必須符合一些條件，比如要成為一個「文明」國家以及遵守國際法等。[209] 與此同時，他也指出，20 世紀前後的國際社會的實際情況是，歐洲國家或者「文明國家」把歐洲自己的行為標準變成了普遍性的行為標準，並且它們享有裁決和判定非歐洲國家是否符合文明標準之權利。換句話說，「歐洲在軍事上的優勢地位導致非歐洲社會別無選擇，只能應付或理解歐洲的『文明』標準」。[210] 他以中國、日本、泰國為個案，論述了非歐洲國家如何放棄自己的文明標準，接受歐洲的文明標準，從而加入國際社會的歷史過程。從某種程度上說，江文漢這一著述的出版，使得「文明標準」成為西方國際關係研究中的一個重要概念。

然而，「文明標準」具體指的是什麼？「文明」和「標準」是單數，還是複數？至今仍沒有確切的答案。實際上，現代國際社會中的「文明標準」並非一成不變的，其內涵一直處於變化之中。西方國家對國際社會核心價值和規則的認識也一直在變化與發展，並努力把自己的認識變成普遍性的東西，讓別的國家也按自己理解的更高「文明標準」行事。從這個意義上說，「文明標準」一直是一個移動的靶標。[211]

如前所述，「文明標準」是用來判斷國家是否為國際社會中的合法或者合格成員的重要準則。其中，主權是現代國際社會一個具有核心性質的國際規範與文明標準，它源於近代歐洲，至今只有不足 400 年的歷史。[212] 大約從 1648 年威斯特伐利亞和會之後，作為國際法的基本原則的主權原則或規

中國歷代與國際間的關係及規範變遷：從「文明標準」到「新文明標準」
第一章　國際社會、國際規範與文明標準

範，就成為文明標準的核心要素。它也可以追溯到近代歐洲政治思想家讓·博丹（Jean Bodin）有關主權的論述，並為威斯特伐利亞和約（Peace of Westphalia）所確認，成為近代以來至今國際關係的基礎。[213] 博丹認為，主權是「共同體所有的絕對且永久的權力」。[214] 威斯特伐利亞和約確立了國家主權概念，肯定了各簽署國不受外來干涉，選擇本國製度和宗教信仰的權利。[215] 國家主權的含義，對內體現為最高權威，對外體現為國家間相互獨立和平等。現代國際社會中的很多其他的規範基本上都是從主權規範派生而來的。有西方學者認為，「在國際關係中，主權是最典型的規範。它將全球政治空間歸屬於民族國家，從而賦予了某些行為體觀念（國家身份）以合法性，而其他某些觀念（例如超國家運動）則沒有」。[216] 值得指出的是，主權只是適用於文明國家之間的行為規範。也就是說，被承認為國際社會一員的重要前提是，國家被認為享有完整的主權。在殖民主義時代，廣大的殖民地和半殖民地顯然不享有主權國家的地位，因為未能被承認為國際社會的成員或者文明國家。那些非文明的國家和地區需要西方「文明國家」的監護，這是殖民主義的理論依據之一。在當時的國際社會中，種族屬性與國家的「文明」程度有很大的關聯性，甚至可以說，種族主義本身就是文明標準或國際規範之一。於是，殖民國家與殖民地、半殖民地之間實行的規範其實是「非文明標準」，而非文明標準包括殖民主義、種族主義、治外法權等國際規範。甚至已經「脫亞入歐」的日本在 1919 年巴黎和會上提出「種族平等」訴求的努力最後也以失敗告終，說明日本作為非西方國家尚處於國際社會的邊緣地位。只有在非西方國家徹底擺脫殖民地和半殖民地地位，取得完全獨立的地位，成為主權國家之後，才滿足「文明標準」，成為文明國家。第二次世界大戰結束以後，隨著殖民主義的瓦解，新主權國家的誕生，帝國不再是一種合法的政治形式，「文明標準」適用範圍擴大，全球性國際社會也隨之形成。主權概念為非西方國家所接受，成為普遍性的價值，儘管非西方國家並不接受國際社會中的其他某些價值。正如梅奧爾所說的：「或許亞非社會已經發現有些西方理念難以消化，但是主權國家這一概念並不在其中。相反，它是西方向世界其餘國家所輸出的最為成功的一種理念。」[217]

第三節　文明標準

然而，主權概念本身不是一成不變的，而是一直處於變化之中的，它經歷了從君主主權到國家主權、人民主權的變化。總的來看，近代以來至今，主權規範一直在國際體系變遷中得以生存。但是，它也不斷受到挑戰。首先是在第一次世界大戰之後，民族主義（nationalism），即威爾遜所倡導的民族自決原則（the principle of self-determination），對主權規範產生了很大衝擊。這和民族主義的興起、反殖民主義運動的產生密不可分，實際上主要是殖民地、半殖民地國家企求成為主權國家或完全主權國家。有西方學者認為，民族自決在1918年之後成為一種新的國際合法性原則。[218]或者說，民族主義與民族自決成為新的國際規範。比如，《聯合國憲章》中有關民族自決的條款。緊接著是在第二次世界大戰結束後初期，人們透過對納粹德國暴政的反思，反對國家主權的絕對性。20世紀70年代，一些學者認為經濟相互依存和政治一體化正在侵蝕主權規範。此外，人權、環境保護等規範，也對傳統的主權概念構成重大挑戰。冷戰結束以後，出現了有關「新主權」（new sovereignty）概念之爭論，有學者質疑主權是一成不變或不可變更的國際規範，[219]甚至有某些極端的學者提出了「主權終結」或「超越主權」等觀點。[220]但更多的人同意主權規範及其在國際社會中的作用處於變遷之中的觀點。[221]具體來說，美國學者艾倫·卡爾森（Allen Carlson）認為，主權概念包含四個層面，即確保邊界安全的領土主權（territorial sovereignty to secure a state』s borders），對一國邊界之內的人口之管轄主權（jurisdictional sovereignty over a population within a state』s borders），管理或統治一個國家的主權權威（sovereignty authority to govern or rule a state），管理一國經濟行為的經濟主權（economic sovereignty to regulate a state』s economic activities），四個層面均處於變遷之中。[222]儘管有各種質疑主權的聲音，主權原則事實上依然是國際社會的一個根本原則和「文明標準」的核心要素，這是因為迄今為止，「民族國家（或者是準民族國家）仍然是國際社會最基本的政治單元」。[223]

值得注意的是，也有西方學者批評具有西方中心主義傾向的文明標準說。把「文明標準」概念納入國際關係分析中的英國學派學者赫德利·布爾和江文漢就曾經指出「文明標準」所包含的西方中心主義傾向。江文漢提出，「文

中國歷代與國際間的關係及規範變遷：從「文明標準」到「新文明標準」

第一章　國際社會、國際規範與文明標準

明標準」是由西方國家所制定的，散發著文化帝國主義、種族傲慢以及西方中心主義的氣味。[224] 赫德利·布爾也認為，在第二次世界大戰結束以後，隨著一大批過去的殖民地或半殖民地成為主權國家或者國際社會成員，「文明標準」變成了一個名聲不好的概念。[225] 當代英國學派學者愛德華·基恩對此的批評更為激烈。他指出，歐洲文明標準的根基是種族、民族紐帶以及宗教信仰。只有白種的歐洲基督信徒才是文明的，其他種族都是不文明的，不配受到法律保護，所以，他們遭受歐洲帝國主義在全球範圍內實施的集體暴力是理所當然的事情。[226] 美國著名國際關係學者彼得·卡贊斯坦在《世界政治中的文明》一書中，則強調文明的多元多維。他認為，文明不是單數的，而是複數的、多元多維的，「文明是多元的，即多種文明共存於現代文明這個宏大的文明系統之中，也就是我們今天所說的全球性世界。文明又是多維的，即每種文明內部也存在多種文明形式，分別來自於不同的傳統，各存歧見、相互競爭」。[227] 他進一步指出：「多元文明的世界深嵌於一個更大的環境之中，這個環境已經不再被一個單一的標準所界定，因為一個單一的、不容置疑的、界定道德優劣的標準是無法用來界定這個大環境的。而這個大環境的特徵就是現代文明（civilization of modernity），它強調的是個體主義、多樣化、泛宗教主義以及一種對共同道德價值的總體認同。」[228] 同樣值得注意的是，也有一些西方學者，包括某些英國學派學者，依然主張繼續使用「文明標準」這個概念，並把它當作英國學派的一個重要概念來對待。[229]

第四節　新文明標準

在冷戰結束以後，特別是在 21 世紀初，有一些國際關係學者開始使用「新文明標準」的概念，它實際上是「文明標準」概念的發展或者在新時代的表述。「新文明標準」概念的出現和流行，正好說明了國際規範一直處於變遷過程之中的現實。

實際上，江文漢在 1984 年出版的《國際社會中的「文明」標準》一書中就已經提到過，雖然在第二次世界大戰期間以及第二次世界大戰結束以後，文明標準作為一個法律概念已經被拋棄，而且文明標準本身的含義也有

第四節　新文明標準

所變化，但是文明標準或者文化優越感依然以其他（或隱藏的）形式存在於國際社會中。他認為，在第二次世界大戰以後，人權標準（the standard of human rights）和現代性標準（the standard of modernity）已經成為舊的文明標準之繼承者。[230] 當代英國學派學者約翰·文森特（John Vincent）在其冷戰後所發表的著述中也強調個人和國家一樣都是國際法的主體，存在著普遍性的人權，主權不是國際社會中衡量一個國家國際合法性的唯一標準，對人權的態度也是國家國際合法性的重要來源之一。[231] 雖然文森特沒有使用「新文明標準」一詞，但卻暗示普遍人權是衡量國家國際合法性的文明標準之一。中國學者時殷弘指出，「第二次世界大戰為人類留下的最大世界歷史性遺產是民族自決、人民自決、基本人權、人民民主」。[232]

在 20 世紀末、21 世紀初，一些當代英國學派學者開始明確提出「新文明標準」（new standard of civilization）概念，而民主和人權往往被視為其中的關鍵要素。[233] 一部由兩位當代英國學派學者撰寫的國際關係教科書指出，西方國家對國際社會核心價值和規則的認識一直在變化與發展中，並努力把自己的認識變成普遍性的東西，讓別的國家也按自己理解的更高「文明標準」行事。[234] 在冷戰時期，經典英國學派學者在論及國際社會中的核心價值和行為規則的時候，比較強調主權原則及其對國際秩序維持的重要作用。[235] 而在冷戰以後，特別是進入 21 世紀以後，不少當代英國學派學者在解釋國際社會中的核心價值與行為規則或者「文明標準」的時候，則有淡化主權原則，強調民主、人權等原則的思想傾向。[236] 比如，前面所提到的兩位當代英國學派學者所撰寫的國際關係教科書，把國際關係中的核心價值或者基本價值歸納為安全（security）、自由（freedom）、秩序（order）、正義（justice）以及福利（welfare）。「文明標準」的內涵顯然已經有所擴展。[237] 更有當代英國學派學者明確指出，國際社會的規範已經發生了演變，主權不再是絕對的，個人的權利也得到了國際法的承認，人權已經成為國家國際合法性的一個「新標準」，或者人權是一個衡量國家「正確行為」的新標準。[238] 也有學者認為，冷戰結束以後，人權和民主已經上升為全球共同價值。[239] 當代英國學派學者 Nicholas Wheeler 明確提出，「人道主義干涉已經成為國際社會合法的實踐」。[240] 值得指出的是，一些非西方國家的知識精英和

官員，包括中國的鄰國日本、印度、韓國等國的知識精英和官員，在歡呼非西方國家崛起的同時，也認為民主、人權、市場經濟已經成為當今國際社會的普遍價值，實際上認同西方學者所說的「新文明標準」。[241] 也有英國學派學者把人權、民主、資本主義、環境和發展等一起視為「新文明標準」的內涵。[242]

具體來說，所謂的「新文明標準」包含以下幾個重要內容：

第一，主權的重新界定。如前所述，主權是威斯特伐利亞和會以來，現代國際社會最為重要的國際規範，但是主權規範本身是在發生變化的，比如從君主主權到人民主權的變化。在冷戰結束以後，主權規範變遷的一個重要表現，就是從絕對主權到相對主權的演變。有學者提出，應該對主權加以重新界定。在冷戰結束以後，有一些自由主義者聲稱：「以大國競爭、均勢政治為特徵的舊世界，以及強調國家主權和嚴格的不干涉規則的舊式國際法，正在因為全球化而變得過時了。儘管道路可能很崎嶇，超越威斯特伐利亞的進程似乎已經開始了。」[243] 雖然主權依然是重要的國際規範，[244] 但是在全球化時代，主權原則面臨來自內部與外部的壓力，主權概念被重新加以定義，產生了「有限主權」「負責任主權」等概念。冷戰結束後，有不少西方學者否認主權、不干涉原則的絕對性，支持「正當的干涉」（justified intervention），特別是人道主義干涉（humanitarian intervention），反對「義務止於邊界」以及「最低限度的文明標準」。[245]「有限主權」「負責任主權」「保護的責任」等概念的出現，是對近代以來國際關係中的主權至上、不干涉原則的重大挑戰。[246] 其中，「負責任主權」「保護的責任」是冷戰結束以後十分流行的概念，它們對傳統的主權概念進行了重大修正，為國際干涉行為提供了合法依據與理論依據，被認為是新的國際規範和新文明標準中的重要內容。有人認為，「在冷戰結束以後的國際社會中，事實上已經形成了有關人道主義干涉或保護的責任這類連帶主義規範之共識」。[247]

「負責任主權」或者「作為責任的主權」（sovereignty as responsibility）是由弗朗西斯鄧（Francis Deng）在1996年最早提出來的，它與國際社會對1994年盧安達大屠殺事件的反思有一定關係。負責任主權

第四節　新文明標準

意味著「國家政府有義務保障國民最低水準的安全和社會福祉，對本國國民和國際社會均負有責任」。[248] 也就是說，負責任主權意味著對本國國民和其他國家的國民均負有義務的責任，並且允許對其他國家的種族滅絕和種族清洗行為進行人道主義干涉。這和傳統意義上的主權觀念不同，前者認為主權就是不干涉他國內政。有一些美國研究者認為，負責任主權應該是國際秩序的一種基本原則，是國際秩序的核心。[249] 在他們看來：「負責任主權理念將人的尊嚴作為需要促進的一個核心價值，這樣就可以創建一個人人能夠實現自我價值的世界，用《聯合國憲章》的話來說，也就是人人可以『在較大的自由』中生活。」[250] 有學者認為，負責任主權的思想正得到國際社會越來越多的承認，並逐步向習慣國際法方向發展。[251]

另一個與「負責任主權」或「作為責任的主權」類似的概念就是「保護的責任」（responsibility to protect，R2P）。或者說，後者源於前者。它和人道主義干涉思想也有關係。1999 年，聯合國秘書長科菲·安南（Kofi Annan）在聯合國大會講話中提出，需要接受人道主義干涉，以便應對種族滅絕和種族清洗問題。2001 年 12 月，應聯合國秘書長安南呼籲而成立的「干涉與國家主權國際委員會」（The International Commission on Intervention and State Sovereignty，ICISS，成立於 2000 年）在其提交的題為《保護的責任》之報告中提出了「保護的責任」的原則。其含義是：國家負有保護國民免受種族滅絕、種族清洗、大規模屠殺等責任，但是當國家不能或是不願意這樣做的時候，國際社會有責任進行干涉。[252] 2004 年，由知名人士組成的、聯合國秘書長所屬的「威脅、挑戰和變革高級小組」（High Level Panel on Threats，Challenges and Change）在其提交的《一個更安全的世界：我們的共同責任》中支持了這一理念，明確表示：「我們贊同新的規則，即發生滅絕種族和其他大規模殺戮時，國際社會集體負有提供保護的責任，由安理會在萬不得已情況下批准進行軍事干涉，以防止主權國家政府沒有力量或不願意防止的族裔清洗或嚴重違反國際人道法的行為。」[253] 2005 年 9 月，在聯合國首腦峰會上，150 多個國家的領導人認可了這一概念。在由 150 多個國家簽署的《聯合國世界首腦會議成果》（2005 World Summit Outcome）中承認，「每一個國家都有責任保護其國民不

中國歷代與國際間的關係及規範變遷：從「文明標準」到「新文明標準」

第一章　國際社會、國際規範與文明標準

受種族屠殺、戰爭罪行、種族清洗和反人類罪行的傷害。該項責任要求各國使用適當和必要手段，預防上述罪行並防止引發上述罪行。成員國承認此項責任並以此作為行為準則」。[254] 與此同時，該文件也提出主權國家必須對超出本國國界並威脅到全球安全的行為承擔責任，即幫助各國履行其責任；發展國家執政能力；透過外交、人道主義和其他和平努力保護人民免受種族屠殺、戰爭罪行、種族清洗和反人類罪行的傷害。最令人矚目的是，聯合國大會申明，當一國當權者「顯然無法保護」其國民時，「我們準備透過安理會，依據包括第七章在內的《聯合國憲章》，採取及時果斷的集體行動」。[255] 有分析者認為：「『保護責任』的理唸得到聯合國的認可，從某種意義上講，這是一個清晰的信號，表示對主權的理解發生了重大的變化。這一變化發生的時間是如此之短。」[256] 還有學者指出，這是一個新的國際原則（a new international principle）。[257] 也有學者認為，從某種意義上說，「保護的責任」（R2P）正在逐步發展成為一種新的國際規範，而這一規範明顯挑戰了傳統意義上以主權平等原則為基礎的國際規範體系。[258] 保護的責任的誕生說明了現代國際規範產生的過程。[259]

保護的責任原則在蘇丹達爾富爾地區得到首次檢驗。2007 年 8 月初，聯合國安理會經過反覆討論，授權向達爾富爾地區派遣兩萬多名維和人員以制止正在發生的暴行。這是安理會作出的重要回應，但這已經比最初的呼籲晚了至少兩年時間。而且從 2007 年到 2008 年，這些士兵的派遣工作進展極其緩慢。[260] 有學者認為，2011 年的利比亞事件、2012 年的敘利亞事件，西方的立場體現了「保護的責任」原則。R2P 理念的倡導者認為，2011 年，北約依據安理會的授權對利比亞的武裝干涉是這一理念的第一次完美實踐。[261] 問題在於，誰來界定「負責任主權」和「保護責任」中「負責任」和「責任」的含義？是由唯一超級大國美國嗎？是西方國家嗎？普遍概念或原則的產生背後往往是權力政治。有研究者認為，它應該是由各方協商之後加以確定的，即「負責任」和「責任」的含義不由某個國家或國家集團來界定，而是來自廣泛的共識：「對這些關切的最關鍵回答是，這一秩序中的規則必須是各方協商之後加以確定，而不是單方面強加於世界的。最強大的國家單方面確定國際關係規則的時代已經一去不復返了，國際組織可以將規則強加於國家的

觀點也只不過是一種幻覺而非事實。」[262] 實際上，美國等西方國家實施「保護的責任」原則，推翻利比亞卡扎菲政權的後果是使該國成為一個「失敗國家」，這是事先沒有被料想到的。可能由於這個原因，後來美國等西方國家雖然主張促使敘利亞總統巴沙爾·阿薩德下臺，但行動則比較小心謹慎，沒有採取類似針對卡扎菲政權的軍事干涉行為。值得注意的是，美國對外關係委員會主席理查德·哈斯（Richard N.Haass）在 2014 年底發表的一篇文章中認為，在聯合國透過有關文件的十年之後，「保護的責任」這一概念已經不再獲得廣泛的支持。[263]

第二，人權規範。人權也是一個源於西方國家、歷史悠久並且處於演進之中的概念。它開始屬於一種國內政治規範，但後來逐漸成為一種國際政治規範或者國際規範，對主權規範加以一定的限制，實際上和前面所提到的正在形成的新規範「負責任主權」以及「保護的責任」密不可分。在冷戰結束之後，人權在國際政治中的作用日益明顯，被認為已經成為一種新的文明標準。冷戰以後，人權被認為是國家合法性的重要來源，儘管學術界對於什麼是人權存在很大的分歧。人權國際保護的發展，已經使得個人在國際法上的地位得到很大的提高，人權的國際保護已經成為現代國際法的一項重要內容，因而國家主權實際上受到了人權國際保護的限制。[264]

一般認為，人權是指每個人都享有或應該享有的基本權利。[265] 有關人權的思想歷史很長，較早體現在 1776 年美國《獨立宣言》和 1789 年法國《人權宣言》之中。其中法國的《人權宣言》被稱為「第一部人權法典」，它宣布人們生來而且始終是自由平等的，人的自然權利就是自由、財產、安全和反抗壓迫。[266] 第一次世界大戰結束以後，人權問題開始從國內法領域進入國際法的調整範圍。在國際聯盟的主持下，產生了幾項有關人權的國際公約，其中包括 1926 年的《禁奴公約》和 1930 年的《禁止強迫勞動公約》等。第二次世界大戰期間，法西斯國家大規模踐踏人權的事實，讓世界更加關注捍衛生命、自由、獨立和宗教信仰等人權的重要性。第二次世界大戰結束以後，人權的重要性得到極大的提高。正如有學者所指出的，第二次世界大戰結束以來，「各國在人權意識和道德感悟程度上的提高，是至關重要的新的體系價值興起的一個明顯的標誌」。[267] 於是，人權正式在「二戰」後，逐漸成

中國歷代與國際間的關係及規範變遷：從「文明標準」到「新文明標準」
第一章　國際社會、國際規範與文明標準

為「新文明標準」中的重要內容和國際合法性的重要淵源，一系列有關保護人權的法律規範應運而生，成為現代國際法的重要組成部分。1945 年，舊金山制憲會議透過的《聯合國憲章》，共有六處提及人權問題，把尊重全體人類之人權和基本自由列為聯合國的宗旨之一，它是第一個對人權問題作出原則性規定的國際法文件。[268] 聯合國人權委員會於 1946 年在聯合國經濟及社會理事會第一次會議上宣告成立，1948 年《世界人權宣言》在聯合國大會得到透過。聯合國大會透過的《世界人權宣言》對《聯合國憲章》關於「人權與基本自由」概念進行了具體解釋，1966 年的《公民權利和政治權利國際公約》《經濟、社會和文化權利國際公約》對《世界人權宣言》的內容進一步完善和法律化，它們被統稱為「國際人權憲章」，標誌著國際人權法的初步形成。[269] 有西方學者認為，到了 20 世紀 90 年代，「沒有人權保護，國際社會就沒有安全可言」。[270] 2005 年的聯合國世界首腦會議更把和平與安全、發展、人權視為「聯合國系統的支柱，也是集體安全和福祉的基石」。[271]

需要特別指出的是，聯合國在人權規範創建、實施過程中扮演著重要角色。除了前面提到的聯合國透過的有關人權的宣言、公約，使其成為國際人權規範或標準的最重要創建者[272]之外，第二次世界大戰結束後成立的聯合國還設有維護人權的專門機構，也是國際人權規範的重要實施者。1946 年，聯合國經濟及社會理事會透過決議設立人權委員會，它是經濟及社會理事會附屬機構之一。2006 年，聯合國大會透過決議設立人權理事會，作為聯合國大會的下屬機構並取代人權委員會。聯合國人權理事會負責對聯合國所有成員作出階段性人權狀況回顧報告，理事會成員在任期內必須接受定期普遍審查機制的審查。此外，在冷戰結束以後，在聯合國系統內也設立了多個審判侵犯人權罪犯的國際刑事法庭、法院。發生在前南斯拉夫和盧安達的暴行，促使聯合國安理會分別在 1993 年和 1994 年根據《聯合國憲章》頒布了《前南斯拉夫國際刑事法庭規約》和《盧安達國際刑事法庭規約》，成立了前南斯拉夫國際刑事法庭和盧安達國際刑事法庭。這兩個國際刑事法庭曾經審判了盧安達大屠殺的領導人、軍人，審判了前南領導人米洛舍維奇。此外，根據聯合國 1998 年透過的《國際刑事法院規約》（又稱《羅馬規約》），國際刑事法院於 2002 年 7 月 1 日在荷蘭海牙正式成立。在一國國內法院不

第四節 新文明標準

能自主審理的情況下，國際刑事法院將對該國犯有種族滅絕罪、戰爭罪和反人類罪等嚴重國際罪行的個人進行刑事追責。根據《羅馬規約》，國際刑事法院的檢察官可以根據某人或者一些組織機構的建議來主動提起犯罪調查。2009年3月4日，國際刑事法院向蘇丹總統巴希爾發出逮捕令，這是國際刑事法院成立以來，首次對一個國家的現任元首發出逮捕令。國際刑事法院檢察人員於2011年5月16日請求法官針對卡扎菲和他的次子賽義夫·伊斯蘭、利比亞情報機構負責人阿卜杜拉·塞努西發佈逮捕令，指控三人在鎮壓反對派過程中故意把平民當作打擊目標，命令、計劃並參與非法攻擊。起訴罪行包括戰爭罪和反人類罪。此外，還有一些區域性的人權國際保護的實施機構，比如根據《歐洲人權公約》設立的歐洲人權法院、根據《美洲人權公約》設立的美洲人權法院等。

雖然在人權規範創建和實施的過程中，國家和政府間國際組織（首先是西方國家以及政府間國際組織中的西方成員）扮演了主要角色，但是同樣值得注意的是，一些（主要是西方的）非政府組織在傳播和捍衛人權規範上也發揮了十分重要的作用。正如徐以驊所指出的：「以宗教或信仰為基礎的非政府組織在國際政治舞臺上扮演著日益重要的角色，尤其是那些以人權和宗教為議題的宗教或世俗非政府組織往往充當西方外交政策的非正式執行者，成為在西方國家具有廣泛群眾基礎的國際宗教自由運動即新人權運動的主要領導者和組織者，並推動了跨國宗教倡議網絡和宗教國際人權機制的形成。」[273]

實際上，在很多西方學者眼中，人權已經成為判斷國家在國際社會中的合法性之十分重要的標準，它屬於「新文明標準」中的重要內容。比如，英國學者約翰·文森特（John Vincent）早在20世紀80年代就指出，決定國家在國際社會中的合法性的因素不僅僅是主權地位，還包括人權問題，今天的對外政策與人權問題已經分不開了。[274] 還有一些學者明確指出，《聯合國憲章》《世界人權宣言》《公民權利和政治權利國際公約》《經濟、社會和文化權利國際公約》以及《維也納人權宣言》等國際文件所體現的「國際人權規制」（global human rights regime）表明，國際社會的規範發生了演變，在當今國際社會中存在著普遍的或全球的人權標準，尊重和保護人權

是一項國際義務，也是國家的國際合法性之重要來源，或者說人權已經成為「新的合法性標準」，人權與主權相互關聯。[275] 甚至有人提出了「人權高於主權」的主張。[276]

第三，民主規範。同人權一樣，民主開始的時候也是屬於一種國內政治規範或制度，後來逐漸成為一些國家所主張與支持的國際社會中國家合法性的重要標準，儘管它尚未成為具有普遍性以及約束力的國際規範。[277] 冷戰結束以後，「民主國家」被一些學者視為新文明標準中的重要內容。甚至有西方學者認為，「民主治理規範」或者「民主治理的權利」正在國際法上出現。[278] 在 2000 年《聯合國千年宣言》中，每個聯合國成員都承諾要提高履行民主原則與實踐的能力。同年，有一百多個國家簽署了民主共同體《華沙宣言》。2005 年的聯合國世界首腦會議也明確提出：「民主是一種普遍價值觀，基於人民決定自己的政治、經濟、社會和文化制度的自由表達意志，基於人民對其生活所有方面的全面參與⋯⋯民主、發展與尊重所有人權和基本自由是相互依存、相互加強的。」[279]

民主是一個被廣為使用的概念，它同主權、人權一樣，均屬於西方文明的產物。正如美國著名政治學家亨廷頓（Samuel P.Huntington）所指出的：「現代民主是西方文明的產物，它紮根於社會多元主義、階級制度、市民社會、對法治的信念、親歷代議制度的經驗、精神權威與世俗權威的分離以及對個人主義的堅持，所有這些都是在一千多年以前的西歐開始出現的。在 17 和 18 世紀，這些傳統激發了貴族和正在興起的中產階級要求政治參與的鬥爭，並造就了 19 世紀的民主發展。這些要素也許可以在其他的文明中找到其中的一二個，但是，作為總體，它們僅存於西方文明之中。也正是這些要素說明了為什麼現代民主是西方文明的產物。」[280] 人們對「民主」的一般理解，可以回溯到古希臘哲學家亞里士多德對政治制度的定義，指的是與一個人的統治（君主制）和少數人的統治（貴族制）相對應的多數人的統治。美國學者查爾斯·蒂利指出：「當一個國家和它的公民之間的關係呈現出廣泛的、平等的、有保護的和相互制約的協商這些特點，我們就說其政權在這個程度上是民主的。民主化意味著朝著更廣泛、更平等、更多保護和更多制約的協商

的方向的淨運動（net movement）。顯然，去民主化意味著朝著範圍更小、更不平等、更少保護和更少制約的協商的方向的淨運動。」[281]

民主作為一種政治實踐，其歷史實際上並不太長。「在長期的人類歷史中，絕大多數的政體是不民主的；民主政體是稀少的、偶然的、最近的產物」。[282]錢乘旦指出，從「民主」的歷史來看，西方歷史上迄今出現過兩種「民主」：一種是古典民主，即希臘城邦的公民民主；一種是現代民主，即民族國家的代議制度，加起來不到三百年的歷史。[283]民主一直處於歷史發展進程之中，雖然民主源於西方，但是古典民主或古代民主與現代民主存在著極大的不同，正如羅伯特·達爾所指出的：「差別如此之大，以至於如果我們假想的雅典式公民以某種方式出現在我們中間，他必定會認為，現代民主根本就不是民主。」[284]希臘雅典算是最早的一個民主國家，即公民民主的城邦國家，但是雅典一半人口是奴隸，他們和外來居民、公民的妻子和孩子都沒有公民權，只有自由的成年男子能夠擁有公民權，因此雅典的民主只是自由的成年男子的民主。隨著雅典在伯羅奔尼撒戰爭中敗給斯巴達，這種公民民主的歷史也就結束了。現代代議制民主發源於近代歐洲民族國家，它有一個逐步形成和發展的歷史。18世紀前，某些民主的因素小範圍地存在於世界上，歐洲國家在18世紀在民主建設上才有重大進步，直到19世紀才在歐洲和它的殖民地建立了部分民主，直到20世紀，充分的公民權才擴展到歐洲婦女身上。也就是說，我們今天所熟悉的代議制民主只是起源於近代歐洲，其中英國、美國和法國為現代民主制度的建設做出了重要的貢獻。17世紀英國的資產階級革命創設並奠定了現代民主制度的典型模式；18世紀美國的獨立戰爭催生出的民主共和制和具有成文憲法的民主憲政制度，使得民主的制度設計日趨完善；美國獨立戰爭之後不久發生的法國大革命提出了「人民主權」「天賦人權」等現代民主制度的核心價值理念。[285]

因此，民主的確是西方文明的產物，是進入現代（近代）以後才出現並不斷得到傳播和發展的現象。正如有學者所指出的，「大量的相關經驗最早來自西方國家及其在19世紀的殖民地，在20和21世紀傳播到全世界。民主是一個現代的現象」。[286]「18世紀以來，一個接一個政權實質性的民主化從少見多怪發展到老生常談。在那麼漫長的時期，民主化的出現加速了，

特別是第二次世界大戰以來。而且,不是持續向上的曲線,大部分民主化都是突然湧現的。20世紀60年代的大規模的非殖民化,以及大約一半前蘇聯的後繼國家在蘇聯解體後的國內轉變,提供了最有說服力的戰後的例子……自由之家在1973年把世界上的151個國家中的44個(29%)稱為自由的民主國家(即不僅僅是形式上選舉的民主國家),但是到2003年把這個數字上升到192個國家中的88個(46%)」。[287] 值得指出的是,美國在崛起之後,特別是在它成為超級大國之後,在推動民主的傳播方面作出了不遺餘力的努力。美國堅信民主的原則具有普遍性,暗示不實行民主原則的政府就不是完全合法的政府,希望各國的國內制度都效仿美國,這種彼此相似的國內制度將成為世界秩序的基礎。簡言之,民主不僅是最好的國內治理形式,也是世界永久和平的唯一保障。[288] 當今世界,很多國家處於政治轉型之中,實際上沒有什麼選擇,「只有在民主形式的號角聲中開始它們的政權。否則它們就會面臨國內推翻或者國際拒絕的危險」。[289] 進入21世紀,有人提出「民主價值觀同盟」的主張,日本政治家也提出了建立美澳印日「民主與繁榮之弧」的設想,即以「民主」和「不民主」來分割世界。

有人認為,強調民主為合法的統治形式或者新的文明標準,實際上是把世界分裂為兩大陣營國家,可能導致新的意識形態對抗。正如有分析家在批評「民主和平論」的時候所指出的:「使民主國家和非民主國家一爭高下的企圖,在短期內會帶來衝突、不信任和敵對,甚至存在引發第二次冷戰的風險。」[290] 有澳大利亞官員表示,目前正處在一個將中國帶入國際秩序的關鍵時期,建立一個民主國家協調或者民主國家聯盟的制度安排「只能導致第二次冷戰」。[291] 所以,有研究者否認國際秩序的基石應該是民主,強調單憑民主家無法形成解決跨國威脅必不可少的那種國際合作。在他們看來,「從更根本的意義上說,將民主和集權看作不可避免地要發生衝突的看法,忽視了20世紀國際社會所發生的根本變化。今天的跨國威脅,已經改變了國家為其公民提供安全使其免受傷害的方法。現在,國家的安全與全球安全是相互依存的。在可預見的未來,國家的生存和國家體系的生存,取決於政府能否保護其公民免受非國家行為體、全球變暖和流行疾病的現實威脅」。[292]

第四節　新文明標準

也有分析家強調，民主權利並非「進口概念」，「民主按照其定義不能被強加，而必須來自一個國家內部」。[293]

當然，也有西方觀察家對於民主可以適用於全世界的看法表示質疑。正如美國著名東亞問題專家斯卡拉皮諾教授所指出的：「我們的許多領導人和民間組織都聲稱，最大限度地運用各種積極和消極的方法，在全世界推進民主，是美國的責任。本人在支持民主方面決不含糊，我堅決相信，如果民主能夠成功地運行，它將為個人和國家的發展提供最佳機遇。但我不相信，目前每個社會都有能力實現民主的成功運作。」[294] 他進一步指出：「總之，我們是否應該接受這樣一個事實，說得婉轉些，那就是，世界各國的統治方式將是多樣化的，要求別國與我們的制度保持一致，或者任意地從外部將民主植入一個處於完全不同的文化和經濟發展階段的社會是危險的。」[295] 一些西方學者也對「民主治理規範」理論提出了質疑。[296]

第四，環境主義規範。與主權、民主、人權規範相比，環境主義規範屬於最近出現的國際規範。今天，保護人類賴以生存的地球環境，已經成為普遍性的國際規範，它也被認為已經是或者將會變成新文明標準中的重要內容之一。早在20世紀70年代，科學家已經把氣候變暖作為一個全球性環境問題提出來。1972年，聯合國人類環境會議在瑞典首都斯德哥爾摩召開，會議透過了《人類環境宣言》，明確提出了環境保護這一概念，並制定了全球環境保護戰略。迄今為止，已經形成了一系列有關環境保護的國際規則與制度，其中包括《聯合國氣候變化框架公約》（1992年）、《京都議定書》（1997年）等，其核心是碳排放權的分配問題，並遵循共同但有區別的責任之原則。1992年的《聯合國氣候變化框架公約》規定，發達國家應該率先對付氣候變化及其不利影響，發達國家應在20世紀末將其溫室氣體排放降到1990年的水平。而1997年的《京都議定書》則要求發達國家應在2008—2012年間，將溫室氣體的排放量在1990年的基礎上平均減少5%，其中歐盟將削減8%，美國將削減7%，日本和加拿大將削減6%。由於《京都議定書》的目標承諾期只到2012年（2011年的南非德班聯合國氣候變化大會決定，《京都議定書》的目標承諾期再延長5年），因此2012年以後的碳排放權如何分配成為國際社會爭論的焦點。[297] 迄今為止，已經召開了多次氣候變化峰會。許

多國際組織都把環境保護視為重大議題，環境保護法規不斷增多，環境保護的標準也越來越高。一些非政府組織也積極參與制定國際環境保護標準，推動全球範圍的環境保護。值得注意的是，也有人把環境保護納入「負責任主權」原則的範疇：「如果主權行為產生了跨越國界、超越時間的影響，那麼主權國家需要對此負責。」[298]

總之，「新文明標準」和「文明標準」概念一樣，都處於變化過程之中，在不同的時代會被賦予不同的內容。舊的國際規範或者得以繼續存在，或者被新的國際規範所取代。迄今為止，這種變遷的過程主要是由國際社會中的主導國家或西方國家所決定的，當然其他國家以及國際組織、個人也在不同程度上參與了這個過程，而且後者的影響在日趨增大。

第二章　古代中國的「文明標準」與東亞地區國際社會

如前所述，按照西方的主流話語，主權國家組成的現代國際社會及其相應的國際規範和「文明標準」，是近代歐洲的產物，後來擴展到全世界。然而，在歐洲主權國家產生之前，或者說在西方崛起之前，作為一種政治實體的國家其實早已出現並存在了很長時間，在世界上存在過多種形式的地區性國際社會或國際體系，而且在這些地區國際社會中也存在約束和指導國家間關係的規範與制度，或者擁有自己的「文明標準」。[299] 古代以中國為中心的東亞地區國際社會，就是這樣一個所謂的「前現代」地區國際社會。中國是一個具有悠久文明歷史的國家，而且古代中國長期處於東亞地區國際舞臺的中心，曾經憑藉優越的物質與精神文明，與一系列周邊國家透過「冊封」和「朝貢」等形式，形成了比較獨特的雙邊互動關係，並構建了一種比較獨特的地區性國際社會，它被學者們冠以「朝貢體系」「華夷體系」「華夷秩序」「天朝禮治體系」「宗藩體系」等稱號。由於中國在東亞地區的優越地位，中國統治者長期以來把中國視為唯一的文明國家、天下（想像的世界）的中心，其四周都是文化與制度遠不如自己的蠻、夷、戎、狄，在處理對外關係的過程中實際上遵循自己的、建立在儒家文化基礎上的行為規範或「文明標準」。也就是說，中國在加入西方主導的現代國際社會、接受西方「文明標準」之前，實際上是有自己的「文明標準」的。或者說，古代中國有區別自我（華）與他者（夷）的「文明標準」。在現代主權國家社會擴展到東亞之前，中國的「文明標準」也就是以中國為中心的東亞地區國際社會的「文明標準」。

▎第一節　歷史上的國際社會／國際體系

國家以及由國家組成的國際社會／國際體系的歷史，比現代國際社會／國際體系的歷史無疑要長得多。馬丁·懷特就認為，歷史上存在三種比較典型的國際體系。[300] 第一種是現代（modern，又譯「近代」）或者西方國際體系，它產生於15世紀末的歐洲，後來逐漸擴展到世界其他地區，現在已經具

中國歷代與國際間的關係及規範變遷：從「文明標準」到「新文明標準」
第二章　古代中國的「文明標準」與東亞地區國際社會

有全球性質，它是由主權國家所組成的。這也就是我們今天通常所理解的國際體系。第二種是希臘—希臘化國家體系或希臘—羅馬國家體系（Hellenic-Hellenistic or Greco-Roman system），它不僅包括馬其頓征服之前的希臘或希臘—波斯國家體系，也包括從亞歷山大去世到羅馬征服之前的希臘化王國體系。懷特認為，古典的希臘城邦國家體系不同於現代西方國家體系，前者建立在共同語言，而非政治團結的基礎之上，並且不存在諸如國際法、常設使館等對現代國家體系至關重要的那些制度。第三種就是中國戰國時期的國家體系。懷特進一步把歷史上存在的國家體系抽象為幾種類型：主權國家體系、宗主國國家體系、由國家體系或帝國組成的國際體系。[301] 懷特強調在這些國際體系中，存在國家間交往的一系列制度。正如他自己所歸納的，國家體系中的成員相互之間保持著某種程度上的持久關係，它們總是透過四種制度進行溝通和交往。懷特所說的這四種制度就是：信使（messengers），包括外交與軍事信使，其在歷史上的表現形式有傳令官、常駐使節、間諜等；會議和國際組織（conferences and international institutions）；一種外交語言（a diplomatic language），現代國際體系中的共同外交語言先後為拉丁語、法語以及英語，希臘和希臘化國際體系中的共同語言為希臘語；貿易（trade）。[302] 而斯塔夫裡阿諾斯則認為，在 1500 年以前，人類基本上生活在彼此隔絕的地區中，形成了歐洲基督教世界、中東和南亞的穆斯林世界和東亞的儒家世界並存和基本上相互隔絕的狀況。他所說的東亞儒家世界，實際上就是以中國為中心的東亞地區國際社會或國際體系。[303] 尚會鵬指出，古代南亞地區也曾存在一個與西方羅馬體系、東亞朝貢體系和近代國際體系並列的國際體系，即孔雀王朝時代的阿育王建立的並對後世產生極大影響的「大法體系」，這個體系以印度宗教中的「法」（Dharma）為合法性基礎，具有「強文明體、弱組織體」的特點。[304]

　　古代以中國為中心的東亞世界或東亞國際社會一直被視為主權國家社會產生之前的國際社會／國際體系的重要個案，並得到學界的高度關注，也產生了不少研究成果。其中，中國春秋戰國時期的國家體系似乎被研究得最多，這是因為它被認為是由獨立和平等的國家所組成的比較接近於現代主權國家社會／體系。[305] 赫德利·布爾就明確認為，中國戰國時期的國家體系既是國

際體系,也是國際社會,它建立在一種共同文化或文明的基礎之上。[306] 而不同於主權國家體系／社會,以中國為中心的東亞朝貢體系長期以來主要是歷史學家的研究對象,但最近一些年來也開始受到國際關係學者越來越大的關注,甚至有當代英國學派學者把東亞朝貢體系當作一種「地區國際社會」來加以研究。[307] 比如,張勇進、巴裡·布贊等人就認為,朝貢體系是「東亞國際社會存在的表現形式」,是「一個有自身社會結構的國際社會,它根植於參與國與建立國之間的複雜社會關係,並且擁有一套有助於界定可以接受的、合法的國家行為的規範的特殊制度」。[308] 我認同張勇進、布贊等人的觀點,並使用「東亞國際社會」或「東亞地區國際社會」的概念。

古代以中國為中心的東亞地區國際社會存在的時間很長,其行為規範或「文明標準」與現代國際社會的行為規範或「文明標準」有很大區別,相關歷史遺產對中國與現代國際社會的關係有一定影響。於是,研究古代以中國為中心的東亞地區國際社會及其賴以存在的行為規範或「文明標準」,對於我們理解與分析近代以來至今,中國如何應對西方主導的現代國際社會的擴展以及國際規範的變遷,有很大的必要性。

第二節　古代中國的天下觀念

中華文明具有數千年綿延不斷的歷史,在其歷史發展的進程中形成了獨具特色的有關中國與外部世界關係的觀念或者世界秩序觀,並塑造了東亞地區國際社會及其行為規範或「文明標準」。

中國有無一種持久不變的世界秩序觀?這一直是學者們所關心與探討的問題。美國漢學家費正清(John King Fairbank)認為,「中國的世界秩序,是一整套的思想和做法。千百年來,中國的統治者們不斷地將這套東西加以發展,使之永久地保存下來」。[309] 而另外一位美國漢學家史華慈(Benjamin Schwartz)則認為,一方面,中國古老的世界秩序觀的確存在並一直堅持到了19世紀90年代,而且今天還不能說中國古老的世界秩序觀已經徹底消失了,另一方面,不管中國的世界秩序觀在歷史上有多麼真實,它在20世紀都受到了根本性的破壞,中國人已經接受了西方的國際秩序觀。[310] 雖然費

中國歷代與國際間的關係及規範變遷：從「文明標準」到「新文明標準」

第二章　古代中國的「文明標準」與東亞地區國際社會

正清和史華茲兩人對中國是否有持久不變的世界秩序觀這一問題的回答有些差別，但是兩人都贊同一個判斷，即至少在西方國際秩序觀念衝擊中國人的世界秩序觀之前的很長的歷史時期，中國一直保持著獨特的有關中國與外部世界關係的觀念。

那麼，中國的世界秩序觀是什麼呢？有不少學者認為，中國的世界秩序觀就是天下觀（又稱「天下體系」「天下主義」或「天下秩序」等）。趙汀陽就認為，「以天下觀天下」或從世界看世界的中國的世界觀，就必須被稱為天下觀，它從根本上不同於西方的從國家看世界的國際觀。[311]李揚帆也指出，「如果非得用一個概念表達傳統中國歷史上存在過的一種『世界秩序』（事實上是東亞秩序，但存在一種超越東亞的世界性的想像），傳統中國的世界秩序確實可以被稱為『天下秩序』」。[312]正因為如此，長期以來，中國傳統世界秩序觀或天下觀唸成為中外學者的一個重要研究課題，以理解中國傳統對外關係理念的特點。[313]

有關天下觀念的起源，通常認為它產生於周朝。[314]但是也有學者認為，天下秩序觀形成於從春秋戰國時代到秦漢統一時代。[315]趙汀陽明確指出：「比較確實的天下體系是從周朝開始的，或者說，世界成為一個政治存在，天下成為一種政治制度，這是周政治的創造。」[316]他認為，周朝天下體系，可能是以周公為首的政治家集團的集體創作，它主要包括分封制度、禮樂制度和德治原則。[317]在他看來，天下體系是周朝的一種不靠強力（相當於硬實力），而靠信譽（相當於軟實力），讓眾國萬民都願意給予穩定的政治承認和信任的統治方式與世界政治制度，它不同於西方以國家為單位思考政治問題的國際秩序觀念。[318]在周朝的天下體系中（主要表現在分封制度上），天子直轄的宗主國與諸侯國保持著親疏遠近的政治關係，宗主國提供秩序這一公共產品，而諸侯國則向宗主國提供貢賦。但是周朝後期，諸侯與周王室越來越疏遠，以至於獨行其是，從而導致天下體系不斷衰落，乃至名存實亡。因此，有研究者指出，到周朝後期至少有了一些模糊的「國」的觀念，即在周朝末期（前221年為止），「天下」和「中國」之間有了區別，後者把邊遠的諸侯國如秦、楚、吳、越排除在外。[319]秦漢以後，天下觀念和分封制

第二節　古代中國的天下觀念

發展或表現為中國與周邊國家構成的華夷秩序或朝貢體系，中國（華）與周邊國家（夷）保持著遠近親疏的政治關係，周邊國家向中國稱臣納貢。

　　一般認為，中國傳統的世界秩序觀或天下觀，來源於中國社會秩序觀，即源於中國文化的倫理精神或行為規範，即儒家所闡述的「禮」（大致等同英文裡的 norms，或漢譯中的「規範」）。它指的是按照「禮」的儀式來規範行為。馮友蘭認為：「古時所謂禮之義極廣，除現在禮字所有之意義外，古時所謂禮，兼指一切風俗習慣，政治制度……蓋凡關於人之行為規範，皆所謂禮也。」[320] 中國的「禮」屬於外部行為規範，除此之外還有內部的行為標準，「吾人行為之標準，至少一部分是內在的而非外在的，是活的而非死的，是可變的而非固定的。故吾人之行為，可因時因地，隨吾人性情之所之，而有相當的不同」。[321] 對於「禮」的作用，錢穆指出：「它是整個中國人世界裡一切習俗的準則，標誌著中國的特殊性……如果你要瞭解中國各地的風俗，你就會發現各地的風俗差異很大……然而，無論在哪兒，『禮』都是一樣的。『禮』是一個家庭的準則，管理著生死婚嫁等一切家務和外事。同樣，『禮』也是一個政府的準則，統轄著一切內務和外交。要理解中國文化非如此不可，因為中國文化不同於風俗習慣。」[322] 樓宇烈認為：「禮是用來規範人的社會身份和社會地位的，即『別異，明分』，確定每個人在社會上的責任、權利和義務。換句話說，就是建立社會秩序……社會是一個群體，用禮來把這個群分成不同的身份、地位、等級，明確各自不同的責任、權利、義務。」[323] 王慶新指出：「周禮制度是西周時期周天子維護整個華夏天下秩序的制度安排。它規範了周天子與諸侯國和人民的關係，也規範了諸侯國之間的關係，還規範了普通百姓在社會和家庭內的基本道德倫理。周禮類似於歐洲中世紀規範普通民眾道德行為的基督教教規，加上由基督教規推衍出來的規範著政府與民間社會的法律關係和國家之間關係的自然法的總和。」[324] 其實，在中國傳統思想中，各個流派均論及行為規範問題，比如儒家的「禮」、法家的「法」等。馮友蘭在論及禮與法的關係時認為：「不過禮所規定，多為積極的。法所規定，多為消極的。又法有國家之賞罰為後盾，而禮則不必有也。」[325] 中國社會價值觀或者「禮」的核心就是君臣、父子、夫婦、兄弟、朋友的五倫精神或倫理關係。在儒家思想中，人類作為

中國歷代與國際間的關係及規範變遷：從「文明標準」到「新文明標準」

第二章　古代中國的「文明標準」與東亞地區國際社會

一個整體，所有政治行為都必須符合家國內外的這些規範。用今天的話來說，「禮」就是中國古代的國際規範，也是當時的「文明標準」。張啟雄認為，「以中國為中心的天下＝中華帝國，將家族性的倫理關係擴展到國際性的邦交關係」。[326] 韓國學者金容九指出，在古代東亞存在著不同於「西洋公法」的「東洋之禮」，禮分為大禮與小禮，大禮是國與國之間所應遵循的法度，小禮則是人與人之間所應遵循的禮儀，大禮的根本就是所謂的事大字小，將禮適用於國與國之間的關係，就成為周室與諸侯、諸侯與諸侯以及中國與夷狄之間的一種規範。[327]

中國古代的天下觀念屬於等級制的世界秩序觀，它同源於歐洲的非等級制的、主權國家相互平等的國際秩序觀確實有著根本性的區別。也就是說，中國的天下觀念被廣泛認為明顯具有以中國為中心以及等級制的思想傾向，它同近代以來主權國家之間法理平等的非等級制思想傾向有根本性區別。費正清就指出，中國的世界（天下）從一開始就是等級制的和反和平主義的，它是一種標準，一種理想模式。[328] 季辛吉也聲稱，「在亞洲所有關於世界秩序的觀念中，中國所持的觀念最為長久、最為清晰、離威斯特伐利亞的主張最遠」。[329] 在他看來，中國的世界秩序是等級制的，不存在西方的各國主權平等和法律平等的觀念，因此「中國眼中的世界秩序與在西方生根的制度大相逕庭」。[330] 在張啟雄的眼中：「中國並非西方式的近代民族國家（nation state），而是東方型的傳統天下國家。」[331] 對於當時以中國為中心的東亞國際社會的行為規範，他則認為：「根據春秋時代的國際規範，小國必須事奉大國，它的道德規範，是『信』；相對地，大國也必須保護小國，它的道德規範，是『仁』。『信』與『仁』的德行，是國家必須共同遵行的規範。是故，《國語》乃稱：『處大教小，處小事大，所以御亂也。』否則，天下將淪為『大不字小，小不事大』的弱肉強食社會。」[332] 韓國學者金容九也表達了類似的看法，即認為中國天下秩序觀的基本原理就是「事大字小」。[333] 一些中國歷史學家也同樣強調了天下觀念中所存在的以中國為中心的、等級制的思想傾向。他們指出，當時中國人所能看到的世界（其實僅僅限於東亞地區）就是天下，華夏居於天下之中，天下只有一個皇帝，中國皇帝為「天子」，代表「天」來統治「天下」的一切，皇帝直接統治的區域，相對於周

邊的「蠻荒」之地,為「天朝上國」,而中國與其周邊國家形成一個以中國為中心的、親疏有別的政治共同體。[334]

也就是說,在近代之前,中國沒有主權國家平等的國際秩序觀念,只有以中國為中心的、等級制的世界秩序觀念。這種天朝上國的思想實際上成為古代中國一種根深蒂固的對外理念,長期影響著中國的對外關係行為。正如何芳川所指出的:「中華帝國及其統治者,始終居於『華夷』秩序中居高臨下、凌駕一切的地位。因此,在處理自己的對外關係時,一有機會,中華帝國那種傲然自大的大國主義的意識,就會在它的各種運作上打下深深的烙印。」[335]季辛吉暗示,中國傳統的世界秩序觀甚至仍在影響著當今中國的對外關係。正如他在《論中國》中所說:「中國和美國都認為自己代表獨特的價值觀。美國的例外主義是傳經佈道式的,認為美國有義務向全世界的每個角落傳播其價值觀。中國的例外主義是文化性的,中國不試圖改變他國的信仰,不對外推行本國的現行體制。但它是中央帝國的傳承者,根據其他國家與中國文化和政治形態的親疏程度將它們正式劃分為不同層次的『進貢國』。換言之,這是一種文化上的普遍觀。」[336]季辛吉在其新著《世界秩序》中也表達了類似的觀點:「中國認為沒有必要走出國門去發現世界,認為透過在內部弘揚道德,已經在世界上建立了秩序,而且是最合理的秩序。」[337]

然而,也有學者認為,以中國為中心的、等級制的世界秩序觀或天下觀可能是中國自我構建的一種神話。比如,美國哈佛大學楊聯陞教授就指出:「中國的世界秩序常被描述為一個以中國為中心的等級體系。從理論上說,這個體系至少有三方面的層級:中國是內部的、宏大的、高高在上的,而蠻夷是外部的、渺小的和低下的。然而,對整個中國歷史加以考察,即可發現這個多面相的、以中國為中心的世界秩序,是在不同的時間,由許多真假程度不同,有時甚至子虛烏有的『事實』構建的一個神話。」[338]莊國土也表達了類似的觀點:「將到中國者統稱為朝貢者,基本上是中國統治者及歷代史官、文人的一廂情願。中國朝廷通常沒有,也不打算利用這種表面上的、自我安慰式的『朝貢宗藩』關係來干涉東南亞地區事務。」[339]

中國歷代與國際間的關係及規範變遷：從「文明標準」到「新文明標準」
第二章　古代中國的「文明標準」與東亞地區國際社會

　　也有學者批評道，中國古代的天下體系是屬於一種中心—邊緣、華夷之辨的不平等意識或制度，因而具有種族主義傾向。正如楊聯陞教授所指出的：「我們必須承認中國人在遠古的時候就喜歡將外族和各種動物相比。外族的名稱，常加上表示動物的偏旁。例如，北方外族——狄，有個犬字邊；南方外族——蠻，有個蟲字。在古代的天下觀裡，荒遠地區被認為是蠻夷、猛獸、魑魅所居之區。《左傳》所云『非我族類，其心必異』，乃一古老的通論。當然，許多外族在身體的特徵上與中國人不同。再者，多數中國人相信外夷更貪婪，更好戰，因此在性格上與野獸更相近。還有一點需要指明，即種族歧視並非某一文化或某一社會獨有的習慣。假如這個習慣形成於一個人的孩童時期或一個社會的早期，就特別難以改變。」[340] 茅海建也表達了類似的觀點：「清王朝的強盛，使周邊地區的各國君主，出於種種動機，紛紛臣屬於中國，向清王朝納貢，受清王朝冊封。至於藩屬國以外的國家，包括西方各國，清王朝一般皆視之為『化外蠻夷之邦』，在官方文書中蔑稱為『夷』，並在其國名上加『口』字旁。」[341] 1793 年，率領英國使團出使中國的馬戛爾尼（George Macartney）在日誌中提到了當時中國朝廷蔑視西方人的態度：「當威尼斯人馬可・波羅在 13 世紀訪問中國時，正值西部蒙古韃靼人征服中國，以成吉思汗之孫忽必烈為他們的首領。那個時期前不久，中國人已達到他們文明的頂峰，與韃靼征服者以及和他們同時代的歐洲人相比，他們當時肯定是非常開化的民族，但自北方滿洲韃靼人最後征服以來，至少在這過去的 150 年，沒有發展和進步，甚至在後退，而在我們科技日益前進時，他們和今天的歐洲民族相比較，實際變成了半野蠻人。正是因此他們保持了半罐子水通常有的自大、自負和自傲，而且，儘管在他們和使團交際期間感覺到我們在許多方面比他們強，他們仍顯得驚奇而不自愧，有時假裝對所見無動於衷。在跟外國人交談中他們毫無羞愧和自卑，反顯得滿不在乎，好像他們自己是優勝者，言行中找不到缺點和失誤。」[342] 該使團成員約翰・巴羅（John Barrow）雖然看到清政府把英國使節視為貢使，但承認英國使團受到禮待：「我們一直被告知，中國人視我們為蠻夷，但我們至今沒有理由說他們以蠻夷接待我們。總之，明顯的是，北京朝廷對英使的到來印象深刻。」

[343] 所以，1858年中英《天津條約》規定，在中國的中央機關以及地方官署有關英國官民的公文中禁止使用「夷」字。

但是，也有學者否認這一點。比如，趙汀陽指出：「（天下體系）遠近關係有時候被錯誤地發展為一種中心與邊緣的意識，比如後來某些思想狹隘者所歪曲發展的所謂『華夷之辨』。華夷之類本來指文化和地域差異，後來才發展出中心對邊緣的歧視之意，這是對天下觀念的破壞。按照『無外』原則，既然它拒絕了不可兼容的『他者』假設，親疏遠近關係就只是存在論上的關係，蠻夷戎狄仍在五服之中，即使四海番邦也在天下之中，有的由於遙遠而沒有來往，有的在近旁而或有摩擦，但遠近親疏並不蘊含任何不可化解的敵人概念，至於不同文化的長短得失也是可以爭議和借鑑的。如果蠻夷的文化有優勢，絕不會被中原明主所拒絕。」[344] 在他看來，在早期中國，華夷之辨原本指的是地域自然差異所導致的生產方式、生活方式和文化風格的差異，是描述性的中性概念，並無種族或民族歧視之意。[345] 美國哥倫比亞大學劉禾教授則認為，鴉片戰爭以後，英國人似乎故意在中英外交文本中（如《天津條約》中把「夷」譯為「barbarian」），切斷了「夷」字與漢語中其他相關概念（如「西洋」「西人」或「西洋人」）的聯繫，把它作為一個「衍指符號」來界定文明的「自我」與不文明的「他者」之間的關係。[346]

雖然學者們對天下觀有不同的解讀，但是天下觀為中國的傳統世界秩序觀念，而且天下觀在根本上有別於近代以來西方的國際秩序觀，已成為一個基本共識。

第三節　以中國為中心的朝貢體系

與天下觀有著千絲萬縷關係的，就是古代以中國為中心的朝貢體系。

「朝貢體系」（tributary system 或 tribute system，又譯「朝貢體制」「朝貢制度」等）這個概念，最早是由西方學者使用的。1941年，費正清和鄧嗣禹在《哈佛亞洲研究雜誌》發表了《論清代的朝貢體系》一文。此後，「朝貢體系」一詞便被廣為使用，被用來指中國古代對外關係體制，特別是指中國與其周邊國家之間的關係。鈴木省悟就把朝貢體系視為東亞國際秩序賴以

第二章　古代中國的「文明標準」與東亞地區國際社會

存在的外交制度（diplomatic institution）。[347] 也有學者使用與朝貢體系含義相近或相關的一些提法，如「冊封體制」「封貢體制」「華夷秩序」「天朝禮治體系」「中國的世界秩序」等。[348] 因此，很多學者認為，朝貢體系與天下觀有著密不可分的關係。

有的學者乾脆把天下觀與朝貢體系視為一回事兒。張啟雄就明確指出，天下淵源於華夷，朝貢體系與天下體系是一致的，屬於「中華世界秩序原理」，天下＝華＋夷，中國與其周邊四夷所形成的華夷世界屬於華夷所共同構成的「東亞共同體」，也是一個世界帝國，即「中華世界帝國」，天下就是「中華世界帝國」，天子就是「中華世界帝國」的皇帝。[349] 韓國學者白永瑞也同樣認為：「『天下』是由華和夷構成的，『華』原則上否認『夷』在政治上的獨立性和在文化上的獨特性，但是在現實中又不得不受到貫徹這一原則的能力的限制，因此需要能夠說明這種關係的理論，結果就形成了華夷思想。換句話說，面對來自其他種族的挑戰，華夷思想可能成為掩飾這種挑戰或妥協的一種理論工具。自認為在文化上比夷（族）優越的華夏（族），在現實世界裡往往要敗在異民族的武力之下，甚至臣服於異民族的統治。儘管如此，漢族仍然依靠文化上的優越感來維持著自己的認同性，甚至認為（如滿族建立的清朝，在清初與漢族知識分子間的妥協所表現出來的），華和夷的區別主要不在地理的、種族的標準，而更重視文化的標準，處於儒教教化之外者（化外之民）為夷族，而接受了儒教文化就能進入華夏。」[350] 於是，他寫道：「這麼看來，華夷思想不但與天下觀沒有矛盾，而且還是一種相輔相成的關係。」[351]

也有學者強調朝貢體系是從天下觀發展而來的制度形式或制度表現。比如，王賡武指出，在以中華文明為特徵的東亞地區，其秩序觀念之最初理念是抽象的整體觀，被稱為「天下觀」，後來發展出一種制度和領土模式，這就是人們所說的朝貢體系。[352] 在王賡武看來，朝貢體系是從天下觀發展而來的制度形式。李揚帆則認為：「中國的天下秩序與朝貢制度的關係是一種文化與制度的關係，朝貢可以變化，有強有弱，甚至可以主從顛倒，也可以從政治關係退化為經貿關係，而作為共識的文化層面的天下秩序難以取代。」

[353] 所以，他把朝貢體系視為天下觀念的制度表現，[354] 甚至認為朝貢體系是「一種東亞共同遵守的國際規範」。[355]

至於朝貢體系或華夷秩序的起源，學者們通常認為，古代中國與周邊蠻夷和其他國家所建立的朝貢關係及其相關制度，是先秦時代中央與地方之間、天子與諸侯之間朝聘制度的延伸和發展。有人認為，夏王朝與被征服部落之間就已經出現朝貢關係。更多的學者認為，最能反映先秦朝貢制度原貌且對後世產生重要影響的是西周初年分封列國時實行的五服制。[356] 從這個意義上說，朝貢體系和天下觀的起源是相同的。何芳川認為，華夷之說緣起於中國上古華夏族體的形成時期。秦始皇統一中國，為華夷秩序建立了一個前提框架。至漢代，中華與「蠻夷」之間逐漸發展起一種古代類型的國際關係體系。但此時的華夷秩序尚處於雛形階段。盛唐時，華夷秩序在比較正規的意義上形成了。宋代，華夷秩序得到進一步充實。明清兩代，終於具備了清晰的外緣和日臻完善的內涵。[357] 李雲泉也指出，朝貢制度從先秦至清末，一直具有多重性特徵，如同心圓般層層向外延伸而又緊密相連。其核心層是中央與地方的朝貢關係，主要是透過地方向中央交納土貢來體現；中間層是中央王朝與周邊少數民族的朝貢關係；最外層是中外朝貢關係（明清時期又分中國與屬國的朝貢關係以及中國與其他國家的朝貢關係）。五服制不僅描述了周天子與諸侯之間的朝貢制度，更重要的是它揭示了朝貢體系由內向外延伸發展的史實。[358]

但是，也有部分學者強調，朝貢體系或華夷體系只存在於明清兩個朝代。日本學者信夫清三郎在《日本外交史》中認為，華夷秩序存在的時間，只限於明代（1369—1644）。而使「朝貢體系」成為重要學術概念或術語的費正清，認為明清的朝貢體系最為典型，而且他本人也是在研究清朝歷史的過程中提出和使用朝貢體系這個概念的。正是費正清把清代（1644—1912）中國與異邦的關係稱為「朝貢關係」或「朝貢體系」，並認為它是千百年來保存下來的、以中國為中心的世界秩序。他指出：「中國人與其周圍地區，以及與一般『非中國人』的關係，都帶有中國中心主義和中國優越的色彩。中國人往往認為，外交關係就是向外示範中國國內體現於政治秩序和社會秩序的相同原則。因此，中國的對外關係就像中國社會一樣，是等級制的和不平等

中國歷代與國際間的關係及規範變遷：從「文明標準」到「新文明標準」
第二章 古代中國的「文明標準」與東亞地區國際社會

的。久而久之，便在東亞形成一個大致相當於歐洲國際秩序的中外關係網絡。不過，正如我們所看到的，『國際』甚或『邦際』這些名詞對於這種關係似乎都不恰當。我們更願意稱它為中國的世界秩序。」[359] 他還進一步指出，中國的這種世界秩序是由三個「圈」所組成的：「以中國為中心的、等級制的中國外交關係，所包括的其他民族和國家可以分為三個大圈：第一個是漢字圈，由幾個最鄰近且文化相同的屬國組成，即朝鮮、越南（它們的一部分在古代曾受中華帝國的統治），還有琉球群島，日本在某些短暫時期也屬於此圈。第二個是內亞圈，由亞洲內陸遊牧或半遊牧民族等屬國和從屬部落構成，它們不僅在種族和文化上異於中國，而且處於中國文化區以外或邊緣，有時甚至進逼長城。第三個是外圈，一般由關山阻絕、遠隔重洋的『外夷』組成，包括在貿易時應該進貢的國家和地區，如日本、東南亞和南亞其他國家，以及歐洲。」[360] 同時他也指出，這三個圈的範圍並非固定不變的，「外藩」（內亞圈）可以變為「內藩」（漢字圈），「客臣」（外圈）也可以變為「外藩」，「藩」既可以指「諸侯」，也可以指「外國的」「野蠻的」（番）。[361] 這既是朝貢制度的靈活性，也可稱為「華夷可變論」，既可以「用夏變夷」，也可以「用夷變夏」，華夷之辨並不固定，而是動態的。有學者把費正清所說的朝貢關係稱為「宗藩關係」，作為宗主國的中國與其屬國之間保持一種從屬的關係，是一種以大字小、以小事大的封建政治關係。與此同時，朝貢既是一種外交禮儀制度，也是一種通商制度。另外，所有中國與屬國之間的公文往來，一律應用中國的禮節格式和中國的曆法。[362]

我認為，從研究中國對外關係的角度出發，大致可以把朝貢體系的起點確定在秦統一中國之後，但朝貢體系本身是一直處於變化發展之中的，明清的朝貢體系的確最為典型。自秦漢以來，中國的疆界在不斷發生變遷，其基本趨勢是範圍越來越廣大。同時，中國周邊地區朝貢國的數量也不是固定不變的。在中國最後一個封建王朝清朝的時候，朝鮮、琉球、安南（1805年改名為越南）、緬甸、泰國、蘇祿、寮國、廓爾喀、巴達克山、愛烏罕、浩罕王國等均為中國的屬國或朝貢國，[363] 它們同清王朝保持著藩屬—宗主國關係。當然，正如張鋒所指出的，在東亞國際關係的歷史長河中，中國並非始終處於中心地位，朝貢關係並非古代東亞國際關係的唯一內容。[364]

在以中國為中心的東亞地區朝貢體系之中，中國實際上是個地區主導國家或者領導國家，在大部分時間裡占據主導地位。正是由於這一點，馬丁·懷特把中華帝國和它的朝貢國所構成的地區國際體系稱為「宗主國—國家體系」，以區別於現代意義上的主權國家所組成的國家體系或國際體系。[365]這個體系有點像西方國際關係學者所說的地區「霸權體系」（hegemonic system），而中國則類似於「霸權國」（hegemon），它在這個體系中占據「統治或者主導地位」。[366] 因為在朝貢體系內，只有一個中心，這就是中華帝國和它的皇帝，周圍國家同它保持一種「以臣事君」和「以小事大」的關係。[367] 實際上，其周邊鄰國最主要的對外關係就是定期向中國王朝皇帝稱臣納貢。如清朝曾規定，朝鮮每年、琉球每隔一年、安南每三年、泰國每四年、蘇祿每五年、寮國和緬甸每十年朝貢一次。[368] 實際朝貢次數和規定的朝貢期並不完全一致。[369] 在特定情況下，朝貢國或藩屬國也可以延期朝貢或者「補貢」。[370] 朝貢國家立新王則要經中國皇帝冊封。此外，有學者指出，中外朝貢關係大體上可劃分為「禮儀性的朝貢關係」和「典型而實質的朝貢關係」兩大類，前者指日本、緬甸、東南亞諸國乃至清人所視英、法等西歐諸國，其根本特徵是不具有政治上的臣屬性；後者則如朝鮮、安南、琉球等國，其基本特徵是以政治臣屬為前提。[371]

但是，當時的中國同近代以後的西方霸權國家以及殖民帝國有所不同。中國對其朝貢國沒有實施直接的統治，也較少使用強制性力量（如軍事威脅）。朝貢制度是「夷狄」表示承認中原王朝優越性的方式，中國對鄰國的影響主要是文化和政治上的，而不是直接控制（包括軍事占領）。朝貢制度給中國朝廷帶來的主要是政治威望，中國一般不干涉藩屬國的內部事務，也不要求獲取經濟利益。而且朝貢國往往很看重朝貢的通商價值，以此追求自身的物質利益，因為貢使所帶來的本國產品可以在貢路上以及中國國都特設的市場上與中國商人交易，中國皇帝對朝貢國的「回賜」，其價值通常高於朝貢使奉獻的貢品，即「厚往薄來」，寧願付出經濟代價，也不索取物質利益。[372] 所以，有的中國學者認為，朝貢關係是一種「平等的雙邊關係」，這在中國與東南亞國家的關係中表現得尤其明顯。[373]

中國歷代與國際間的關係及規範變遷：從「文明標準」到「新文明標準」

第二章　古代中國的「文明標準」與東亞地區國際社會

甚至也有國外研究者指出，朝貢體系並非以等級原則為基礎，它也包含著平等觀念，即「示無外」觀念。正如王賡武所指出的：「傳統中國對待異民族的態度常常被描述為是以等級原則為基礎的。我認為，這樣理解朝貢體系是不合適的。更為重要的是優越性原則與安全性原則或不可侵犯性原則的結合。由此觀之，即可看清楚，體現中國優越論的制度並不像 19 世紀的學者們所說的那樣缺乏靈活性。雖然這些制度反映了中國優越論，但它們同時也反映了數百年來形成的觀點，即所有外國在中國人眼裡都是平等的，應該一視同仁。這個觀點對於今天的我們來說，顯然是個神話，但同樣明顯的是，現實從來沒有對這個神話提出持續性挑戰。在 19 世紀，中國被迫『進入國際社會』。中國加入了所有成員都平等（至少理論上如此）的一個國際體系。事實上，中國很難不認為自己在這個體系中是一個不平等的成員。中國屈服於強權是一種理性的決定，西方列強對此表示讚賞，但是，人們經常懷疑，這是否僅僅是一個策略性的決定；中國人是否真的相信在國際關係中確實存在平等。這種懷疑部分解釋了人們今天的擔憂：一旦得到機會，中國人可能希望回到他們長期珍視的傳統，即對所有外國一視同仁，但它們一律置於不平等和低於中國的地位。」[374] 康燦雄也認為，朝貢體系作為中國主導的東亞國際秩序，「在形式上看似不平等，但是在實質上則是平等的：次級國家自然不能宣稱自己和中國平等，但是在實際行動中享有實質性的自主權」。[375]

此外，值得注意的是，在朝貢體系中，中國並非完全主導朝貢國家的對外關係。實際上，周邊國家之間存在著相互關係，甚至是朝貢關係。日本學者川島真指出：「華夷秩序絕非中國獨具，它是東亞所共有的世界觀。朝鮮和日本等國也自稱（小）中華或中國等，把自己當作中華，把周邊當作夷。」越南被認為具有「南中華」意識，泰國對周邊各國也具有中心與周邊意識。[376] 越南在政治制度上效仿中國實行中央集權制，在對外關係方面除了與中國保持朝貢關係之外，還與周邊小國，如占城、真臘（柬埔寨）、哀牢（寮國）等建立了類似的宗藩關係，有學者稱之為「亞宗藩關係」。[377] 1845 年以後，柬埔寨曾經一度分別向越南和泰國進貢。根據越、暹、柬三方協議，柬埔寨每年向泰國進貢一次，每三年向越南進貢一次。[378] 甚至有不少歷史研究表

第三節　以中國為中心的朝貢體系

明，越南人、朝鮮人和日本人，同樣將自己置於儒家秩序的中心（華），而把清朝當作中心的邊緣（夷）。[379] 再比如琉球與日本之間的朝貢關係。琉球歷史悠久，12 世紀（中國元朝末年），在琉球出現了北山、中山和南山三個獨立王國。從 14 世紀末開始，中國明朝政府派使出使琉球三國，分別冊封了三國國王，三國向明朝稱臣納貢，此後不久中山國統一琉球，其國王則被明朝冊封為琉球王。明朝滅亡之後，琉球國繼續與清朝保持朝貢關係。因此，作為中國的周邊國家之一，琉球國在明清兩代都與中國保持著制度化的朝貢關係，與中國的朝貢關係先後共持續了大約五百年（1372—1879），並深受中華文化的影響。但是，從 1609 年開始，琉球國在經受日本薩摩藩的軍事入侵之後，實際上處於薩摩藩的控制之下，並向薩摩藩進貢。與此同時，在薩摩藩主的允許之下，琉球國保持名義上的獨立地位，並繼續向中國朝貢、接受中國皇帝的冊封，充當薩摩藩與中國之間貿易的媒介，但是琉球國政府對中國冊封使及其隨員隱瞞薩摩藩與琉球的關係。[380] 此外，琉球國王也向日本幕府派遣使節，琉球使節分為慶祝將軍更換的慶賀使和琉球國王向新任的將軍表示謝意的謝恩使。也就是說，琉球與中日曾經同時保持「雙宗」關係，或者說琉球王國處於既屬明朝又屬薩摩藩的特殊地位。[381] 這種形式的關係一直持續到 1870 年。另外，琉球不僅與中國保持貿易關係（以朝貢貿易為主），也同日本、朝鮮、東南亞國家進行貿易。[382] 最近也有一些學者提出，在日本與朝鮮半島關係中，類似中國朝貢制度的規則與規範也被接受和使用。[383] 比如，1443 年，朝鮮與對馬島正式簽署條約，明確規定對馬向朝鮮朝貢的次數、時間和船舶的數量。[384] 在東南亞國家中，這種情況也很普遍。另外，中國對藩屬國家基本採取不干涉的態度，即「中國對藩屬國的基本原則是消極的，是『放任不管的』，而且整個朝貢體系的目標是防禦性的，旨在維持現狀以確保中國的安全。中國朝廷一般不關注藩屬國的內政與外交事務」。[385] 也有研究者認為：「對中國而言，朝貢制度是對待一個鄰國——中國統治者既不想直接控制它，又想把它置於中國的影響範圍之內——的聰明且實惠的辦法。」[386]

因此，從一定意義上說，中國和其周邊國家所形成的朝貢關係，既不同於現代主權國家之間（法律上）的平等關係，也不同於帝國範圍之內的宗主

中國歷代與國際間的關係及規範變遷：從「文明標準」到「新文明標準」
第二章　古代中國的「文明標準」與東亞地區國際社會

國與殖民地之間的從屬關係。換句話說，我們實在是無法用現有的西方國際關係概念來概括東亞朝貢體系時期的中國與其周邊國家關係之性質。所以，有研究者認為，不能夠用西方的話語來解釋朝貢體系。正如馬克·曼考爾所指出的：「任何人要想描述朝貢體系，會立即遇到一些思想觀念問題。首先，不能根據西方的習俗和實踐解釋朝貢體系。如果想在傳統中國的制度或觀念中發現與現代西方相同的東西，就會造成誤解：它們也許在結構或功能方面比較相似，但是，如果放在傳統的儒家社會和現代西方社會的語境中加以考察，就會看到它們可能有著迥然不同的意義。朝貢體系更適合從傳統中國的語彙和制度出發從整體上加以理解。」[387]

　　古代中國維持朝貢體系的方式是多樣的，也是制度化的。王賡武認為，以中國為中心的朝貢體系之建立與維持既靠「德」，也靠「威」，保持兩者之間的適當平衡至關重要。[388]而在張啟雄看來，在「以華治夷」思想中，「以德服人」（王道）源於「以力服人」（霸道）的潛在能力。[389]中國王朝設立專門機構和制定相關規則來處理朝貢關係。在明代，朝貢關係一直由禮部掌管。而在清代，朝貢關係則由禮部與理藩院兩個機構或衙門共同管理。其中，同東北亞和東南亞等農業地區國家的關係由前者管轄，而與蒙古、新疆、西藏等西北遊牧地區的關係則由後者管轄。[390]但後者管轄的地區從嚴格意義上說並不屬於朝貢國家，而是中國的一部分。中國對各國的朝貢皆有規則，包括朝貢的入境港、年份與貢品等，這些規則在整個清代發生過多次變化。如前所述，一般來說，在中國與周邊國家的朝貢關係中，遵循「厚往薄來」的原則，即中國皇帝的賜品價值大大高於貢品的價值，朝貢國家在經濟上有利可圖。但韓國學者全海宗經過考證認為，在清朝時期的中國與朝鮮之間的朝貢關係中，事實並非如此。他計算的結果是，朝鮮每年進獻的貢品和朝鮮贈送給中國使團的禮品之價值，遠遠超過中國贈予朝鮮的價值；朝貢制度給朝鮮政府造成了極大的財政損失，是完全沒有益處的；如果把旅費也考慮在內，甚至中國政府在朝貢關係中也難以得到經濟利益。[391]研究清代中國與琉球朝貢關係的學者則指出：「從經濟的觀點來看，雖然冊封典禮給琉球政府造成了財政負擔，但這些支出被定期派往中國的朝貢使團獲得的利潤所彌補。琉球每兩年朝貢一次，每次派出兩百人的使團，分乘兩艘船。第二年另

派一百人乘一艘船去中國迎接貢使。與其他附屬國一樣，琉球也獲得免稅載貨到福州的特權，而且使團在中國的一切費用由中國政府承擔。每次冊封后，會有兩名琉球留學生前往北京的國子監留學，另有一大批人到福州接受教育，或學習技能。他們所需費用也由中國政府支付。如果把琉球每年獲得的利益與接待偶爾來訪的中國官方使團所需費用作比較的話，無論怎麼比較，結果肯定是琉球獲利更大。」[392] 可能由於這個原因，琉球實際朝貢的次數遠大於兩年一貢：「琉球作為藩屬國，需要向中國朝貢，不同時期有不同的貢期，有兩年一貢、五年一貢和十年一貢，琉球國不管這些，常常是一歲數貢，凡來貢就要有進貢表。」[393]

和天下觀念一樣，朝貢體系體現了古代中國的「文明標準」或者「禮」。此種文明標準的核心是等級制和不平等原則，它體現了儒家的世界秩序觀。用史華茲的話來說：「各類百科全書和其他文獻中關於蠻夷的種種論述，一再體現出中國人是何等重視『三綱五常』和一整套的『禮』，這些東西為把蠻夷和『中央王國』的人區分開來提供了絕對的標準。」[394] 也有英國學派學者明確指出：「一套精心設計的儀式（禮）發展成為一種那些想要加入或被接納進中華世界的其他人必須遵守和履行的傳統『文明標準』。」[395] 康燦雄則認為：「東亞的儒家國際秩序包含了一套地區共有的正式和非正式的規範及預期，這些規範和預期指導著國家間關係，並為本地區帶來高度的穩定。儒家秩序的主要制度是朝貢體系，強調國家間在形式上的等級制，但在很大程度上允許非正式的平等。只要等級秩序得以遵守，中國的主導地位得到承認，國家間就幾乎不需要戰爭。」[396] 在他看來，中國是該體系中占主導地位的軍事、科技和經濟強國，也是國際「遊戲規則」的制定者，但是中國的目標並不包括把自己的領土擴張到已經建立的鄰國。[397]

那麼朝貢體系具體包括哪些規則與制度呢？一般來說，朝貢制度包括朝貢與冊封兩個方面，「冊封和朝貢是朝貢制度的兩個階段，二者都是宮廷禮儀。唯一的區別是，後者在皇帝面前舉行，前者由皇帝的特使主持」。[398] 但是，中國朝廷對於所有朝貢國的冊封方式並不一致。清廷只向朝鮮、琉球和安南派遣專使舉行冊封典禮，至於其他藩屬國，皇帝的詔令都是由中國省級官員轉交該國貢使帶給新國王的。[399]

中國歷代與國際間的關係及規範變遷：從「文明標準」到「新文明標準」
第二章 古代中國的「文明標準」與東亞地區國際社會

參與中國的世界秩序的異族統治者在與天子接觸時，都要遵守適當的禮儀。所有這些禮儀合在一起，便形成了朝貢體系。清朝規定如下：

授予異族統治者委任狀和在公文上使用的官印；

按照清朝的等級制，授予異族統治者銜位；

他們在公文中使用清朝曆法，即冠以大清皇朝年號；

在相關法定時節，進獻各類紀念性貢品；

他們還要進獻土產作為象徵性貢品；

他們或他們的使節，由御差護送進京；

他們在清宮要行禮如儀，最有名的是磕頭；

皇帝回賜他們禮物；

他們獲得在邊境和京城進行貿易的特許權。[400]

需要指出的是，西方學者在解讀古代中國的朝貢制度和「文明標準」的時候，往往特別關注磕頭禮儀，認為它體現了等級制和不平等原則，因而對其極為反感。比如，在江文漢看來，中國的文明標準便具體體現在叩頭禮儀上面，它與西方的文明標準必然發生碰撞。[401] 季辛吉也把磕頭禮視為對中國皇帝至高無上權威的承認，認為它是一種恥辱，是阻礙近代中國與西方國家之間關係的絆腳石。[402] 他認為這是導致鴉片戰爭的根本原因。[403]

總之，古代以中國為中心的東亞地區朝貢體系或者華夷秩序，是一個存在時間遠遠超過主權國家社會／體系、有一套管理中國與其周邊國家關係的規則、規範與制度的地區國際社會。[404] 當然，它也體現了古代中國的「文明標準」。這個比較獨特的東亞地區國際社會，也就是學者們通常所說的以中國為中心的「朝貢體系」。[405] 有的學者甚至把朝貢體系看作只有在亞洲才存在的歷史體系：「以中國為核心的……朝貢關係即朝貢貿易關係，是亞洲而且只有亞洲才具有的唯一的歷史體系，必須從這一視角出發，在反覆思考中才能夠推導出亞洲史的內在聯繫。」[406] 從國際關係研究的角度來看，古代東亞朝貢體系作為一種獨具特色的地區國際社會，在單位、結構以及行

為規範和制度等諸多方面，同源於歐洲的現代國際社會都有極大區別。比如，後者有主權觀念，國家之間是平等的關係，而前者只有冊封和朝貢觀念，國家之間是不平等的、等級制關係，但是這種不平等關係與後來西方主導下的不平等關係又是兩碼事兒。[407] 正如茅海建所指出的：「今天人們所談論的平等或不平等，都是以18世紀歐美產生至20世紀在世界確立的國際關係準則為尺度；而生活在『天朝』中的人們，自有一套迥然相別的價值標準，另有一種平等觀念。他們對今天看來為『平等』的條款往往憤憤不平，而對今天看來為『不平等』的待遇卻渾然不覺，因而在外交上舉措大謬。」[408] 又如，歐洲地區國際社會是由眾多分散的、相互獨立的單位所組成的，而東亞地區國際社會在一定程度上說是一個統一的單位或者說是一個相對獨立的「文化單元」，其中的主導國家中國幾乎等同於東亞，漢字在一定程度上為東亞文化統一奠定了基礎。正如一位英國學者所指出的，「東亞只有中國這個單一的核心和恆久的邊緣地帶，因此比較簡單」。[409] 也就是說，古代東亞國際社會是具有自身特色的前現代地區國際社會（等級制結構），和發源於歐洲的現代國際社會（非等級制的無政府結構）很不一樣，難以用一個統一的標準來進行衡量和比較。但值得注意的是，有西方學者指出，國際等級制是普遍存在的國家間關係，無論在過去還是當下，都有國家自己完全或部分地服從於其他主導國的權威；中國有著悠久的國際等級制歷史，在當今主權國家間關係中也存在著等級制的規範，儘管它處於隱蔽狀態，等級制依然是現代國際關係的現實與核心特徵。[410]

第四節　天下觀、朝貢體系與中國的對外行為

如前所述，古代中國有自己獨具特色的世界秩序觀（天下觀）以及處理自己與外部世界（主要是其他東亞國家）關係的規範和制度（朝貢體系或朝貢制度）。不管是天下觀，還是朝貢體系，都體現了中國古代國內社會秩序觀，即源於中國文化的倫理精神或行為規範，也就是儒家所闡述的「禮」。這是古代中國以及以中國為中心的東亞地區國際社會的「文明標準」，其核心是等級制與不平等原則。

中國歷代與國際間的關係及規範變遷：從「文明標準」到「新文明標準」

第二章 古代中國的「文明標準」與東亞地區國際社會

　　這種傳統的、根深蒂固的對外關係理念極大地影響了古代中國的對外關係行為，並且在近代以後面臨著以主權平等為核心原則的西方國際關係理念的巨大衝擊，中國從此開始逐漸改變自己的世界秩序觀念，接受了源於西方的國際秩序觀念。這已成為學界的基本共識。

　　問題在於，近代以後，中國是否已經完全放棄了傳統的世界秩序觀念？迄今為止，學者們對此問題的回答是很不一樣的。美國學者約瑟夫·R. 列文森認為：「中國近代思想史的大部分時期，是一個使『天下』成為『國家』的過程。」[411] 楊倩如則指出：「古代中國向來將中央王朝與周邊民族、地區的關係視為國內地區間關係的延伸，用解決國內問題的思路和方式處理與其他民族和地區之間的關係，由此形成了數千年貫穿、維繫古代東亞國際關係的規範、法則和模式，其思想、經驗和歷史遺產（包括正反兩方面）至今仍不同程度地影響著中國的對外戰略和東亞區域的格局與秩序。」[412] 李揚帆明確指出：「僅僅從晚清和 20 世紀初中國身份構建的歷史實踐，已經可以看出後世民族主義革命的端倪：民族主義是中國政治（無論是國內還是國際）的一種動員力量，並不是中國世界觀的核心或終極關懷。存於中國之心的，仍然是對天下的關懷。在 20 世紀以來的歷史迷霧中，民族主義只是那條龍的爪子。中國並沒有真正實現從『天下』到（基於民族主義的）『世界』的觀念轉變。」[413] 在趙汀陽看來，我們可以使古代中國的天下觀現代化，即「以『天下』作為關於政治／經濟利益的優先分析單位，從天下去理解世界，也就是要以『世界』作為思考單位去分析問題，超越西方的民族／國家思維方式，就是要以世界責任為己任，創造世界新理念和世界制度」。[414] 他還提出了「新天下體系」的設想，即「天下體系就是意在化天道為人道之大業。周公設計的分封制度，即天下一體分治體系，是政治史上一項開創性的制度實驗。儘管尚未充分表達天下理念，卻是天下體系的唯一實驗，其制度設計之得失，對於未來可能的新天下體系是不可替代的思想資源」。[415] 張啟雄認為，在當今，對中西國際秩序及原理的探尋有著強烈的現實意義。中國實力的增強將帶來更大的影響力與更艱巨的責任，而整合國際秩序的問題也將接踵而至。因此，他提出，今天應該尋找儒家文化價值體系中的國際秩序原理，即「中華世界秩序原理」或「天下秩序原理」，融合西方歷史文化價值所形成

第四節　天下觀、朝貢體系與中國的對外行為

的國際法秩序原理，彌補國際法之不足，從而形成更適合於規範「東西國際體系」之國際秩序的「全球國際秩序原理」。[416]持類似觀點的學者還有不少。[417]比如許紀霖認為，傳統的天下主義可以在現代性的脈絡中予以揚棄和更新，發展成為新天下主義，或者天下主義2.0版。用他的話來說就是：「新天下主義的所謂『新』，乃是加入了民族國家主權平等的原則。在新天下秩序之中，沒有中心，只有相互尊重獨立和平等的民族與國家，也不再有支配與奴役、保護與臣服的等級性權力安排，而是去權力、去宰制的平等相處的和平秩序。更重要的乃是新天下秩序的主體發生了變化，沒有華夏與蠻夷之分，不再有主體與客體之分，誠如古人所雲『天下乃天下人之天下』。」[418]值得指出的是，許紀霖的新天下主義和趙汀陽的新天下主義有不同之處，前者加入主權國家平等原則，而後者則視等級製為社會運作之所需。用趙汀陽的話來說就是：「周朝的天下分封制度建構了一個網住世界大地之『地網』，一個有等級結構的網絡體系。即使以今日眼光視之，天下體系的網絡性仍然具有當代性甚至未來性，但其等級結構卻不符合今日世界之價值觀，很容易被視為一個支配結構。然而，取消等級的社會至今仍然是個缺乏實踐條件的理想。不僅古代社會都是等級制的，今天的世界在實質上也是等級制的。這說明，儘管等級制有悖平等之價值，卻仍然是社會運作之所需。價值觀有價值觀的道理，現實有現實的道理。」[419]與此同時，也有學者認為天下秩序不具有普遍性意義，它與當今以國家平等為基本原則的國際秩序存在根本性矛盾和衝突，因此不可重新恢復儒家天下秩序。[420]

　　上述有爭議的問題，實際上也就是費正清和史華慈曾經論及的中國是否有持續不變的世界秩序觀念的問題。我以為，近代以來，中國雖然在很大程度上已經接受了西方的國際秩序觀，但是傳統的世界秩序觀沒有也不可能從中國的對外關係理念中完全消失，依然還在影響中國的對外行為。這種影響可能是近代以後至今，中國與現代國際社會存在著不同程度緊張關係的原因之一，當然此種影響在不同的歷史時期有程度高低以及表現形式的不同。本書後面各章的敘述都是同這個問題相關的。

第三章　中國加入現代國際社會

　　按照以英國學派為代表的西方學者有關現代國際社會形成與擴展的歷史敘述，由主權國家組成的現代國際社會產生於歐洲，後來逐漸擴展到全世界，即從一個地區性國際社會（歐洲國際社會）發展成為一個全球性國際社會。而現代國際社會的擴展，實際上也就是美洲、大洋洲、亞洲、非洲等非歐洲國家與地區接受（也修正或者抵制）歐洲社會的國際規範之過程。這也可以說是西方文明對外擴張、非西方國家（自願或不自願）接受西方「文明標準」的過程。當然，發源於歐洲的國際規範和「文明標準」本身也處於變化、發展之中。這是一種從西方視角而得出的敘事，國際社會的擴展基本上被視為一種積極的、進步的過程。但是從非西方國家的視角來說，還可以有另外一種敘事，即很多國家實際上是在西方國家的壓力（包括砲艦政策）之下被迫改變自己，加入現代國際社會的，其過程實際上也有消極的、反動的一面。對於很多非歐洲國家來說，特別是對那些具有悠久歷史傳統的國家來說，加入西方主導的國際社會無疑是一個十分艱難和痛苦的歷程，意味著要被迫放棄自己的「文明標準」，接受他者的「文明標準」。中國就是這樣一個國家。大致從1840年鴉片戰爭開始，以中國為中心的東亞朝貢體系就在西方殖民擴張的衝擊下逐步走向瓦解，中國及其周邊大多數國家淪為西方列強的殖民地或半殖民地，被排擠在現代國際社會之外或者處於現代國際社會的邊緣，然後再經過艱苦的努力才最終獲得完全獨立主權國家的地位，達到西方所制定的「文明標準」，被承認和接受為現代國際社會的成員之一。東亞國家加入現代國際社會的過程不盡相同，特別是與日本等一些周邊國家相比，中國加入現代國際社會的時間要漫長得多、痛苦得多，經過大約一百年。主要原因是，中國歷史悠久，在東亞曾經長期存在著一個以中國為中心的地區國際社會，中國有一套處理與外部世界關係的行為規範或文明標準。對於中國來說，放棄自己原有的文明標準，接受外來的文明標準，無疑是很不情願、很痛苦的事情。近代以來中國對源於歐洲的國際規範和文明標準，大體上經歷了一個從強烈抵制到被迫遵從，再到自願接受的過程，但是始終沒有全盤接受。

中國歷代與國際間的關係及規範變遷：從「文明標準」到「新文明標準」
第三章　中國加入現代國際社會

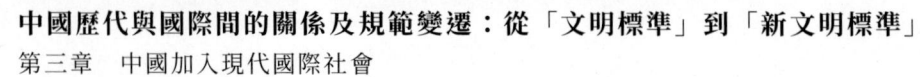

第一節　東亞朝貢體系遭遇衝擊和逐步走向瓦解

　　進入近代，隨著歐洲殖民主義擴張以及主權國家組成的現代國際體系或國際社會[421]之擴展，東亞以中國為中心的朝貢體系遭遇巨大衝擊和走向瓦解，中國於是從天下的中心成為世界中的一國，面對著一個嶄新的外部環境，或者前所未有之變局。正如馮友蘭所說的：「週末至秦漢，由列國而統一，為一新環境。近世各國交通，昔之視為統一者，今不過為列強之一國，亦一新環境也。」[422]或如美國前國務卿亨利·季辛吉所言：「19世紀中葉，中國士大夫集團裡只有少數人開始意識到，中國在世界體系中已經不再處於至尊地位，中國必須去瞭解一個由相互競爭的列強集團主導的體系。」[423]

　　在明朝末年以前，以中國為中心的東亞地區國際社會是在相對獨立的環境中生存與發展的。但是，大致從15世紀末開始，隨著新航線的開闢和地理大發現，開始了世界各地區被聯繫為一體的「全球化」過程，西方殖民主義者把觸角伸至全球各個角落，包括東亞地區，發源於歐洲的現代國際社會也隨之擴展到全世界。於是，包括中國在內的東亞地區開始面對外部勢力的強大衝擊。在中國明朝末年的時候，葡萄牙、西班牙、荷蘭以及英國等歐洲國家就已經從海上把殖民擴張的觸角先後伸展到東南亞的麻六甲、菲律賓，以及中國的澳門、澎湖列島、臺灣等地方。

　　不僅如此，從17世紀中葉開始，沙皇俄國領土擴展的觸角也開始伸展到中國東北邊境地區，並與中國當地軍民多次發生衝突。1689年，中俄兩國在尼布楚進行談判並簽署了《尼布楚條約》，劃定了兩國的邊界，並允許雙邊居民過界來往、貿易互市。這是中國與西方國家締約之始。[424]有中國學者稱之為「中國最早與外國訂立的具有近代國際法意義的條約」。[425]但是，也有韓國學者指出，《尼布楚條約》只是一個例外：「對於中國而言，這個條約是第一次將野蠻人之外國人當作平等交涉對象的國際協議，因此從中國的世界觀以及對外觀的角度來看，就是一個極端的例外。」[426]1727年，中俄又先後簽署了《布連斯奇界約》和《恰克圖界約》，解決了中俄之間邊界勘定、逃犯引渡、兩地通商、教士傳教等問題。從此，歐洲國家沙皇俄國開始成為中國北方的一個鄰國。值得注意的是，清王朝並沒有把沙俄視為朝貢

第一節　東亞朝貢體系遭遇衝擊和逐步走向瓦解

國家，中俄簽訂的是平等條約，符合現代主權國家之間關係的原則，儘管當時中國尚無主權觀念。中國透過與俄國訂立相關條約，達到了劃界、規範貿易的目的，俄國除了劃定同中國的邊界、成為中國的鄰國之外，也獲得了在中國建東正教教堂以及教士在華居住和傳教的權利。清政府的理藩院負責處理與俄國有關的事務。清政府分別於1730年和1731年派遣使團出使俄國，向俄皇行中俄雙方都認可的禮儀，接近近代外交禮儀。[427]此後很長一段時間，中俄邊界穩定、雙方貿易開展順利。

與此同時，在清朝年間，進入資本主義蓬勃發展時代的、以英國為代表的歐洲國家努力擴大對華貿易。但是，清朝為了抵制抗清勢力，採取了限制中外往來的閉關政策，1757年清帝甚至下令，只允許外國人到廣州一地進行貿易，由粵海關和十三行（又稱洋貨行）來管理同這些歐洲國家的貿易，規定外商不能久居廣州且只能在廣州商館附近活動，「夷婦」不得入廣州，停泊在廣州的歐洲船隻要交維持秩序特別稅，禁止外國軍艦進入廣州水域，根據中國的法律懲處外國罪犯等。歐洲國家對廣州一口通商及其嚴苛管理日益不滿，希望清政府進一步開放貿易。1793年和1816年，英國兩次派使團（即馬戛爾尼使團和阿美士德使團）到中國，希望清廷開闢新的通商口岸、減少稅收等，以打開中國市場，但是都沒有獲得成功。中英之間的矛盾也因此逐漸升級，後來發展為兩國之間的一場戰爭，即第一次鴉片戰爭。值得指出的是，美國在18世紀末獲得獨立地位、加入主權國家社會之後不久，也開始同中國進行貿易，美國商船「中國皇后號」於1784年抵達廣州黃埔港，開啟了美國與中國，乃至美國與東亞之間關係的歷史。[428]

雖然中國及其為中心的東亞朝貢體系從明朝末年開始已經受到來自西方的衝擊，但是在1840年中英鴉片戰爭爆發之前，中國的門戶基本上沒有被打開，以中國為中心的東亞朝貢體系也得以維持，中國周邊的大多數國家，如琉球、朝鮮、安南等依然同中國清朝保持著朝貢關係。清朝甚至以處理藩屬國的方式同歐洲國家打交道。比如，清王朝1764年編纂的《大清會典》把葡萄牙、羅馬教皇國、荷蘭等列為朝貢國，並且註明歐洲各國由於遠隔重洋，無法確定朝貢之期。[429]1655到1795年間，共有十七個歐洲國家使團前往中國，都被視為貢使，並且除了1793年出使中國的英國馬戛爾尼使團之

中國歷代與國際間的關係及規範變遷：從「文明標準」到「新文明標準」
第三章　中國加入現代國際社會

外，也都按中國的規矩向清朝皇帝行磕頭禮。[430] 在1816年，英國再次來華的使節也被清政府當作貢使對待。很顯然，此時的中國清王朝是以自己的「文明標準」，把歐洲人視為蠻夷，不給他們以平等待遇。這充分體現在中國朝廷接待英國來使時，與英國的外交禮儀爭端中。1793年，中國要求英國使節馬戛爾尼拜見中國皇帝時行三跪九叩大禮，而後者卻一再堅持只行脫帽禮和吻手禮，並表示如果中國官員也向英王喬治三世行同樣的禮節，他就願意給中國清朝皇帝叩頭。最後，乾隆皇帝雖然勉強接見了馬戛爾尼使團，但卻拒絕了對方提出的中英通商的要求，還在給英國國王的「敕諭」中稱：「天朝物產豐盈，無所不有，原不藉外夷貨物以通有無……爾國使臣於定例之外，多有陳乞，大乖仰體天朝加惠遠人，撫育四夷之道。且天朝統馭萬國，一視同仁，即在廣東貿易者，亦不僅爾英吉利一國。」[431]1816年，英王再次派遣使華的阿美士德使團因為拒絕叩頭而沒能獲得中國皇帝的接見，得到比馬戛爾尼使團更低的待遇。嘉慶皇帝在給英國國王的「敕諭」中甚至說出了今後英國不要再遣使來華的話：「嗣後毋庸遣使遠來，徒煩跋涉，但能傾心效順，不必歲時來朝，始稱向化也。」[432] 正如《遠東國際關係史》一書所論述的：「這個遠東文化的創始者，既被隔絕了同其他各文明中心暢通無阻的交流，而所有東方其他各地又都求取它的道義上和政治上的支持，這就無怪乎後來歐洲人也從海道而來謀求同中國進行交往時，中國要把他們看作劣等人和野蠻人了。」[433] 中英之間的禮儀之爭其實折射了東西兩種國際社會行為規範的交鋒，或者「東洋之禮」與「西洋公法」之爭，[434] 當「天下唯一的文明國家」中國遭遇「世上最強大的國家」英國[435]時，中國已經缺乏足夠的力量維持自己主導的東亞朝貢體繫了。

也就是說，從1513年葡萄牙人到中國廣州珠江口開始，一直到鴉片戰爭之前，歐洲國家（從1784年開始，美國也加入）其實同中國已經進行了三百多年的交往，其主要交往形式是貿易，也有歐洲（以及後來的美國）傳教士（如耶穌會傳教士）在華活動，以及歐洲國家向中國派遣使團。在此交往過程中，中國為占據優勢地位的一方，並要求西方國家按照中國的「文明標準」處理相互之間的關係。清政府甚至把歐洲國家的使節當作貢使來對待，也把歐美國家與中國的貿易地點限制在廣州一地。由此，張勇進認為，如果

第一節　東亞朝貢體系遭遇衝擊和逐步走向瓦解

從 1648 年威斯特伐利亞體系形成開始到 1839—1842 年的鴉片戰爭，以中國為中心的東亞國際社會同歐洲國際社會實際上和平共處了近二百年，歐洲國家基本上是適應或接受東亞國際社會的規範、價值、規則和制度的。[436]

但是，從 1840 年中英鴉片戰爭開始，以中國為中心的東亞朝貢體系真正遭遇西方的強烈衝擊，並最終走向瓦解。它也真正讓中國的對外關係遭遇前所未有之變局，開始了一個中國（被動或主動）適應或接受歐洲國際社會的規範以及文明標準的過程。

鴉片戰爭的直接原因是西方列強在華販賣鴉片問題，其深層原因是當時先進的歐洲資本主義對相對落後的東方封建主義的挑戰。從國際關係的視角來看，它也是產生於歐洲的主權國家社會／體系對古代東亞朝貢體系的衝擊之表現與結果。1840 年，英國以清朝欽差大臣林則徐在廣州收繳和銷毀外商鴉片為由，派遣遠征軍到中國發動戰爭，並很快取得戰場上的勝利。其結果是，英國迫使清政府於 1842 年簽署了《南京條約》，並根據該條約割占香港島，獲取兩千一百萬兩白銀的賠款，獲准在上海、寧波、福州、廈門和廣州五個口岸居住、貿易。次年，中英又簽訂《虎門條約》，增加了最惠國待遇、領事裁判權和協議關稅等條款。不僅如此，在中英《南京條約》簽署之後，其他西方國家也趁機向清政府施加壓力以獲取權益，清廷也有透過給其他西方國家「好處」以制約英國的「以夷制夷」之考慮。[437] 美國與法國在 1844 年迫使清政府先後簽署了中美《望廈條約》和中法《黃埔條約》，獲取更多的在華權利。比如中美《望廈條約》有一條規定：「合眾國民人在五港口貿易，或久居，或暫住，均準其租賃民房，或租地自行建樓，並設醫院、禮拜堂及殯葬之處。」[438] 葡萄牙、比利時、瑞典、挪威等歐洲國家也相繼前來要求通商，分沾利益，清政府對它們的要求一概允準。

第一次鴉片戰爭是中國對外關係歷史上的一個重要轉折點，因為「這場戰爭迫使中國放棄傳統的朝貢外交體系，以西方國家主張的方式與其交往」。[439] 從此，中國的大門便向西方列強開放了，開始了中國進入發源於歐洲的現代國際社會的過程，[440] 但它是被迫的、不情願的對外開放。實際上，清政府與西方列強簽訂條約，不過是暫緩危機的權宜之舉，並不意味著中國清

中國歷代與國際間的關係及規範變遷：從「文明標準」到「新文明標準」
第三章　中國加入現代國際社會

政府心甘情願地接受西方主權國家社會的行為規範。中國也因為簽訂了一系列不平等條約，開始淪為半殖民地，未能以主權國家的身份加入現代國際社會，主權國家之間的行為規範或「文明標準」實際上並不適用於中國與西方主權國家之間的關係，因為中國不被視為「文明國家」。

　　1856—1860 年，英法發動第二場對華戰爭（即第二次鴉片戰爭，實際上與鴉片無關），進一步衝擊了清朝統治秩序及其對外關係，使得中國的半殖民地地位進一步深化。英法兩國透過這次戰爭，迫使清廷簽署了中英、中法《天津條約》（1858）和《北京條約》（1860）等一系列不平等條約，除了從中國獲得巨額的戰爭賠款外，還取得了在北京常駐使節，內地遊歷，保護基督教傳教，商船駛入長江至長江沿岸各口岸經商，鴉片貿易合法化，增開牛莊、登州、臺灣、潮州、瓊州、天津等為通商口岸等權利。另外，中國還把香港島對岸的九龍半島南端租借給英國。美國利用中國太平天國起義和英法發動的第二次鴉片戰爭，使用談判加威脅的手段，迫使中國清政府同它簽訂《天津條約》（1858），根據「利益均霑」的原則在華獲取了更多權益，並且還取得了傳教活動應受到保護的權利。沙俄也在 1858 年 5 月趁英法聯軍進攻天津，脅迫黑龍江將軍奕山簽署中俄《璦琿條約》，修改了《尼布楚條約》所劃定的中俄邊界，獲取了黑龍江北岸的大片土地，而烏蘇里江以東的廣大地區則由中俄共同管理，黑龍江、烏蘇里江和松花江限中俄兩國船舶通航，準兩國人民自由貿易。《璦琿條約》是中國和俄國所訂的不平等條約之開端。[441]沙俄還透過 1858 年 6 月與清朝簽訂的《天津條約》，取得了英法在華獲取的所有權利。不僅如此，俄國公使還在 1860 年以「調停有功」為由，強迫清政府訂立中俄《北京條約》，將烏蘇里江以東的大片土地劃歸沙俄所有。這樣一來，沙俄透過《璦琿條約》和《北京條約》，使得原來屬於中國內河的黑龍江與烏蘇里江變成了中俄的界河，透過《北京條約》把原屬中國內湖的興凱湖劃走了三分之二。此後，普魯士（德國）、丹麥、荷蘭、西班牙、比利時、義大利、奧地利、日本、秘魯、巴西、葡萄牙、墨西哥等國也先後與中國訂立條約。以上這些條約，除了中日《修好條規》之外，均援例享有在華的種種特權，因而屬於不平等條約。[442]第二次鴉片戰爭之後，中國繼續遭受西方列強的入侵與壓迫，其中包括 19 世紀末列強瓜分中國勢

第一節　東亞朝貢體系遭遇衝擊和逐步走向瓦解

力範圍（包括租借地）的浪潮，以及列強以義和團運動的興起為由，對中國發動侵略乾涉戰爭（八國聯軍入侵）等，中國的半殖民地狀態不斷加深。其中，1901年9月，中國與英、法、德、俄、奧、意、美、日簽訂的《辛丑各國和約》，使中國的主權遭到更大侵害，包括使館劃界及可以駐軍保護、拆除大沽炮臺以及有礙京師至海通道之各炮臺、允許在交通要路駐兵等。

就在西方列強打開中國門戶的同時，中國周邊國家大多也先後淪為西方列強的殖民地或半殖民地，並終止與中國的傳統宗藩關係，從而導致以中國為中心的東亞朝貢體系逐漸瓦解。在東北亞地區，美國海軍準將佩裡於1853年率領艦隊抵達日本，並以武力威脅要求日本開港，美日於次年簽訂《美日親善條約》（又稱《神奈川條約》），日本開放下田和函館。兩國在1858年又簽訂《美日修好通商條約》，日本再開放橫濱、長崎、新潟和兵庫四個口岸，美國獲得協定關稅權、領事裁判權、建立居住地以及最惠國待遇等特權。此後，日本與荷蘭、俄國、英國和法國也簽訂了相同內容的修好通商條約。美國在1854年與琉球王國簽訂通商條約，法國和荷蘭分別於1855年和1859年與琉球王國簽訂通商條約。朝鮮則努力抵制西方列強的通商要求，並先後與法國、美國發生過衝突，暫時維持與中國的朝貢關係，直到後來被日本打開國門以及逐漸淪為日本的勢力範圍和殖民地。在東南亞地區，安南（越南）淪為法國的殖民地，法國否定了中國對該國的宗主權，也迫使中國後來與法國簽訂條約承認安南為法國的保護國、確定了中國與法屬越南的邊界（1885）。緬甸則淪為英國的殖民地，結束了與中國的宗藩關係（1886）。只有泰國（泰國）由於位於英國與法國的勢力範圍之間，沒有變成西方國家的殖民地，算是一個獨立國家，但它與中國的宗藩關係也結束了。（泰國最後一次向中國朝貢是在1853年，該國於1882年正式宣布停止與中國的朝貢關係。）南亞次大陸成為英國的殖民地，英國還以印度為基地，侵略中國的西藏地區，並在當地獲得了一些特權。沙俄和英國的勢力還擴張到中亞地區和中國的新疆地區，兩國因此在當地進行利益爭鬥。1882年之後，位於南亞的尼泊爾、錫金等國停止向中國朝貢。而西南亞的阿富汗則和泰國一樣，作為沙俄與英國勢力範圍之間的緩衝地帶，得以保持獨立地位。

第三章　中國加入現代國際社會

但是，在中國的周邊國家中，只有日本很快走上現代化道路並成為現代國際社會中的一員。傅高義在《日本第一》一書中寫道：「19世紀，許多國家受到西方列強的壓迫與蹂躪，其中，日本能及早積極地學會西方的辦法，不但沒有成為受害者，反而應對自如。」[443] 布贊也指出：「在全球現代性的早期階段，日本是一個重要例外。它並不屬於西方，但在19世紀晚期，它卻是唯一成功實現了現代性革命的非西方國家。它在一些西方國家面前表現得如此出色，以至於及時迎頭趕上而作為一個謀求其自身帝國勢力範圍的中心大國，加入了西方殖民化國際社會的帝國結構。」[444] 值得指出的是，1868年「明治維新」後走上「脫亞入歐」道路的日本，參與了在東亞地區的殖民擴張以及對東亞朝貢體系的衝擊，並最後導致以中國為中心的朝貢體系之徹底瓦解。在明治維新之後不久，日本就透過談判，與中國簽訂條約，獲得了與中國平等的地位。1871年，日本與中國簽訂了《中日修好條規》和《通商章程》，其主要內容包括：規定兩國領土完整和相互援助；相互承認原被西方列強剝奪的領事裁判權和協定關稅等。日本雖然沒有像西方列強那樣，在中國獲得單方面的領事裁判權以及最惠國待遇，但是它與清朝建立起一種平等關係，就「表明日本事實上已經擺脫以中國為中心的傳統東亞冊封朝貢關係，並擁有比以清朝為宗主國的朝鮮更高地位的名分，為此後日本以不亞於清朝的勢力出現在東亞地區秩序中提供了契機」。[445] 中日之間簽訂的這個條約，不同於此前中國與西方列強所簽訂的條約，屬於一個平等條約。但是，在條約訂立後不久，日本在與西方各國開展大規模的修改不平等條約的交涉活動的同時，卻也向中國提出了修改條約的要求，希望《中日修好條規》規定的日方權利與中國跟西方訂立的條約的基本權利相當，日本在華也享受「一體均霑」。[446] 日本的要求遭到中方拒絕。不僅如此，日本還採取了一系列針對中國及其主導的東亞朝貢體系的侵略與挑戰行動。鈴本省悟認為，日本之所以這樣做，正是因為它學習西方列強的帝國主義行為，包括砲艦政策，從而擠身歐洲國際社會中的「文明國家」的行列，這屬於國際社會擴展歷史中的「黑暗面」。[447]

同樣值得注意的是，作為列強一員的日本對中國的衝擊與西方國家對中國的衝擊不一樣，實際上日本對以中國為中心的東亞朝貢體系進行了致命的

第一節　東亞朝貢體系遭遇衝擊和逐步走向瓦解

最後一擊。正如季辛吉所指出的：「然而無論西方列強還是俄國，均無意取代清廷，代行天命。它們最終認識到，清廷覆亡不符合它們的利益。而日本的意識就不一樣了。中國的古老體制和以中國為中心的世界秩序的延續無關它的利益，因而日本不僅圖謀侵占中國的大片國土，還想取代北京成為新的東亞國際秩序的中心。」[448] 正因為如此，明治維新以後的日本對中國以及以中國為中心的東亞朝貢體系的衝擊大於歐美國家，日本也因此被清朝政府要員李鴻章視為中國面臨的主要威脅。[449]

日本的衝擊主要集中在東北亞地區，中國的朝貢國琉球王國和朝鮮是其衝擊的首要目標。琉球王國自明朝初年（1372）開始一直是中國的朝貢國家，但是該國從1609年開始，也被迫向日本薩摩藩進貢，處於「兩屬」境地。從1854年開始，琉球王國先後同美國、荷蘭等國簽訂通商條約。明治維新以後，日本政府希望改變琉球「兩屬」地位，使之成為日本領土的一部分。1871年底發生的琉球漂民事件，被日本政府視為兼併琉球和染指臺灣的機會。原美國駐廈門領事李仙得（Charles W. LeGendre）向日方建議依據國際法，以「文明國家」身份出兵臺灣，去教化那裡的野蠻人，並把臺灣變成日本的殖民地。1872年，日本政府給予來訪的琉球王尚泰以「琉球藩」的封號，實際上廢除了琉球王國，並把歷史上與中國以及日本均有朝貢關係的琉球納入其管轄範圍。以此為依據，日本在和清政府總理衙門官員交涉的過程中，要求中方對琉球漂民事件進行賠償，但遭到拒絕。然而，總理衙門官員在交涉中把臺灣「生番」稱為不受中方統治的「化外之民」，這給日本入侵臺灣提供了藉口。1874年5月，日本以報復臺灣「生番」為由，派三千名遠徵兵登陸臺灣。經過英國駐華公使的調解，清政府與日本政府簽署《北京專條》，在文字上承認「臺灣生番曾將日本國屬民等妄為加害」，以及「日本國此次行動所辦，原為保民義舉起見，中國不指以為不是」。[450] 日本認為，這表明清朝事實上承認琉球屬日本領土。這實際上是日本以西方國際法語言否定清朝對琉球王國的宗主權。日本政府繼而在1879年3月決定廢除琉球藩，設沖繩縣，讓舊藩王尚泰父子移居東京，禁止琉球向中國朝貢，並致力於培養琉球人作為日本人的意識。[451] 1880年，日本政府曾計劃將琉球群島中的宮古和八重山兩個島嶼割讓給清朝，以此為條件修改《中日修好條規》，

中國歷代與國際間的關係及規範變遷：從「文明標準」到「新文明標準」
第三章　中國加入現代國際社會

使日本與西方列強一樣在中國享有最惠國待遇，確保其在中國內地自由通商。但是，清朝因為自身內部反對呼聲強烈，最終沒有同日本簽署已經起草的《琉球分割條約》。

　　位於東北亞地區的朝鮮是清政府最重要的朝貢國家，但它也同中國斷絕了朝貢關係，淪為日本的殖民地，從而導致了以中國為中心的東亞朝貢體系的最終崩潰。早在 1876 年初，日本便借前一年高麗炮擊日本船的江華島事件，以武力威脅迫使朝鮮與日本簽訂了《朝日修好條規》（又稱《江華島條約》），此後不久又簽訂了《朝日修好條規附錄》以及《朝日通商章程》。日本因此在朝鮮獲得了領事裁判權、開放通商口岸、商品免稅、自由測量朝鮮的沿海等特權。另外，《江華島條約》稱朝鮮為「自主之邦，保有與日本平等之權」，這實際上是日本利用西方的國際法概念否定中國對朝鮮的宗主權。該條約對中國與朝鮮傳統的宗藩關係構成了極大的挑戰，清政府也因此改變對朝政策，力勸朝鮮放棄閉關政策，與各國立約通商，以牽制日本。這體現了李鴻章所說的「以毒攻毒、以敵制敵之策」。[452] 於是，美、英、德等國先後與朝鮮簽訂條約，在朝鮮獲得領事裁判權、派駐使節、固定關稅等權益，朝鮮實現對外開放，包括對外派駐使節，中朝之間的朝貢關係也受到更大衝擊。1882 年，日本趁朝鮮內亂和中國出兵平亂，逼迫朝鮮簽訂《仁川條約》，取得了在朝鮮京城駐兵的權利，進一步挑戰了中國在朝鮮的宗主國地位。1885 年，中日簽訂《天津條約》，雙方皆撤走駐朝鮮的軍隊，但朝鮮以後如有內亂，中日都可以調兵進朝鮮。1894—1895 年，中日兩國圍繞著朝鮮問題發生了戰爭（中日甲午戰爭），中國戰敗，被迫與日本簽訂《馬關條約》，向日本割地、賠款，承認朝鮮為「完整的獨立自主國家」，中國與朝鮮的朝貢關係從此徹底結束。至此，以中國為中心的東亞朝貢體系在外部強大衝擊之下已經徹底崩潰，不復存在了。值得指出的是，在 1905 年日俄戰爭結束之後，日本於 1910 年正式兼併朝鮮。這充分證明了日本發動甲午戰爭的根本目的並非其所宣稱的維護朝鮮的獨立地位。

　　另外，中日甲午戰爭的結束也從根本上改變了中國與日本之間雙邊關係的性質。中國和日本在 1871 年簽訂了包括互相承認領事裁判權和協定關稅等內容的《中日修好條規》，日本取得了與中國平等的地位。但是，該條約

第一節　東亞朝貢體系遭遇衝擊和逐步走向瓦解

由於中日之間的戰爭而失效，雙方根據《馬關條約》需要簽訂新的條約取而代之。1896 年 7 月，《中日通商航海條約》在北京簽訂，日本由此獲得了領事裁判權、協定關稅、最惠國待遇等西方國家從中國取得的不平等特權，而且還獲得了新的特權。這樣一來，中國與日本的關係已經變成了不平等關係，「日本在國際上，與西方各國處於同樣的立場來面對中國」。[453]日本與英國、法國、俄國、德國一道於 1896 年在廈門，1898 年在漢口、天津，開闢租界，同時加入了上海的公共租界；隨後，它又於 1897 年在蘇州、杭州，1898 年在沙市，1899 年在福州，1901 年在重慶，相繼獨自開闢租界。在中國半殖民地狀態進一步深化的同時，日本則擺脫不平等條約的束縛，以一個完整的主權國家身份加入現代國際社會，並成為大國俱樂部的成員之一。而崛起為與西方國家平起平坐的世界強國之一的日本，則不斷侵害中國的主權權利，乃至最後把中國逼到幾近亡國的邊緣。

　　中國及其為中心的東亞朝貢體系所遭遇的來自西方（包括後來脫亞入歐的日本）的衝擊是強大與全方位的。中國和東亞朝貢體系遭受的衝擊，一方面是西方列強強大的軍事實力，另一方面則是西方制定的國際規範或文明標準，後者的衝擊可能更大、更持久。[454]正如費正清所指出的：「（中國的世界秩序）這套東西與歐洲那種民族國家主權平等的國際關係傳統大相逕庭。近代中國在 19 世紀和 20 世紀難以適應以民族國家為基礎的國際秩序，部分是由中國的世界秩序這個傳統造成的。這種傳統不只是歷史趣談，它還累及當今中國的政治思想。」[455]季辛吉也認為：「歐洲的西方列強漂洋過海，來到中國。它們對中國的威脅倒不是攻城略地，而主要限於在中國的沿海地區掠取經濟利益，要求中國開放通商口岸和自由傳教的權利。矛盾的是，中國人感到了一種威脅，而歐洲人認為這根本算不上是征服。列強們還不想取代現有的清朝政府，而是要迫使中國接受一個本質上與中國人的世界秩序格格不入的全新的世界秩序。」[456]從國際關係的角度來看，中國在東西兩種國際社會／體系的撞擊之中徹底失敗了，「逐漸成為全球邊緣地帶的最大國家以及最終淪為外來世界體系的最大受害者」。[457]從此，中西關係發生了根本性的變化，即中國與西方國家的關係，從中國不給對方平等待遇到追求對方給予自己平等待遇的變化，正如歷史學家蔣廷黻所指出的，「中西關係

83

是特別的。在鴉片戰爭以前,我們不肯給外國平等待遇;在以後,他們不肯給我們平等待遇」。[458] 中國與列強之間的不平等關係,集中體現在:中國給予這些國家在華享有領事裁判權,中國喪失關稅自主權,列強在中國擁有租借地、租界、居留地等。[459]

第二節　中國對外關係行為與觀念的變化

中國在19世紀遭遇來自西方主導的現代國際社會／體系的強大衝擊,朝貢體系逐漸走向瓦解,意味著中國主導的地區行為規範為西方主導的國際行為規範所取代,中國傳統的世界秩序觀和文明標準徹底失去意義,中國面臨改變原有的世界秩序觀念、接受現代國際秩序觀念的重大挑戰。正如謝俊美所指出的:「這些屬國的喪失,從世界變遷的角度出發,顯示了中國同這些國家的舊的宗藩關係正在讓給一個『新的西方的和法理的關係』,在這個關係中,中國承認這些國家為西方國家的殖民地或保護國,標誌著『以中國天朝為中心的舊的東亞國際秩序』的喪失,東亞各國從此被西方殖民強權政治統治,它直接影響和改變了東亞世界的歷史進程。」[460] 王建朗在談及中國近代以來外交觀念的變化時指出:「由於此前中國長期處於東亞地區朝貢體系的中心地位,改變天朝上國的觀念和心態,並不是一朝一夕便能完成的。中國人突然發現了一個自己所不熟悉的國際社會,在這個新的國際體系中,非但不以中國為中心,且中國的地位是相當邊緣性或低層次的。因此,要不要進入這個國際社會,採行這個社會已有的遊戲規則,曾長期困擾著中國人,至少直到上個世紀初這個問題並沒有解決。而在決定加入這個體系之後,爭取在這個體系中的平等地位,則是一個更為長期的過程。」[461]

第一次鴉片戰爭之後,中國對外關係的行為與觀念開始處於一個逐漸變化的過程中。但是,這個變化的過程比較長,而且主要是在外來強大壓力之下的被迫變化。在鴉片戰爭結束後的一段時間,雖然中國人視野中的「天下」被擴展為一個更大的世界,但是其華夷之辨的觀念依然在一段不短的時間裡得以堅持。正如費正清所指出的,中國並非在鴉片戰爭結束之後,就拋棄了傳統的朝貢制度而進入近代世界,以民族國家為中心的國際觀取代以中國為

第二節　中國對外關係行為與觀念的變化

中心的天下觀的。相反，中國人以調適的傳統在相當長的時間內極力維持這種制度，在中國人看來，中國所加入的條約體系只不過是朝貢體系的一種表現而已。用他自己的話來說就是：「中國不是透過拋棄帝制時代的傳統而進入近代世界的，而是透過調適傳統以應對19世紀中葉的種種問題而進入近代世界的。這種調適使得『條約體系』在其初始階段即成為『朝貢體系』的副產品……鴉片戰爭和第一批條約被今日的北京和全世界視為新體系的黎明。與此相反，本文認為它們僅僅意味著舊體系的黃昏。」[462] 他進一步說道：「1840年的鴉片戰爭通常被用作朝貢時代與條約時代、中國主導時代與西方主導時代的分界。事實上，1840年僅僅是一個為期二十年的進程的開端，是1860年以後中國以條約為基礎向西方開放的準備期。中華帝國又花了二十年才在外交上進入以歐洲為中心的國際社會，並開始顯現出現代民族主義的徵兆……直到1880年，西方化的中國人為數極少，且艱難地生存在那些仍然極力為中國的世界秩序作最後辯護的保守派之間。他們的偉大傳統仍然具有生命力。因此條約體系在其早期階段（19世紀40年代至80年代）僅僅是西方想把中國帶入西方世界的一個手段。它也許可以同樣被視為清朝適應西方和在中國的世界秩序中給予西方一個位置的手段。以中國傳統觀點來看，條約是『羈縻』海上來的強大蠻夷的工具，到19世紀80年代為止的早期條約時期僅僅被看作『籌辦』夷務的這一傳統做法的最新階段。19世紀中葉的新開端是傳統秩序延續過程中的一個小片段。隨著條約逐漸占據優勢，朝貢體系慢慢消失了。」[463] 在他看來，中國政府領導下的真正與大規模的現代化努力始於20世紀初，比其鄰居日本晚了大約四十年。[464] 史華茲也認為，中國人古老的世界秩序觀念「一直堅持到了19世紀90年代……正是在那十年中它發生了激烈的革命性變化，被徹底地拋棄了」。[465] 季辛吉則指出，中英鴉片戰爭以後，「僅僅十年，中國從輝煌中跌落，淪為殖民勢力爭奪的目標。中國夾在兩個時代和兩種不同的國際關係概念中間，努力探尋一種新身份，尤其是設法協調標誌其偉大的種種價值觀與技術和商業之間的矛盾，而中國的安全系於後者」。[466] 在對外關係行為上，從1840年鴉片戰爭到19世紀80年代，中國仍在努力維護朝貢體系，一直在接受來自周邊國家（比如朝鮮、琉球、越南、泰國、尼泊爾、緬甸、寮國等）的朝貢使團，貢使依然要行磕

中國歷代與國際間的關係及規範變遷：從「文明標準」到「新文明標準」
第三章　中國加入現代國際社會

頭禮。[467]1883—1885 年，中國和法國因為越南問題而發生過戰爭。1885 年（光緒十一年）編的《大清會典》，雖然把英、荷、葡、意等國從朝貢國家中刪除，但在書後所附的《會典事例》中卻依然保留了上述國家何時朝貢、貢品如何等內容。

中國對外觀念和行為變化緩慢的主要原因是，在中英鴉片戰爭後，中國雖然遭遇巨大衝擊，但其實力也尚且強大，中國沒有像日本那樣，比較快速地選擇現代化與融入現代國際社會，而是在一段較長的時期內堅持在中外關係中使用傳統的方法，極力使條約體系成為傳統的朝貢體系的翻版。費正清所提到的中國調適傳統、極力維持朝貢制度的表現包括：中國開放通商口岸體現了過去把外國人的居住與貿易區限定在澳門與廣州的做法；治外法權和領事裁判權僅僅體現了自古以來的一個原則，即外國商人在中國的聚居區必須由能夠為其同胞負責任的一個首領進行監管；非保護性關稅的制定，體現了清朝的進出口關稅從來沒有保護的目的之傳統；最惠國條款源於帝國公平對待所有異民族（「示無外」）的願望，最好是在對所有夷人一視同仁的同時「以夷制夷」等。[468] 在費正清看來：「清朝接受條約的根本原因是它運用了自古就有的羈縻觀念。透過羈縻政策，崇尚物質主義的外國人被賜予一些好處和特權，終將形成他們的既得利益，他們為此將依靠皇帝，由此皇帝就可以控制他們。」[469]

然而，大約從第二次鴉片戰爭結束以後，中國外交逐漸開始了一個（自覺與不自覺地）放棄天朝上國的觀念及其相關的行為規範，接受或屈從西方國際規範的「近代化」或「文明國化」的過程，即努力「具備與近代國家相稱的制度、政策，滿足文明國的標準，作為文明國活躍於國際社會」。[470] 但是，至少在 1895 年甲午戰爭結束之前，中國接受西方國際規範與維護天朝上國觀念其實是並行的，對外關係觀念的變化並不徹底。

第二次鴉片戰爭以後，中國對外關係行為與觀念所發生的變化，大體上有如下一些表現：

首先，清政府最終採取「執行條約」外交，並逐漸設立了一系列相應的現代外交制度。

第二節　中國對外關係行為與觀念的變化

　　自從 1842 年清政府與英國簽署中英《南京條約》開始，中國先後與西方列強簽署了一系列不平等條約，也面臨著如何對待這些條約的問題。茅海建指出：「《南京條約》是一座界標，使中外關係由『天朝』時代轉入了條約時代。」[471] 清政府對條約的態度，也歷經了從消極抵制到積極執行的巨大變化，此後又發展到希望修改不平等條約。

　　在鴉片戰爭之前，中國沒有現代意義上的外交觀念，自然也就沒有現代外交機構。在中國傳統對外關係中，對外交往就是「宗主國」對「藩屬」的管理，所以清朝時管理對外交往的機構就是禮部和理藩院，禮部負責與朝貢國家的關係，理藩院負責與北部、西部少數民族的關係，也曾一度負責處理與俄國的關係，而與歐洲國家以及後來美國的貿易關係則被限制在廣州一個通商口岸。因此，正如雷頤所指出的，當時的中國只有「理藩」而無「外交」。[472] 第一次鴉片戰爭結束之後，這種狀況不得不逐漸發生變化。在被迫開放五個通商口岸之後，清政府為了處理與西方國家的事務，於 1844 年設立了五口通商大臣，最初由兩廣總督兼任，從 1859 年改為兩江總督兼任。但是，五口通商大臣屬於中國的地方機構，不屬於中央政府的外交機關，表明當時的清政府「天朝上國」的觀念依然很強，西方國家還被視為「蠻夷之邦」，它們只能與中國的地方政府打交道。

　　第二次鴉片戰爭結束之後，英法等國才取得了在北京常駐公使的權利。1858 年，清政府與英、法、俄、美等西方列強簽署的《天津條約》允許外國在北京設使館。最早駐北京的外國公使是英國公使普魯斯（1858—1865 年任駐華公使）和法國公使布爾布隆（1861—1867 年任駐華公使）。朝貢制度中最讓西方人詬病的磕頭禮儀雖然在 1858 年的條約中被取消了，1860 年的條約也給予外國公使居留首都的權利，但是外國公使不磕頭觀見中國皇帝的難題在 1861 年以同治皇帝年幼的藉口被中國人迴避開了，而 1873 年，中國皇帝第一次會見外國使節並接受國書的地點被安排在中國皇帝通常接見貢使的紫光閣，但在觀見的禮節上要求外國使節遵循中國傳統的古禮儀，不能走正門的要求，只是在遭到外國使節的拒絕之後才被迫放棄。後來規定接見使節時，皇帝隨意坐或立都可以，使節改行五鞠躬。當年 6 月，日本、俄國、美國、

中國歷代與國際間的關係及規範變遷：從「文明標準」到「新文明標準」
第三章　中國加入現代國際社會

英國、法國、荷蘭駐華公使及德國使館的翻譯官第一次在中南海紫光閣覲見同治帝。

為了適應這種變化，中國也開始建立現代外交機構並且向外國派駐使節。1861年初，恭親王奕訢等上奏「請設總理各國通商事務衙門」（一般稱總理衙門）負責對外交涉事宜並獲得批準。這是中國首次設立具有近代意義的、專門負責處理對外事務的機構。閻小波認為，總理衙門的設立，是中國政治由傳統向現代轉型或者真正感受到現代性挑戰的開端。[473] 李兆祥則說得更明確：「以總理各國事務衙門建立為起點，近代中國的外交制度建設開始與近代國際外交體制接軌。」[474] 但是，這僅僅是變革的開始，中國外交制度的現代化或者新舊制度的交替，需要經歷一段時間。值得注意的是，清朝對於簽訂新條約的西方各國事務由總理衙門負責管理，但東亞各國的事務仍由禮部來負責。這表明，條約關係只針對西方各國，限定在非東亞地區的國家。[475] 此外，那時仍稱該機構負責辦理「夷務」或「洋務」，實際上處理對外交涉事務主要由兩個地方政府涉外機構來具體負責。這兩個機構分別是設在上海的辦理江浙閩粵內江各口通商事務大臣（其前身為五口通商大臣），後來演變稱為南洋通商大臣或南洋大臣，以及設在天津的辦理牛莊、天津、登州三口通商事務大臣，後來演變稱為北洋通商大臣或北洋大臣。最重要的是，總理衙門本是仿軍機處模式設立的臨時機構，其官員都是兼職的。因此，1861年以後以總理衙門為中樞的中國新外交體制只是中國外交現代化的一種過渡形態。[476] 直到1901年（光緒二十七年），根據前一年簽訂的《辛丑條約》，總理衙門被改名為外務部，列六部之首，中國才開始建立起一個符合現代國際慣例的外事領導機構。於是，處理「夷務」或「洋務」的觀唸得以最終為處理「外交」的觀念所取代。[477] 所以，有中國學者認為，外務部的設立全面開啟了近代中國外交制度化建設的進程。[478]

與此同時，清政府也開始接受國際慣例，向外國派遣使節。1867年，清政府決定派遣即將離任的美國駐華公使蒲安臣（Anson Burlingame）和總理衙門的章京志剛、孫家谷率領一個使團訪問同中國訂有條約的歐美各國。該使團於1868年2月出洋，1870年10月歸國（蒲安臣本人於1870年2月因患急性肺炎在俄國彼得堡病逝）。這個由美國人率領的中國政府使團（即

蒲安臣使團，Burlingame mission），是中國政府首次派遣使節訪問西方國家，即志剛所說的「出使泰西」。[479] 這也被認為是中國近代使節制度的開端。[480] 此後，清政府開始派遣本國政府要員為使團團長出使外國。1870年，天津教案發生之後，清政府立即派崇厚出使法國以示道歉，但這還不屬於中國駐外常設使團。1875年（光緒元年），馬嘉理事件發生之後，清政府開始決定向英國等國派遣常駐的出使大臣，最終建立起其近代使節制度。從1877年開始，清政府任命了郭嵩燾出任常駐英國的大臣（1877），也向德國（1877）、法國（1878）、美國（1878）、俄國（1879）、西班牙（1879）、秘魯（1880）等國派駐使節，還任命駐新加坡、舊金山、古巴、秘魯等國家或城市的領事。在此過程中，出現了像郭嵩燾、曾紀澤之類的比較瞭解西方國家事務的第一代中國外交家。[481] 值得指出的是，雖然1877年清政府開始向西方國家派駐使節，但是那時出使為「苦差事」，因為在中國的傳統觀念裡，派使到外國是恭順、平等的表示。出使英國的郭嵩燾、出使美國的陳蘭彬等人完全出於「公忠體國」，才接受出洋這個苦差事的，不屬於職業外交家。[482] 有學者認為，中國向外國派駐使節，表明「中國在形式上可說是正式加入了近代國際社會」。[483]

1895年甲午戰爭之後，中國人對待外交事務的態度發生了更大的變化，越來越多的優秀青年立志擔任外交官。1901年設立的外務部居六部之首，提高了外交事務的地位，促進了外交人員的專業化。外務部建議改革培養翻譯人才的同文館，使之成為培養職業外交官的重要機構。1903年（光緒二十九年），京師大學堂以新設譯學館代替同文館，其部分學生進入外務部或駐外使館工作，成為晚清外交官的來源之一。1906年（光緒三十二年），外務部專設儲才館為培訓職業外交官的學校。[484]

1912年清帝遜位，中華民國政府將外務部更名為外交部。此後的中華民國政府承襲了向外國派駐使節的政策，並積極建設駐外使領館，而且使領館的人員為職業外交官。中華民國首任外交總長陸徵祥實行了一系列外交改革，其中包括引進外交人員考試選拔制度。1915年，北洋政府頒布《領事館職務條例》和《外交官領事官考試令》。次年，又制定了《外交官領事官官制》。1912—1922年，中華民國先後與丹麥、巴西、智利、瑞典、瑞士、玻利維亞、

中國歷代與國際間的關係及規範變遷：從「文明標準」到「新文明標準」
第三章　中國加入現代國際社會

波斯、挪威以及芬蘭等國締結條約，設立公使館。從數字上看，1912年，中國有駐外公使館13個，領事館28個，人員近170人。到了1926年，則有大使館1個，公使館23個，領事館44個。加上國際聯盟的全權代表辦事處，駐外工作人員共有270名之多。[485] 因此，有學者指出，中國第一代職業外交家，當始於辛亥革命以後之袁世凱及歷代北洋政府，其中個別人物，或者清末即開始外交生涯，但作為一代人來講，其誕生當在辛亥革命以後。這一時期的著名代表，有伍廷芳、伍朝樞、陸徵祥、曹汝霖、施肇基、王正廷、顧維鈞等。[486]

其次，中國也開始接受和使用國際法（當時譯為「萬國公法」），並根據現代國際法制訂相關法律，締結條約。據有關學者研究，中國與國際法的接觸始於1648年。[487] 而且在1840年鴉片戰爭之前，在欽差大臣林則徐的請求下，西方國際法著作的某些內容也曾經由美國傳教士伯駕（Peter Parker）和華人袁德輝翻譯成中文，並被加以運用。[488] 但是中國正式、系統地引進國際法是從19世紀60年代初開始的。為了培養處理對外事務人才，清政府於1862年創辦同文館，以培養通曉外國語言與瞭解外部世界的人才，並翻譯出版國際法著作。在美國駐華公使蒲安臣的提議下，美國傳教士丁韙良（W.A.P.Martin）和幾位中國人把美國哈佛大學教授亨利·惠頓（Henry Wheaton）在1836年出版的國際法著作《國際法原理》（Elements of International Law）翻譯成中文（被翻譯成中文的是該書1855年的版本），譯成之後，經美國公使蒲安臣（Anson Burlingame）介紹呈送總理衙門，要求出資刊行。1864年，該譯著以《萬國公法》[489] 為中文書名，在總理衙門的資助之下，由崇實印書館印行，成為被完整地「介紹到中國的第一本國際法著作」。[490] 從此，「主權」（sovereignty）、「權利」（right）等西方國際法概念進入漢語。另外，「萬國」概念的出現和使用，也是對中國原有的「天下」觀念的否定。《萬國公法》初印300本，總理衙門曾將此書分發到各級官員以及沿海各重要港口，作為對外交涉的論據，後來該書由同文館多次再版。值得指出的是，《萬國公法》在1865年傳入中國近鄰日本，並引起極大關注。在該書出版以後的1865年，丁韙良被同文館聘用，先後擔任英文教習、總教習。除《萬國公法》外，丁韙良等人還把其他一些

第二節　中國對外關係行為與觀念的變化

國際法著作翻譯成中文，如德國人馬頓斯（Charles de Martens）的《外交指南》、美國人吳爾璽（T.D.Woolsey）的《國際法研究導論》、瑞士人伯倫智理（J.C.Blunschli）的《國際法典》、英國人霍爾（William Edward Hall）的《國際法論》以及國際法學會編的《陸戰法規手冊》等。[491]從20世紀初開始，中國學者也翻譯日文版國際法著作，並且普遍使用「國際法」一詞取代過去的漢譯「萬國公法」。[492]有學者統計，在20世紀前十年裡，中國留日學生翻譯介紹的國際法著作就有50種以上。[493]

自從國際法全面介紹到中國之後，清政府也開始有意識地在對外交涉中運用國際法，以維護本國利益。比如，在1864年，清政府總理衙門援引《萬國公法》抗議普魯士公使乘坐的軍艦在中國「內洋」（領水）抓捕3艘丹麥商船的行為，迫使普魯士釋放這3艘丹麥商船並對清朝支付賠償金1500美元。再比如，在1874年，秘魯派使來華要求訂立商約，清政府要求秘魯先改善在秘魯中國勞工的待遇，保護本國在外僑民。又比如，1894年，在關於中日甲午戰爭的中國宣戰書中，中方譴責日本「不遵守條約，不守公法」。[494]

此外，清政府還根據國際法，制定了相關國內法，也與一些國家簽署了條約。1909年，清政府頒布國籍法，即《大清國籍條例》，遵循血統主義立場，即移民的華僑中男性子孫世代擁有清國國籍。北洋政府也於1912年重新制定國籍法，但其內容與大清國籍法類似。1875年，清政府與秘魯重訂華工保護條約，1877年，清政府與西班牙簽訂了古巴華工保護條約。[495]此外，清政府還引進了海洋規則、國旗等國家的象徵符號。有日本學者認為，這些是中國「對當時以西歐為中心形成的『標準』的接受」。[496]1899年和1907年，清政府還派代表參加了兩次海牙和平會議，並簽署了有關公約和宣言。

值得指出的是，在中華民國時期，中國的國際法研究得到較快發展。特別是在五四運動以後，中國各大學的法學院都開始設置國際法課程。越來越多的西方國際法著作被翻譯成中文出版，中國國際法學者也撰寫、編寫、出版了一些國際法著作、教科書、條約集等，湧現出一批接受西方教育、學有成就的國際法學家，其中有些人先後擔任國際聯盟常設國際法院和聯合國國際法院的法官，如王寵惠、鄭天錫、徐謨、顧維鈞等。

中國歷代與國際間的關係及規範變遷：從「文明標準」到「新文明標準」
第三章 中國加入現代國際社會

最後，中國努力修改不平等條約，收回主權，逐漸成為完整的主權國家，實現「文明國家化」。

第一次鴉片戰爭後，中國與西方各國簽署的一系列條約屬於不平等條約，特別是其中所包含的領事裁判權與協定關稅條款，使得中國被排擠於主權國家或「文明國家」所組成的現代國際社會之外。實際上，鴉片戰爭之後，清政府對外交往所適用的並不是國際法原則和規則，而是不平等條約制度，中國長期不享有「文明國家」的身份，最多只是個「半文明國家」。近代以來，在西方的話語霸權之下，世界上的國家被分為兩大類，即文明國家與非文明國家。日本學者川島真指出：「所謂『文明國』是一條標準，被判斷為符合這一標準的國家與不符合這條標準的國家之間所締結的條約即為不平等條約。既然只有國家才可以成為國際社會的一員，那麼就要求這個國家被認知為『文明國』。然而透過實際觀察不平等條約的修改情況可以發現，從大的方面講，不平等條約的修改不僅可以透過『文明國化』來實現（日本、泰國等），還可以透過革命外交（土耳其等）以及成為所謂『文明國』所直接管轄的殖民地（這點還需要進行慎重討論）來實現。謀求透過滿足『文明國』標準來修改不平等條約的國家，首先是在國內進行『文明國化』的基礎建設，再以此為背景交涉條約修改、發出廢約通知、締結新約。伴隨這一過程的是透過戰爭和國際會議提高地位。」[497]

中國政府在與西方各國的交涉中逐漸認識到不平等條約的危害性。在晚清與民國時期，中國曾經朝著這個方向進行過努力，規避簽訂新的不平等條約、試圖修改已經簽訂的不平等條約，並努力使自己成為「文明國家」，爭取國際承認，成為當時國際社會的完全一員，儘管這個時期的中國外交通常被批評為賣國外交，因為那時的中國政府以保全疆域為最優先課題，不得不承認與列強簽訂的不平等條約。[498] 由於1858年與英國簽訂的《天津條約》十年期滿，清政府於1867年開始著手準備修改條約，並於1868—1869年，同英國談判並簽訂新條約，但是英國政府因為本國商人評價新約為「讓步條約」而沒有予以批準。此後，受日本修改不平等條約的影響，中國政府也積極要求西方各國修改條約。在19世紀末期，從早期維新派開始，在中國就有人（如馬建忠、鄭觀應等）提出廢除或修改不平等條約的要求。[499] 但是，

第二節　中國對外關係行為與觀念的變化

中國政府有意識地採取要求修改條約和收回主權之行為大致是從 20 世紀初開始的。費正清指出：「早期的條約本身並沒有改變中國的世界秩序觀。對中國來說，條約代表著西方的實力至上觀念，並未引入西方的法律至上觀念。當西方外交官盛讚條約的神聖特性時，中國人只是把條約看作書面契約，而未看到條約背後的法律制度。我認為，部分是由於這個原因，清政府從未像明治時期的日本政府和國民黨政府那樣真正發起過修訂條約和收回權利運動……無論如何，中國只是在 1901 年以後進行改革時才要求修約的。直到那時，『修約』仍然意味著外國的侵略，而非權益的收復。」[500] 1902 年，清政府與英國訂立通商條約，達成了在中國司法法律改革皆臻妥善的情況下，「英國即允放棄治外法權」的協議。次年，中美、中日通商續約也達成了同樣的協議。這是清政府最早所作的修約嘗試。[501]

1914—1919 年的第一次世界大戰使得中國在修改不平等條約、收回主權方面取得了一些重要成果。1914 年 7 月，第一次世界大戰爆發後不久，袁世凱任總統的中華民國北洋政府即在當年 8 月 4 日宣布「局外中立」，並主動與德國商談山東租借地歸還中國、收復山東主權的問題。但是，新崛起的亞洲強國日本決定利用歐戰之機侵犯中國主權，並且洗雪德國在 1895 年迫使日本把遼東半島歸還中國的恥辱，於同年 8 月援引 1902 年的《英日盟約》，宣布對德宣戰，加入英、法等國所在的協約國集團，隨即派兵對德國在中國的租界以及租借地發動軍事進攻，從而把第一次世界大戰的戰火直接引到中國，破壞了國際法所賦予中國的中立地位。該年 11 月，日本占領青島。1915 年 1 月，日本政府不顧外交慣例，命令日本駐華公使向中華民國總統袁世凱提出了包括要求中國承認德國在山東的權益轉讓給日本、承認日本在南滿和內蒙古東部的優越地位、中國沿海港灣島嶼不得租於或轉讓他國等內容的「二十一條」，嚴重侵害了中國的國家主權。由於國力不濟以及得不到英、法、美等西方大國的支持，中國政府最終對日本的最後通牒屈服，於 1915 年 5 月接受了日本的「二十一條」。北洋政府[502]期望透過對德宣戰來阻止日本對山東的侵略和參與戰後世界新秩序的構建、提升中國的國際地位，並積極爭取協約國集團同意中國參戰。1917 年 2 月，美國在對德宣戰後，邀請包括中國在內的所有中立國一同參戰。於是，北洋政府於 1917 年 3 月 14 日

中國歷代與國際間的關係及規範變遷：從「文明標準」到「新文明標準」
第三章　中國加入現代國際社會

宣布與德奧斷交，然後在 8 月 14 日正式發佈宣戰佈告，加入協約國一方參戰。中國儘管對德奧宣戰，實際上並沒有向「一戰」的主戰場歐洲派出軍隊，只是透過與協約國達成協議，先後向法國、英國和俄國派出大約十四萬名勞工支援歐洲戰場，即「以工代兵」計劃。[503] 另外，北洋政府也根據海牙和平會議公約及其他國際協約有關戰爭的條款，把奧匈在中國的一切軍事人員（包括使館衛隊）扣押並關進北京、天津、南京以及吉林、黑龍江等地的戰俘營或收容所。[504] 與此同時，中國政府依據國際公法及慣例所發佈的宣戰佈告，宣布廢止所有以前中國與德國、奧匈帝國訂立的條約、協約以及其他國際條款、國際協議。依此宣戰佈告，德奧在中國的治外法權被否定了，其在中國的租界也被收回，天津、塘沽、北戴河的德國軍事設施和商船被中方接收。另外，在同德奧兩國斷交之後，中國海軍沒收了停泊在中國各口岸的德國軍艦，中國政府沒收了德國的德華銀行，中國對德奧兩國的一切債務和庚子賠款也被廢除或終止。另外，中國在參戰之後，也向西方國家要求修訂關稅，力爭把現有進口商品關稅從 5% 提高到 7.5%，並在廢除厘金或通行稅制度之後，把關稅提高到 12.5%。中國曾經在 1915 年竭力勸說列強修改關稅，但以失敗告終。[505] 這些都屬於中國廢除不平等條約、收回主權的先聲，儘管中國並沒有完全實現自己的目標。

　　1919 年，第一次世界大戰結束，中國作為第一次世界大戰的戰勝國，獲得派代表團出席巴黎和會的機會，其國際地位得到一定程度的提升，中國也進行了一場轟轟烈烈的廢除不平等條約的國際抗爭。參加巴黎和會的中國政府代表團第一次整體提出修改不平等條約、撤銷領事裁判權問題，並且要求廢除 1915 年中日簽署的「二十一條」中有關山東的條款。當年 1 月，中華民國政府派代表向巴黎和會提交了德奧和約中應列條件的「說帖」，其中包括要求歸還使用「威嚇手段和武力」從中國攫取的所有領土、特權和財產。但是，中國政府要求拒絕把德國在中國山東的特權轉讓給日本的努力未獲相關大國的支持，加上中國國內爆發了五四運動，中國代表沒有在《凡爾賽和約》上簽字，中國成為唯一一個在和會上拒絕簽字的國家。也就是說，中國沒有達到參加第一次世界大戰的一個重要目的，即收回日本從德國手中奪取的山東主權，更沒有修訂所有中國與列強之間簽署的不平等條約、實現收復

中國失去的一切國家主權之目標。然而，在巴黎和會之後，中國批準了巴黎和約並成為國際聯盟的成員，其在國際社會中的合法性得到一定程度的承認。1920年1月，《國際聯盟盟約》隨著《凡爾賽和約》的生效而生效，國際聯盟正式成立。中華民國於1920年5月批準和約，以創始會員國身份正式加入國際聯盟，而且在1920—1923年，連續三次當選國聯行政院的非常任理事國，在國聯的歷史上共四次當選非常任理事國，併負擔了幾乎與英、法同等的經費，其繳納的經費相當於國際聯盟經費的5%以上。

更為重要的是，中國在巴黎和會之後沒有再簽署不平等條約，並且同一些國家簽訂了平等條約。1919年，中華民國頒布了《對待無約國辦法》，規定今後新締約時不締結不平等條約。此後，中國與一些國家締結平等條約，提高了自己的國際地位。第一次世界大戰結束之後，中國與德國、奧地利和匈牙利分別於1921年和1925年重訂條約，取消這些國家在華的領事裁判權。另外，中國也同一些國家簽署了平等條約。其中，1921年中國與德國簽署的條約是自鴉片戰爭以來，中國與西方大國簽署的第一個平等條約。該條約規定，中德關係「遵照國際法的基本準則，務必徹底遵循平等互利的原則」，德國「同意廢除在華領事裁判權，並放棄德國政府在中國過去所擁有的一切特殊權利」。[506]

在1921—1922年的華盛頓會議上，中國政府代表團第二次全面提出不平等條約的修訂和廢除問題。在這次會議上，中國最終收回山東主權。1922年2月，中日簽署了《解決山東懸案條約》，日本同意將膠州德國原租借地和膠濟鐵路交還中國，日軍撤出山東。另外，華盛頓會議的最後文件之一《華盛頓九國公約》（1922），承諾「尊重中國之主權與獨立暨領土與行政之完整」，這次會議是「中國爭回一些權利而不是失去更多權利的一次會議」。[507]

此外，「一戰」後世界上出現的第一個社會主義國家蘇聯於1924年5月，與中國訂立了《中俄解決懸案大綱協定》等文件，正式建立了兩國的大使級外交關係，並取消了原沙俄在中國的治外法權及領事裁判權，從而衝擊了「條約體系」，也強化了中國與其他列強談判的立場。[508]1924年1月，國民黨一大召開，其施政綱領宣布：「一切不平等條約，如外人租借地、領事裁判權、

中國歷代與國際間的關係及規範變遷：從「文明標準」到「新文明標準」
第三章　中國加入現代國際社會

外人管理關稅權以及外人在中國境內行使一切政治的權力侵犯中國主權者，皆當取消，重訂雙方平等互尊主權之條約。」[509]

　　1925 年 6 月，北洋政府照會各國，發起「修約」運動。次年 11 月，中華民國政府宣布終止中國和比利時的《通商條約》，收回比利時在中國的租界。1927 年 11 月，中華民國政府宣布廢除中國和西班牙的《和好通商條約》。1925 年 11 月，在北京召開的關稅會議透過決議，各國同意「承認中國享受關稅自主之權利……允許中國國定關稅率條例於 1929 年 1 月 1 日發生效力」。中國在喪失關稅自主權八十多年之後，終於迫使列強承認中國的關稅自主權。[510] 中國先後與美國、比利時、西班牙、葡萄牙、丹麥、德國、挪威、荷蘭、英國、瑞典、法國、日本等國簽訂了關稅新約，基本上實現了關稅自主。

　　也就是說，在第一次世界大戰結束以後到第二次世界大戰之前，中國在廢除或修改不平等條約方面取得了很大成績，中國在國際社會中的合法性有了很大的提高。然而，直到 1941—1945 年的太平洋戰爭以前，中國並沒有實現完全廢除不平等條約、以一個具有完整主權的國家加入現代國際社會的目標。為什麼中國經歷如此長的時間才實現這個目標？除了西方列強不給予中國平等地位之外，也有中國自身的原因，其中包括中國國力弱小，以及中國精英觀念變化和中國內政外交的現代化進程比較慢。雖然中國和日本一樣，都希望實現「富國強兵」和加入現代國際社會，但是中國只是重點學習西方的技術和工業，以及有限引進西方的制度，而日本則是全方位地模仿西方，以「脫亞入歐」、成為歐洲化的「文明國家」為國策。其結果是，日本在明治維新之後，很快實現「富國強兵」和成為「文明國家」的目標，而中國在第一次鴉片戰爭之後則經歷了大約一百年才被接納為國際社會中具有完全主權的成員。

　　鴉片戰爭以後，中國對外關係行為與觀念的變化，是在清朝末年中國開啟了現代化（或近代化）進程這個大的歷史背景之下發生的，實際上是整個中國社會大變遷的組成部分與表現之一。

　　在第一次鴉片戰爭前後，林則徐、魏源等人已經「開眼看世界」，其中魏源出版了影響深遠的《海國圖志》。閩浙總督徐繼畬廣泛接觸西方來華人

第二節　中國對外關係行為與觀念的變化

士，對自己國家的專制制度的合法性和永恆性深表懷疑，五年數十次易稿，於1848年出版的《瀛環志略》，率先突破根深蒂固的天朝意識和華夷觀念，將中國定位於世界的一隅，引進了西方民主政治思想的價值體系，介紹了當時世界以民主政體為主導的各國各類政體，宣揚西方民主制度和理念。但是，第一次鴉片戰爭並沒有從根本上動搖中國精英世界觀的根基。第二次鴉片戰爭則迫使中國精英改變自己的世界觀，即接受一個事實，中國不再是天下的中心，而只是西方主導的國際體系中的一個組成部分。從第二次鴉片戰爭結束以後，中國曆經從洋務運動到戊戌變法，或者從學習西方的科學技術到學習西方的憲政民主的國內政治變革。以學習西方堅船利炮、科學技術為中心的洋務運動是中國近代化或現代化的重要一步。1894—1895年的中日甲午戰爭的結局，促使一些中國社會精英提出學習西方憲政民主以圖國強的政治主張。1895年4月，中日《馬關條約》的內容傳到北京，十八省在京應試的一千三百多名舉人上書都察院，提出了拒和、遷都、廢約、再戰和變法的主張。這表明，「中國士大夫終於從傳統走向近代，面對國家、民族的現實」。[511] 康有為多次上書光緒帝，主張學習西方議會民主制度，改革封建君主專制，仿照西方三權分立的政治原則建立君主立憲制，以實現國家政治現代化，突破了洋務派「中學為體、西學為用」的侷限。康有為、梁啟超、翁同龢等人鼓吹並推動光緒帝於1898年進行戊戌變法或戊戌維新，前後歷時一百〇三天，又稱「百日維新」，最後以慈禧太后發動政變而告終。雖然變法失敗，但是它表明，綿延兩千多年的中國封建專制制度開始從根本上發生動搖，在世界政治現代化大潮中，它行將崩潰。1911年爆發的辛亥革命，推翻了清王朝的統治，使中國的政治變遷進入了一個嶄新歷史階段。總體而言，中國的政治變革過程比較漫長。有中國學者認為，中國的文化包袱和夷夏思想成為阻礙中國學習西方、走上現代化道路的重要障礙。[512] 救國圖強或者富國強兵，一直是第一次鴉片戰爭之後中國社會變革的主旋律。[513]

上述時期的中國社會大變遷，還表現為中國民族主義的興起和民族國家認同的逐步形成。在中國思想傳統之中，只有王朝與天下，並沒有現代的民族國家觀念。[514] 民族和民族主義都是源於近代歐洲的觀念，它與主權國家密不可分。中國近代民族主義是在與西方列強的衝突和交往中逐步興起的。

中國歷代與國際間的關係及規範變遷：從「文明標準」到「新文明標準」
第三章　中國加入現代國際社會

[515] 自 1840 年第一次鴉片戰爭以來，中國所面臨的一系列來自外部世界的壓力與挑戰，逐漸催生了中國人的民族意識，但這種民族意識主要產生於社會精英。而 1895 年甲午戰爭的失敗，對於推動中國民族主義的興起產生了特別重大的影響，在這場戰爭之後，「民族和民族主義思想已經為大眾所接受，而不再是少數知識分子的理想」。[516] 謝俊美寫道：「中國士大夫的群體意識和群體覺悟是從甲午戰敗那一刻開始的。甲午戰敗所帶來的災難覆蓋著全民族，給所有中國人精神上造成了巨大的震顫。我們講甲午戰敗是近代中國歷史的轉折點，也就是從這個意義上講的。」[517] 美國前駐中國大使司徒雷登在其回憶錄中也指出：「以一個傳教士的眼光來看，我早期對中國最深的印象就是全國上下在覺醒的民族主義情緒。中國的民族主義情緒可能一直就蟄伏著，外國的百般凌辱踐躪使之終於爆發。鴉片戰爭之後，西方列強對中國的衝擊，使中國士大夫意識到東亞以及中國正遇到前所未有的變局，由此產生變革和民族主義思想。1895 年甲午戰爭的失敗，對中國人的衝擊尤其大。甲午戰爭的失敗，義和團運動流產，都是在我來中國（1905）之前十年內發生的。民眾擔憂列強會瓜分中國，而我們今天的人幾乎已經忘記當年中國差一點就真的分崩離析了。」[518] 正因為如此，所以徐國琦認為：「儘管中國在鴉片戰爭以後曾連續敗於西方之手，但是唯有 1894—1895 年的甲午戰爭，才真正迫使中國人認真思考自身的命運以及儒家文明的價值，特別是迫使中國人質疑他們的傳統認同。」[519] 他進一步指出：「1894—1895 年的甲午戰爭使許多中國人開始相信，只有成為一個民族國家，中國才能趕上世界發展的潮流。更重要的是，中國只有加入世界新秩序，才有生存的希望，才有可能實現中華民族的偉大復興。」[520] 所以，在這場戰爭之後，創建一個民族國家的使命就逐漸成為整個中華民族的夢想，而 1898 年的戊戌變法的思想根源就是民族國家觀念。[521]

梁啟超明確表明認同西方的民族國家概念，反對中國的傳統世界觀，而且接受這種觀念的不只是梁啟超一個人，實際上在第一次世界大戰之前，中國知識精英就普遍渴望中國成為現代民族國家。[522] 於是，「民族主義」這個外來詞彙也就很自然地成為中文詞彙之一。據有關學者考證，梁啟超在 1901 年首次使用「民族主義」概念，孫中山在 1903 年也使用了「民族主義」一詞。

[523] 但是許紀霖指出，梁啟超和孫中山對民族主義的理解不同，前者屬於國民民族主義或國族民族主義（state nationalism），後者屬於族群民族主義（ethnic nationalism）。[524]

中國民族意識覺醒的一個典型例子，就是為抗議美國排華法案，而發生的 1905 年的抵制美貨運動，它發起於上海，擴展到大約一百六十個城市。在 1911 年辛亥革命以後，民族主義更成為影響中國命運的最強大的政治力量。[525] 其中一個重要表現是中國民眾抵制日本的「二十一條」。1915 年，中國的外交精英、知識界、社會團體以及普通民眾積極參加抵制日本侵害中國主權的「二十一條」的大規模的抗議示威行動。在 1919 年的巴黎和會上，中國代表團積極遊說列強以期收復山東主權以及廢除不平等條約，使中國以平等成員身份加入國際社會。當年 5 月 4 日，在獲知中國未能收復山東主權之後，在中國發生了聲勢浩大的反帝愛國的五四運動，中國知識精英與普通民眾的民族主義情緒大爆發，中國的民族主義發展進入一個新階段，現代意義上的民族主義與「中華民族」觀唸得以形成。所以，時在中國的美國學者杜威描述進行中的五四運動說：「我們正目睹一個民族／國家（nation）的誕生，而出生總是艱難的。」[526] 蔣廷黻也指出：「無疑的，我們當代的中國人都是民族主義者。」[527]

值得指出的是，民族主義的興起與發展，與中國的主權國家觀念以及國際觀的逐漸確立是密不可分的。對大多數中國人而言，民族主義就是指反對帝國主義、反對不平等條約（反帝廢約）以及中國成為主權國家社會中的平等一員。

第三節　中國成為現代國際社會的一員

中國加入現代國際社會的過程，是從逐步接受西方行為規範開始的，既包括接受只適用於非歐洲國家的、歧視性的不平等規則與制度，也包括改變自己的傳統觀念，接受現代國際法和外交制度。這是一個逐步改變、調整和適應的過程，既有自願的成分，也有被迫的成分。第二次鴉片戰爭以後，中國對外關係行為與觀念發生的上述變化，為中國加入現代國際社會創造了必

第三章　中國加入現代國際社會

要的條件,但是並沒有使得中國成為國際社會中的一個完整的成員。中國何時符合「文明標準」並加入國際社會,除了有賴於中國行為與觀念的變化之外,更重要的還取決於國際社會中的主導國家即西方國家的判斷與承認。中國成為國際社會一個完整成員的首要標準,就是具有完全的主權。中國被接受為國際社會中的「文明國家」一員的時間,要大大晚於包括日本、泰國在內的很多非歐洲國家。

那麼,中國什麼時候成為國際社會一員呢?有人認為,1899年、1907年參加兩次海牙國際和平會議,或許是中國加入國際社會的重要標誌。赫德利·布爾就把中國派代表參加1899年的海牙會議視為國際社會成員範圍擴大的一個重要表現。[528]但是,他並沒有明確把此時的中國視為國際社會的一員。1899年,中國應邀派代表參加第一次海牙國際和平會議,中國駐俄、奧大臣楊儒參加,並在兩項條約上簽字。1907年,中國又參加了第二次海牙國際和平會議,簽訂了《陸戰時中立國及其人民之權利義務條約》《海戰時中立國之權利義務條約》,並於兩年之後正式批準並加入這兩個條約。[529]但是,中國參加第二次海牙和會時,被給予三等國待遇,此時中國也無力廢除治外法權,自然不屬於國際社會的完全成員。正如日本學者川島真所指出的:「中國在19世紀後半葉還沒有被認為是一個具有『family of nations』,即國際社會成員資格的文明國家。中國被定位於非文明國家。這個非文明國家,雖然不能成為完全資格的國際社會成員,但也沒有被完全置於與各國無關的地位;而是在當時自由貿易的觀念下,透過締結條約等途徑進入了主權國家間的契約體系之中。作為非文明國家,在與文明國家締結條約時,所締結的不會是平等條約,而是不平等條約。」[530]日本學者龍谷直人認為,從19世紀開始,以英國為首的歐洲主權國家體系中的帝國主義國家強行向亞洲推行立憲制、金本位制、自由貿易等「行為規範」或「國際標準」,只有日本在19世紀末接受和採納了這些國際標準,而「中國建立這樣的國際標準相對還是比較困難的」。[531]他還指出:「的確,鴉片戰爭給中華帝國的朝貢體制畫上了一個句號。在恢復亞洲主權問題上,存在著以下兩個必須完成的任務:政治上廢除領事裁判權,經濟上恢復關稅自主權。其中不承認關稅自主權的自由貿易和最惠國待遇條款的存在是歐美近代帝國主義強制實行的結果。」

第三節　中國成為現代國際社會的一員

[532]中國完成這兩個任務比日本要晚得多。日本在明治維新之後，便開始著手修改不平等條約，希望建立和西方國家的平等關係。1894 年 7 月，即中日甲午戰爭開戰前；日本就廢除了英國在日本的領事裁判權；1899 年，日本基本恢復了關稅自主權；1911 年，和各國簽訂新通商航海條約後，日本完全的關稅自主才真正實現。

　　1911 年，中國發生辛亥革命，清王朝統治被推翻。1912 年 1 月，孫中山在就任中華民國臨時大總統的演說中，宣布民國政府會竭盡全力，「使中國加入國際社會」，從而促進世界和平。[533]美國是西方列強中最早表示承認中華民國的國家，1912 年 4 月到 10 月，巴西、秘魯、美國、墨西哥、古巴、英國、法國、俄國、日本等先後宣布承認中華民國。民國初年，中國政府以更大的努力使中國加入國際社會，包括正式簽署和批準了 1899 年第一次海牙和平會議制定的《陸地戰例公約》。第一次世界大戰給中國帶來了一些積極的影響，使中國收復了部分國家主權。1917 年，中國宣布與德奧斷交、對德奧宣戰、正式參加第一次世界大戰，並廢除中國與德奧簽訂的條約、合約、協約以及其他國際條款、國際協議，收回德奧在華的領事裁判權與租界，制訂《國定關稅條例》，以及 1919 年，中國作為戰勝國，派代表參加巴黎和會，接著參加國際聯盟等，都被認為是中國成為國際社會一員的標誌性事件。因此，有學者認為，隨著中國成為國際聯盟的成員國，中國儘管還未能修改不平等條約，但它在 20 世紀 20 年代，「至少在成員資格方面已經在形式上成為國際聯盟的一員」。[534]徐國琦就明確指出：「第一次世界大戰為中國重新調整她與世界的關係提供了動力和機遇，中國透過自身的努力得以參戰並進而擠身國際社會。」[535]張勇進也認為，中國在 1918—1920 年間加入了國際社會，其原因包括：中國參加了第一次世界大戰並派代表出席巴黎和會；1919 年 12 月，中國和玻利維亞簽訂友好條約，該條約沒有把對方原先要求的領事裁判權寫入條約中去，而且中國從此以後再也沒有和其他國家簽署不平等條約；中國在 1920 年成為國際聯盟的會員國。他認為，這些都表明中國已經被接受為國際社會成員，儘管是一個沒有完全主權的國際社會成員。[536]

中國歷代與國際間的關係及規範變遷：從「文明標準」到「新文明標準」

第三章　中國加入現代國際社會

　　徐國琦、張勇進等人的說法有一定道理，中國在國際社會中被接受和承認的程度在 1918—1920 年間的確有所提高。但是，西方強加給中國的大部分不平等條約此時依然存在，也沒有被加以修改，中國顯然沒有擁有完全的主權，因而也就無法成為國際社會中的平等一員。張忠紱甚至認為，中國參加第一次世界大戰的目的本應為提高中國在國際舞臺上的地位，使得中國在戰後和會中得到自由發言之權利，以爭回中國損失之地位，但是由於參戰問題導致中國南北分裂以及參戰後北京政府投入日本的懷抱、讓與日本種種權利，導致巴黎會議開幕之時，中國在國際上的地位實際上還不如參戰之前。[537] 實際上，中國赴巴黎和會代表團所追求的幾個重要目標，包括收回戰前德國在山東省內的一切權益，取消外國在中國所享有的一切特殊利益，例如領事裁判權、租界等，都沒有實現。[538] 1922 年，出席華盛頓會議的美、英、法、意、中、比、荷、葡、日簽訂的《九國關於中國事件應適用各原則及政策之條約》（即《九國公約》）明確表明，應當尊重中國之主權與獨立，及領土與行政的完整。但是，中國政府代表團提出的廢除治外法權、恢復關稅自主權、收回租借地等要求，均未被列強所接受。[539]

　　1928 年，國民黨發動的北伐戰爭將張作霖控制的北洋政府推翻，不久接任父職的東北三省保安總司令張學良宣布「易幟」，接受國民政府的領導，中國終於實現了南北政治統一。此後，國民政府（南京政府）繼續努力廢除和修改不平等條約，以爭取完整主權。它雖然不能完全廢除不平等條約，特別是未能讓西方列強撤銷在中國的領事裁判權，但在 1928—1930 年間，中國先後與美國等多個國家簽訂了新關稅條約，修改了 1842 年簽署《南京條約》以來關於協定關稅的原則，在某種程度上恢復了關稅自主權。但是，1931 年，日本發動了侵略中國的九一八事變，占領了中國東北三省，並於次年建立了偽滿洲國，中國的主權完整受到更為嚴重的侵害。1933 年，國際聯盟大會以 42 票贊成、1 票（日本）反對、1 票（泰國）棄權，透過了基於李頓調查團報告的十九國委員會報告書，堅持中國在東北的主權和不承認偽滿洲國等立場，日本則宣布退出國聯。此後，日本擴大了對中國的侵略，於 1937 年發動了對中國的全面戰爭，並把中國逼到了幾近亡國的邊緣。

第三節　中國成為現代國際社會的一員

　　直到 1941 年太平洋戰爭爆發後，中國與英美等國結成軍事同盟，共同抗擊日本侵略者，中國也因此獲得了以完全主權國家身份加入國際社會的機會。也就是說，我認同江文漢等人的觀點，即太平洋戰爭爆發後，英美在 1943 年 1 月與中國廢除不平等條約，真正標誌著中國成為國際社會具有完全資格的一員。

　　1941 年 12 月，以日本突襲美國珍珠港事件為標誌的太平洋戰爭的爆發，使得中國戰略地位的重要性獲得英美等西方國家的承認，中國與這些國家結成了反法西斯國家同盟，英美在廢除對華不平等條約問題上的態度也變得積極起來，最後促使列強與中國廢除了不平等條約，使中國成為具有完整主權的國家。1942 年 1 月 1—2 日，包括中國在內的二十六個反法西斯國家在美國首都華盛頓簽署《聯合國家宣言》，標誌著世界反法西斯大同盟終於形成。值得注意的是，《聯合國家宣言》的簽名方式，即美國、英國、蘇聯和中國被排在最前面，並比其他國家提前一天簽字。這個事件被認為是奠定了中國的四大國地位。[540] 1942 年 4 月 23 日，正在美國訪問的宋美齡在《紐約時報》發表文章，譴責西方國家在華領事裁判權等特權，呼籲有關國家儘早予以廢除。該文在美國社會引起強烈反響，有不少美國人士以及美國報刊發聲支持中國的要求。與此同時，美國國務院也達成了廢除在華領事裁判權的共識。於是，美國政府與英國政府開始就此問題進行磋商。同年 10 月 4 日，蔣介石對來訪的美國共和黨領袖溫德爾威爾基正式提出了廢除不平等條約的要求：「中國今日尚未能取得國際上平等之地位，故深盼美國民眾能瞭解中國，欲其援助被壓迫民族爭取平等，應先使其本身獲得平等地位始。」[541] 這時美國和英國也就立即廢約問題達成了共識。1942 年 10 月 9 日，美英同時通知本國駐中國的使節：美英準備立即與中國政府就廢除在華治外法權問題及相關問題進行談判。蔣介石因此興奮不已，並在國慶紀念大會上宣布，「中國百年來所受各國不平等條約的束縛，至此已可根本解除。國父廢除不平等條約的遺囑，亦完全實現」。[542] 與此同時，中國政府認為這是不夠的，於是蔣介石向英美提出，除了「領事裁判權之外，尚有其他同樣之特權，如租界及駐兵與內河航行、關稅協定等權，應務望同時取消，才得名實相符也」。

第三章　中國加入現代國際社會

[543] 他還指示宋子文，希望在談判中「將過去所有各種不平等條約一律作廢，整個撤銷，重訂平等合作之新約」。[544]

1943年1月11日，中美、中英分別在華盛頓和重慶簽訂了《中美關於取消美國在華治外法權及處理有關問題之條約與換文》和《中英關於取消英國在華治外法權及其有關特權條約及換文》，宣布取消英美兩國在中國的治外法權及有關特權；取消1901年簽訂的《辛丑條約》，終止該條約及其附件給予兩國的一切權利；兩國放棄在北平使館界、上海和廈門公共租界所享有的權利，並協助中國政府收回這些地區的行政管理權和官方資產；取消兩國在通商口岸的特別法庭權，在上海和廈門公共租界的特區法院制度，在中國領土內各口岸僱用外籍引水人的權利，兩國船舶在中國領水內沿海貿易和內河航行的權利，兩國軍艦駛入中國領水的權利等項特權；英國交還天津和廣州的租界，放棄英籍海關總稅務司權等。[545] 當年5月20日，英美分別在華盛頓和重慶與中國互換新約批準書，新約自即日起生效。受美英做法的影響，從1943年開始，其他一些國家，如比利時、挪威、加拿大、瑞典、荷蘭、法國、瑞士、丹麥、葡萄牙等國，也先後宣布放棄在中國所享有的特權，並與中國簽訂新約。「這些新約的簽訂，標誌著在法理上結束了西方列強在中國享有的百年特權，雪洗了中國人民的百年恥辱，使中國從此擺脫了半殖民地的地位，獲得了國家的獨立，成為國際社會中的平等一員」。[546] 從這個意義上說，1943年是一個分界線，在這一年裡，中國幾乎廢除了在「文明國家」「非文明國家」框架下所簽訂的所有條約和協定。[547]

中國從此才獲得完全主權，完成了從「不文明」國家到國際社會「文明」成員的過渡，真正成為國際社會的一個享有完整主權的國家。此後，中國被美國總統羅斯福視為一個「大國」而參加了一系列大國外交活動，並參與了戰後國際秩序的設計，如1943年10月簽署莫斯科四國宣言（《四國關於普遍安全的宣言》）、1943年11月的中美英首腦開羅會議及其簽署的《開羅宣言》、1944年8月籌建聯合國的敦巴頓橡樹園會議、1945年4月的舊金山聯合國製憲會議以及中國被確認為聯合國安理會五大常任理事國之一等。值得指出的是，中國的實際實力地位和其他大國相去甚遠，並沒有真正獲得美英蘇等國的平等相待。在1945年2月的雅爾塔會議上，美蘇甚至背著中

國達成了損害中國國家利益的秘密協定。英國也拒絕把香港歸還中國。美國則依據 1943 年 5 月的中美《關於處理在華美軍人員刑事案件換文》以及 1946 年 11 月的《中美友好通商航海條約》等，不僅使在華美軍實際享有治外法權，而且還使美國在華獲得多方面特權。1943 年以後，美國在華享有特權的歷史一直持續到 1949 年中華人民共和國成立前夕。[548] 正因為如此，有中國學者認為，「直至中華人民共和國建立，才真正結束了不平等條約時代」。[549] 儘管如此，第二次世界大戰的確導致中國與國際社會的關係發生了根本性變化，中國社會對於中國擠身國際社會的大國之列無疑是感到高興的。1943 年 11 月，中國領導人蔣介石參加了開羅會議，並與英國領導人、美國領導人共同簽署了《開羅宣言》。蔣介石在日記中寫道：「全世界視開羅會議為中國的大勝利。」[550] 蔣介石傳記作者也寫道：「蔣委員長夫婦和羅斯福、丘吉爾合照的照片讓中國人民萬分動容。要知道，一個多世紀以來，中國領導人第一次和西方列強領導人平起平坐。」[551]

總之，中國經歷了很長時間才加入現代國際社會，從一個方面體現了「一個從西方殖民化國際社會到西方全球性國際社會的轉變過程」。[552] 對中國來說，大體上是一個被迫放棄自己的「文明標準」、接受他人的「文明標準」的過程，但是這個過程很漫長，也很痛苦。

第四章　中華人民共和國在國際社會中「反抗西方」

國達成了損害中國國家利益的秘密協定。英國也拒絕把香港歸還中國。美國則依據 1943 年 5 月的中美《關於處理在華美軍人員刑事案件換文》以及 1946 年 11 月的《中美友好通商航海條約》等，不僅使在華美軍實際享有治外法權，而且還使美國在華獲得多方面特權。1943 年以後，美國在華享有特權的歷史一直持續到 1949 年中華人民共和國成立前夕。[548] 正因為如此，有中國學者認為，「直至中華人民共和國建立，才真正結束了不平等條約時代」。[549] 儘管如此，第二次世界大戰的確導致中國與國際社會的關係發生了根本性變化，中國社會對於中國擠身國際社會的大國之列無疑是感到高興的。1943 年 11 月，中國領導人蔣介石參加了開羅會議，並與英國領導人、美國領導人共同簽署了《開羅宣言》。蔣介石在日記中寫道：「全世界視開羅會議為中國的大勝利。」[550] 蔣介石傳記作者也寫道：「蔣委員長夫婦和羅斯福、丘吉爾合照的照片讓中國人民萬分動容。要知道，一個多世紀以來，中國領導人第一次和西方列強領導人平起平坐。」[551]

總之，中國經歷了很長時間才加入現代國際社會，從一個方面體現了「一個從西方殖民化國際社會到西方全球性國際社會的轉變過程」。[552] 對中國來說，大體上是一個被迫放棄自己的「文明標準」、接受他人的「文明標準」的過程，但是這個過程很漫長，也很痛苦。

第四章　中華人民共和國在國際社會中「反抗西方」

第四章　中華人民共和國在國際社會中「反抗西方」

　　雖然中國在 1943 年被承認為國際社會中的一個「文明」國家，甚至在 1945 年還成為聯合國安全理事會的五大常任理事國之一，但是它並沒有在 20 世紀 40 年代成為國際舞臺上的一個名副其實的大國。第二次世界大戰結束後不久所爆發的內戰，使得中國處於政治動盪之中。經過三年的解放戰爭，中國共產黨擊敗國民黨，並建立了中華人民共和國，中國的國家和社會因此處於巨大的變革過程之中。其中，中國外交歷經了一場革命，中華人民共和國的對外行為與觀念對國際社會產生了巨大衝擊。正如牛軍所說的：「中共奪取政權還導致中國外交經歷了一次革命性的轉變，新國家以世界歷史上罕見的方式徹底摧毀了以往的中國對外關係體系，並給世界政治造成了劇烈的震動和相當長久的影響。」[553]

　　中華人民共和國誕生的時候正值東西方冷戰開始後不久，中國在冷戰初期加入以蘇聯為首的社會主義陣營，並且在朝鮮半島、臺灣海峽、越南與美國及其盟友發生了武裝衝突或者軍事對峙。由於東西方冷戰，實際上意識形態已經成為西方判斷中國是否為國際社會合法成員的「文明標準」，中國因此被西方國家視為「對國際社會的一個巨大威脅」。1971 年以前，大部分西方國家拒絕在外交上承認中華人民共和國這個所謂的「革命國家」，而與臺灣當局的中華民國保持「外交關係」，並且一部分西方國家對中華人民共和國實施經濟制裁。中華人民共和國也被排擠在聯合國和其他大多數國際組織（包括世界銀行、國際貨幣基金組織等國際經濟組織，以及國際奧委會之類的國際體育組織）之外。特別是「文革」初期（1966—1968），中國更因為中蘇分裂、執行革命外交等原因，而在國際社會中實際上處於近乎完全孤立、隔絕的狀態，與國際社會成員（包括西方國家、蘇東國家以及一些第三世界國家）的關係極為緊張。儘管中華人民共和國屬於國際社會的一個成員，因為它符合一個國家被承認為國際社會成員之首要標準或者前提條件：擁有主權，但是由於中華人民共和國的國際合法性沒有得到世界上大多數國家（特

別是西方國家）的承認，其在國際社會中實際上處於張勇進所說的被「疏遠」（「alienation」）之地位，[554] 或者屬於經典英國學派學者阿蘭·詹姆斯所說的「參與」程度低之境地。[555] 20 世紀 70 年代初開始的中國加入聯合國以及中美關係正常化的進程，大大改善了中國與國際社會的關係，在一定程度上拉開了中華人民共和國融入國際社會的序幕。但總的來說，改革開放之前的中國一直被視為「國際社會中反抗西方的革命國家」。因此，王逸舟等學者指出：「中華人民共和國建國前三十年間，中國與外部世界的關係始終存在著某種緊張對峙的相對邊緣位置，中國在國際社會的『造反者』形象大於『建設者』作用。」[556]

這有中國自我孤立和來自西方壓力（尤其是美國的孤立政策）兩個方面的因素。當然，從西方國家的角度來看，中華人民共和國挑戰西方主導的國際社會的行為規範，或者說中華人民共和國屬於一個在「國際社會中反抗西方的革命國家」。但值得指出的是，改革開放以前的中國在國際社會中的行為與觀念實際上具有雙重性，即一方面挑戰現存國際規範，另一方面又遵守現存國際規範，但其基本國際形像是國際社會中的一個「革命國家」。此外，改革開放以前的中國對外行為與觀念也並非一成不變，實際上處於變化發展過程之中，上述的雙重性在不同時期有不同的表現。

第一節　「另起爐灶」「打掃乾淨屋子再請客」

1949 年 10 月 1 日，中華人民共和國成立。中華人民共和國成立之後，其對外工作的重心包括確立外交的基本原則，如何對待過去的國際條約，以及如何處理與其他國家的關係，特別是如何處理與西方國家的關係。歸根結底，均涉及中華人民共和國如何對待西方主導的現存國際規範問題。在這一點上，中華人民共和國外交表現出了明顯的雙重性，即革命外交與傳統外交並存，但革命外交的色彩要更濃一些。[557]

1949 年 9 月，中國人民政治協商會議第一次會議的召開，為中華人民共和國的誕生作了最後的準備。會上透過的《中國人民政治協商會議共同綱領》，闡明了中華人民共和國外交的基本原則：「中華人民共和國外交政策

的原則為保障本國獨立、自由和領土主權的完整,擁護國際的持久和平和各國人民之間的友好合作,反對帝國主義的侵略政策和戰爭政策。」[558]

與此同時,《共同綱領》還表述了中華人民共和國外交的一些具體政策,即相關教科書通常所說的「另起爐灶」「打掃乾淨屋子再請客」和「一邊倒」三大決策。其中,前兩大決策實際上表述了中華人民共和國對待現存國際規範的基本態度,第三個決策屬於中華人民共和國的對外戰略抉擇。本節將重點論述「另起爐灶」「打掃乾淨屋子再請客」兩個政策,以此闡述中華人民共和國在成立伊始與國際社會的關係。這兩大決策實際上具有關聯性,都是旨在說明中國對待現存國際秩序的基本態度,因此可以放在一起進行論述。

早在中華人民共和國成立前夕的1949年春,毛澤東便提出了「另起爐灶」「打掃乾淨屋子再請客」的外交方針。《共同綱領》中有關「另起爐灶」和「打掃乾淨屋子再請客」的表述主要是以下兩段話:「凡與國民黨反動派斷絕關係,並對中華人民共和國採取友好態度的外國政府,中華人民共和國中央人民政府可在平等、互利及互相尊重領土主權的基礎上,與之談判,建立外交關係」;「對於國民黨政府與外國政府所訂立的各項條約和協定,中華人民共和國中央人民政府應加以審查,按其內容,分別予以承認,或廢除,或修改,或重訂」。[559]1952年4月,周恩來在外交部第一次駐外使節會議的講話中,進一步解釋了「另起爐灶」和「打掃乾淨屋子再請客」的含義。他說,另起爐灶「就是不承認國民黨政府同各國建立的舊的外交關係,而要在新的基礎上同各國另行建立新的外交關係。對於駐在舊中國的各國使節,我們把他們當作普通僑民對待,不當作外交代表對待。歷史上,有在革命勝利後把舊的外交關係繼承下來的,如辛亥革命後,當時的政府希望很快地得到外國承認而承襲了舊的關係,我們不能這樣做」。[560]他還指出,「打掃乾淨屋子再請客」指的是:「帝國主義總想保留一些在中國的特權,想鑽進來。有幾個國家想跟我們談判建交。我們的方針是寧願等一等。先把帝國主義在中國的殘餘勢力清除一下,否則就會留下它們活動的餘地。帝國主義的軍事力量被趕走了,但帝國主義在中國百餘年來的經濟勢力還很大,特別是文化影響力還很深。這種情形會使我們的獨立受到影響。因此,我們要在建立外

中國歷代與國際間的關係及規範變遷：從「文明標準」到「新文明標準」
第四章　中華人民共和國在國際社會中「反抗西方」

交關係以前把『屋子』打掃一下，『打掃乾淨屋子再請客』。」[561] 我認為，以上表述實際上傳達了三個基本訊息。

第一，表明中華人民共和國是一個完全獨立的國家，它認同主權規範，願意與世界各國建立平等互利的外交關係，成為國際社會中的一員。

第二，中華人民共和國不是國民黨統治的中華民國的繼承者，而是一個新的國家，其他國家政府必須在承認國民黨政權與中華人民共和國政權之間進行選擇。

第三，中華人民共和國對國民黨統治的中華民國所訂立的條約，不是採取一概承認的態度，而是要進行審查，並根據內容而分別採取承認、廢除、修訂或重訂等不同做法。

這體現了中華人民共和國對待現存國際規範態度的雙重性：一方面認同主權規範、願意與世界各國建立平等互利的外交關係，成為國際社會中的一員；另一方面強調與國民黨政權劃清界限，並對國民黨統治的中華民國所訂立的條約根據內容採取不同的做法，因而具有革命外交的特點。這種雙重性體現在中華人民共和國和外國建立外交關係、爭取獲得國際組織的承認、建立新的外交制度、對待過去的國際條約等諸多方面。

首先，中華人民共和國成立之後，希望與世界各國根據主權規範，建立起平等互利的外交關係。中華人民共和國成立之後，首先在1949年10月到1950年1月間，先後同蘇聯、保加利亞、羅馬尼亞、匈牙利、朝鮮民主主義人民共和國、捷克斯洛伐克、波蘭、蒙古、阿爾巴尼亞、德意志民主共和國、越南民主共和國等社會主義國家相互承認並建立外交關係。接著，開始與承認中華人民共和國的亞洲民族主義國家和歐洲資本主義國家建立外交關係，其中包括在1950年4月到1954年10月間，先後同印度、瑞典、丹麥、緬甸、瑞士、芬蘭、巴基斯坦、挪威建立了外交關係。但是，在中華人民共和國成立初期，主要由於對待臺灣當局的態度（包括其在聯合國的席位），世界上大部分國家，包括西方主要大國，都沒有承認中華人民共和國。[562] 這在很大程度上，使得中華人民共和國在國際社會中的合法性不夠充分。值得指出的是，在1955—1960年間，中華人民共和國和一系列亞非國家建立起了外交

關係，增加了中華人民共和國在國際社會中的合法性。這和中華人民共和國應邀並派代表團參加 1955 年在印尼萬隆舉行的亞非會議、周恩來總理在會議上闡述「求同存異」原則並為中華人民共和國贏得外交發展空間有一定關聯性。這一時期，與中國建立外交關係的國家，除了南斯拉夫（1955）、古巴（1960）之外，都是亞非國家，其中包括阿富汗（1955）、尼泊爾（1955）、埃及（1956）、敘利亞（1956）、葉門（1956）、斯里蘭卡（1957）、柬埔寨（1958）、伊拉克（1958）、摩洛哥（1958）、阿爾及利亞（1958）、蘇丹（1959）、幾內亞（1959）、加納（1960）、馬利（1960）、索馬利亞（1960）。[563]

其次，除了同各國建立外交關係之外，中華人民共和國也積極努力，恢復在國際組織中的合法席位。其中，聯合國是第二次世界大戰結束以後，世界上最大和最重要的政府間國際組織，因而參加聯合國是國家在國際社會中擁有完整成員資格的一個重要標誌。眾所周知，中國是聯合國的創始國之一，也是聯合國安全理事會的常任理事國之一。中華人民共和國成立之後，中國有關部門就致電聯合國和其他國際組織，要求驅逐國民黨的代表，接納中華人民共和國中央人民政府的代表為中國人民的唯一合法代表。早在 1949 年 9 月 30 日，中國人民政治協商會議就透過決議，否認國民黨集團的代表出席第四屆聯合國大會的資格。同年 11 月，周恩來分別致電聯合國秘書長和聯合國大會主席，指出中華人民共和國中央人民政府是代表中國人民的唯一合法政府，國民黨集團已喪失代表中國人民的任何法律和事實依據，要求立即取消所謂「中國國民政府代表團」繼續代表中國參加聯合國的一切權利。次年 1 月，周恩來任命張聞天為中國在聯合國的首席代表，此後又任命了聯合國各重要機構的代表。[564] 但是，在以美國為首的一些國家的極力阻撓之下，中華人民共和國未能獲得在世界主要國際組織中的合法地位，特別是無法恢復在聯合國的合法席位。雖然在 1950 年和 1951 年，中華人民共和國曾經兩次派代表出席萬國郵聯會議，但是該組織的合法席位在 1951 年 3 月又為國民黨集團所占據。[565] 長期被排擠在國際組織之外，無疑大大影響了中華人民共和國在國際社會中的合法性。這種情況一直持續到 1971 年，中國恢復在聯合國的合法席位之前。

第四章　中華人民共和國在國際社會中「反抗西方」

　　再次,建立新的外交制度。新的外交制度實際上也是傳統外交與革命外交之結合體,但革命外交的色彩更濃重一些。中華人民共和國是中國共產黨在解放戰爭中擊敗國民黨而建立的國家政權,其外交制度作為新的政治制度之組成部分,在繼承傳統外交制度的同時,自然體現了革命外交的某些特色。毛澤東提出的「另起爐灶」的外交方針,直接表現在中華人民共和國否定舊的外交制度、建設新的外交制度上面。毛澤東明確指出:「不承認國民黨時代的任何外國外交機關和外交人員的合法地位,不承認國民黨時代的一切賣國條約的繼續存在,取消一切帝國主義在中國開辦的宣傳機關,立即統制對外貿易,改革海關制度,這些都是我們進入大城市的時候所必須首先採取的步驟。」[566] 這就要求中華人民共和國的外交必須切斷與國民黨外交的聯繫,廢除原來的外交機構,設立新的外交機構,組建新的外交隊伍。

　　1949年10月1日,中華人民共和國中央人民政府成立,外交部在同一天成立,政務院總理周恩來兼任外交部長。外交部設在原清朝末年至北京政府時代辦理外事的老衙門,即位於北京東城外交部街的老外交部。外交部及其所屬機構、規章制度的設立也參考了舊時外交制度,因而具有一定的繼承性。中華人民共和國成立之後,並不完全否定現存外交制度。1950年3月20日,周恩來在外交部全體幹部大會上的講話中指出:「當然,我們今天的外交傳統不是舊的,但將來外交工作展開了,還是要與舊的外交傳統接觸,也多少會受點影響。因此,我們要打破舊的外交傳統,既不盲目排外,也不媚外,否則不是狂妄便是自卑。不卑不亢才是我們的態度,在這方面必須掌握得體。」他進一步說:「在國際戰場上,有朋友,也有敵人。對於敵人,舊中國的外交傳統容易流於自卑,而今天革命勝利了,卻又容易流於驕傲。我們不卑不亢,便不得不有一套統一的禮節。當然,這些都屬於外交形式。為什麼要照顧外交形式呢?這是因為我們要爭取外國人民,某些形式和制度是必須建立的。有時,形式是起很大作用的。這一點對某些從學校中出來的知識分子和從部隊調來的同志來說,可能不習慣,但必須要重視。注意形式並不是迷信形式,形式雖然要服務於任務,但形式還是重要的。從這點上說,外交機關就是不同於其他一般機關和學校。」[567] 但是,當時的中國領導人強調的是中華人民共和國外交與舊外交的不同。周恩來在外交部成立大會上

的發言中特別強調了中華人民共和國外交與過去舊外交的不同。他說：「中國一百年的外交史是一部屈辱外交史，反動政府跪在地上辦外交，我們不能這樣，要有獨立精神，要爭取主動，沒有畏懼，要有信心。」[568]他還指出，「軍隊鬥爭和外交鬥爭相似，外交人員就是文裝的解放軍」。[569]

中華人民共和國外交部成立時，幹部只有248人。據統計，當時科級以上幹部是47人，一般幹部201人。其中抗日戰爭或更早參加革命的有68人，中華人民共和國成立前後參加革命的是180人。教育程度方面，留學生17人，大學生140人，兩者合計占63%；懂外文幹部約140人，占56%，不懂外文幹部108人，占44%。此後不久，又從部隊調來一批將軍，如耿飚、黃鎮、姬鵬飛、袁仲賢、彭明治、王幼平等，擔任中華人民共和國第一批駐外大使。[570]據統計，從中華人民共和國成立到1951年6月底，中華人民共和國所派出的首批駐外大使中，絕大部分是從解放軍中抽調來的兵團級、軍級以上幹部，他們屬於「將軍大使」。[571]但是，一些國民黨政府時期著名的國際法學者、專家也被充實到外交部，擔任外交部條約委員會顧問、專員等職務。再後來，為了充實和擴大外交隊伍，中華人民共和國又創建了一系列外交幹部培養和培訓機構，其中包括在1950年初，外交部決定把中國人民大學、北京外國語學校和北京大學東方語言系作為職業外交官培訓基地。1955年，國務院決定在中國人民大學外交系的基礎上建立外交學院，外交學院是外交部直屬的培養外交幹部和國際問題研究人才的高等院校。與此同時，外交部也建立健全了一整套的管理制度。[572]中華人民共和國成立之後，周恩來也提出了建立中華人民共和國外交學的看法。但是，在中華人民共和國成立後的相當一段時間，中國的外交學深受蘇聯的影響，強調外交的階級性，否定和批判所謂的舊外交學，即資產階級外交學，主張建設無產階級外交學，突出外交的革命性和國際主義義務。[573]

最後，表明對過去國際條約的態度。條約是指國家及其他國際法主體間所締結的、以國際法為準並確定其相互關係中的權利和義務的一種國際書面協議，也是國際法主體間相互交往的一種最普遍的法律形式。[574]「條約必須遵守」是一個比較古老的國際法原則。因此，如何對待過去中國所簽訂的國際條約，在很大程度上表明中華人民共和國對現存國際規範的態度。中華人

中國歷代與國際間的關係及規範變遷：從「文明標準」到「新文明標準」
第四章 中華人民共和國在國際社會中「反抗西方」

民共和國對中國過去簽訂的國際條約並沒有全盤否定，而是採取了區別對待的態度。如前所述，毛澤東在中華人民共和國成立前夕，明確表示「不承認國民黨時代的一切賣國條約」，《共同綱領》也闡明「對於國民黨政府與外國政府所訂立的各項條約和協定，中華人民共和國中央人民政府應加以審查，按其內容，分別予以承認，或廢除，或修改，或重訂」。

實際上，中華人民共和國所面對的不僅僅是國民黨政府與外國政府所訂立的各項條約和協定問題，還要處理更早以前中國所簽訂的國際條約。如前所述，中國與外國簽訂近代意義上的條約，始於1689年的《中俄尼布楚條約》，1842年以後與西方列強簽署了一系列條約。從1689年開始與外國締結條約到1949年中華人民共和國成立，中國對外訂立的條約、協定、章程、合約等共1182件。根據審查，在這一千餘件舊約中，只有一小部分是平等條約，絕大部分是不平等條約。[575] 中華人民共和國政府認為，這些不平等條約是帝國主義強加給中國的，因而是不合法的，中國不僅不應該遵守，還應該反對和廢棄。[576] 其中不少屬於邊界問題雙邊國際條約。近代以來，中國政府（包括清政府和民國政府）先後與外國簽訂了一系列喪權失地的邊界條約。

與此同時，中國與周邊國家還有一些沒有透過條約劃定的邊界線。中華人民共和國成立初期，明確表明否定繼承過去舊的邊界條約的態度，但並沒有很快處理邊界問題。從20世紀50年代開始，中國與相關周邊國家就邊界問題進行談判，並且與一些周邊國家根據舊的邊界條約、傳統習慣控制線等，簽訂或重新訂立邊界條約。1960—1963年間，中國先後與緬甸、尼泊爾、蒙古、巴基斯坦、阿富汗、朝鮮等國簽訂了邊界條約。[577] 但是中國與印度、蘇聯、越南、寮國等國一直沒有就邊界問題達成共識和簽訂邊界條約，中國在20世紀60年代至70年代，甚至與印度、蘇聯、越南因邊界或領土爭端而發生過衝突。

在1972年以前，中華人民共和國承認或加入的國際公約寥寥無幾：1952年7月13日，中國政府聲明承認1929年加入的《關於禁用毒氣或類似毒品及細菌方法作戰議定書》（1925年訂於日內瓦）。1952年7月13日，

中國政府聲明承認，1949 年 8 月 12 日簽署但未批准的《改善戰地武裝部隊傷者病者境遇之日內瓦公約》《改善海上武裝部隊傷者病者及遇船難者境遇之日內瓦公約》《關於戰俘待遇之日內瓦公約》以及《關於戰時保護平民之日內瓦公約》（1949 年訂於日內瓦，中國政府於 1956 年 12 月 28 日交存批准書）。1958 年 7 月 20 日，中國政府就加入《統一國際航空運輸某些規則的公約》（1929 年訂於華沙）交存批准書。[578]

第二節　從「一邊倒」到「兩個拳頭打人」

　　1949 年 10 月 1 日中華人民共和國誕生之時，以美蘇對抗為核心的東西方冷戰已經全面展開。在冷戰這個大背景下，中華人民共和國對外關係的最主要內容，就是處理同美蘇兩個超級大國的關係，在兩大陣營之間作出選擇。中華人民共和國在冷戰中的戰略選擇，在一定程度上體現了中華人民共和國外交的意識形態色彩或者革命外交的色彩，也極大地影響了中國與國際社會的關係。[579] 從 1949 年中華人民共和國成立到 20 世紀 60 年代末，中華人民共和國曾經先後採取過「一邊倒」和「兩個拳頭打人」的戰略，二者的意識形態色彩都很濃厚，中國也因此被視為對西方主導的國際社會的「重大威脅」，並在國際社會中處於比較孤立的地位。這個時期，中國與西方國家之間的關係處於比較緊張和對抗的狀態，中國甚至同美國發生過多起直接或間接的武裝衝突或嚴重軍事對峙。

　　1949 年 6 月 30 日，毛澤東發表《論人民民主專政》一文，明確提出了中華人民共和國的一個外交戰略方針，即向蘇聯「一邊倒」。用毛澤東的話來說就是：「一邊倒，是孫中山的四十年經驗和共產黨的二十八年經驗教給我們的，深知欲達到勝利和鞏固勝利，必須一邊倒。積四十年和二十八年的經驗，中國人不是倒向帝國主義一邊，就是倒向社會主義一邊，絕無例外。騎牆是不行的，第三條道路是沒有的。我們反對倒向帝國主義一邊的蔣介石反動派，我們也反對第三條道路的幻想。」他還說：「我們在國際上是屬於以蘇聯為首的反帝國主義戰線一方面的，真正的友誼的援助只能向這一方面去找，而不能向帝國主義戰線一方面去找。」[580] 這是中國共產黨主要領導

中國歷代與國際間的關係及規範變遷：從「文明標準」到「新文明標準」
第四章　中華人民共和國在國際社會中「反抗西方」

人為即將建立的中華人民共和國所確定的基本對外戰略方針，即選擇同以蘇聯為首的社會主義陣營站在一邊，與以美國為首的西方帝國主義陣營進行鬥爭。也就是說，在東西方冷戰中，中華人民共和國選擇同蘇聯結成同盟。它被中華人民共和國領導人視為最符合中華人民共和國國家利益，並且同中國共產黨意識形態信仰相一致的戰略選擇。[581]「一邊倒」戰略的實施，大約經歷十年，即從中華人民共和國成立到20世紀50年代末。

「一邊倒」戰略的實施，首先表現在中蘇結盟上。1949年10月1日，中華人民共和國中央人民政府成立。次日，蘇聯就承認中華人民共和國，中蘇建交並互派大使。該年12月6日，毛澤東離開北京前往蘇聯，12月16日抵達莫斯科，開始了對蘇聯的正式訪問。經過雙方較長時間的談判與協商，中蘇兩國在1950年2月14日正式簽署了《中蘇友好同盟互助條約》。該條約的核心內容是有關同盟的條款，即締約雙方不得參加反對其中一方的任何同盟、集團、行動和其他措施，締約一方如果遭到第三國的侵略，另一方「即盡全力給予軍事及其他援助」。[582]與此同時，兩國還簽署了《關於中國長春鐵路、旅順口及大連的協定》《關於貸款給中華人民共和國的協定》以及由蘇聯幫助中國建設與改造50個企業的協定。《中蘇友好同盟互助條約》的簽訂，標誌著中蘇兩國的同盟關係以法律的形式鞏固下來。與此同時，中華人民共和國也同社會主義陣營的其他國家建立起了友好合作的外交關係。但是，「一邊倒」並非意味著中國喪失獨立地位，成為蘇聯的「衛星國」，中蘇之間也存在很多矛盾與分歧。實際上，中華人民共和國領導人在處理同蘇聯「老大哥」關係的時候，始終堅持捍衛國家獨立、主權與民族尊嚴的原則。1949年11月8日，周恩來在外交部成立大會上的發言中告誡說：「就兄弟國家來說，我們是聯合的，戰略是一致的，大家都要走社會主義的道路。但國與國之間在政治上不能沒有差別，在民族、宗教、語言、風俗習慣上是有所不同的。所以，要是認為同這些國家之間毫無問題，那就是盲目的樂觀。樂觀是應當的，但對這些國家也要注意聯合中的某些技術問題。『人心不同，各如其面』；人和人之間尚有不同，何況國家、民族呢？我們應當透過相互接觸，把彼此思想溝通。這個聯合工作是不容易的，做得不好，就會引起誤會。誤會是思想上沒有溝通的結果。我們應當研究如何改善關係，不要因為

第二節 從「一邊倒」到「兩個拳頭打人」

是兄弟國家,就隨隨便便。」[583]中國以及蘇聯一些當事人在自己的回憶錄中,都記述了中華人民共和國領導人在處理同蘇聯關係時保持獨立性的事例,現已公佈的檔案文件也證明了這一點。這體現了中華人民共和國外交中超越意識形態、繼承傳統外交的一面。

「一邊倒」戰略實施的另外一個重要表現,就是中華人民共和國與美國及其盟友走上了對抗之路,儘管不能說中美對抗是「一邊倒」戰略的結果,因為中華人民共和國與美國的對抗「基本上是延續了中國內戰後期中共同美國之間形成的敵對關係」。[584]雖然在中華人民共和國成立前夕,中共領導人沒有關閉與美國建立外交關係的大門,美國政府也認真考慮過同中華人民共和國建立外交關係的可能性,甚至中共與美方有過試探性的接觸,但是由於美國拒絕與國民黨政權斷絕關係,中華人民共和國與美國最終還是進入了緊張對抗的歷史時期。從1950年到1958年,中華人民共和國與美國多次發生武裝衝突或軍事對峙,包括1950—1953年的朝鮮戰爭、1954—1955年的第一次臺灣海峽危機以及1958年的第二次臺灣海峽危機。其中,中美兩國在朝鮮戰爭中兵戎相見,這場戰爭成為兩國關係的一個重要轉折點。中美兩國在朝鮮戰場上進行了將近三年的流血衝突,雙方都付出了慘痛的代價,它也致使兩國關係「處於雙方似乎都不能或不願改善的敵對狀態,直到20年後面對同一個安全挑戰為止」。[585]很大程度上由於這場戰爭,中國把美國視為本國國家安全的最大威脅和最危險的敵人,美國也把中華人民共和國當作美國在東亞地區需要加以遏制的重要對象,採取對中國政治孤立、軍事包圍和經濟封鎖的敵視政策,開始了美國對華政策「大偏差」的時期。[586]

與此同時,中國在西方主導的國際社會中也處於被孤立的狀態。這集中體現在中華人民共和國與聯合國的關係上面。中華人民共和國成立之後,曾要求恢復在聯合國的合法席位,但是受到美國的阻撓。朝鮮戰爭的爆發使得美國在聯合國中國代表權問題上採取堅決反對中華人民共和國的政策,並把聯合國作為譴責、孤立中華人民共和國的重要工具,中華人民共和國也因此長期被排擠在聯合國機構之外。1950年6月25日朝鮮戰爭爆發之後,在美國的操縱和蘇聯代表缺席安理會的情況下,聯合國安理會在不到兩週就透過三個決議,認定朝鮮為侵略者、授權組建美國領導的聯合國軍對朝鮮半島進

中國歷代與國際間的關係及規範變遷：從「文明標準」到「新文明標準」
第四章　中華人民共和國在國際社會中「反抗西方」

行軍事干涉。[587]1950 年 10 月，中國人民志願軍出兵朝鮮，與美軍為主體的聯合國軍處於交戰狀態。1951 年 2 月 1 日，聯合國大會透過一個認定中國為「侵略者」的提案。同年 5 月 18 日，聯合國又透過對中國和朝鮮實行禁運的決議，要求各會員國對中朝兩國實行禁運武器、彈藥、戰爭用品、原子能材料、石油、具有戰略價值的運輸器材以及對製造武器、彈藥和戰爭用品有用的物資。[588]在 1951 年 11 月舉行的第六屆聯合國大會上，美國以所謂「中國侵略朝鮮」為由，操縱大會透過決議，「延期討論」中國代表權問題。從 1953 年 7 月朝鮮停戰協定簽署之後到 20 世紀 50 年代末，聯合國繼續透過多個譴責中國的決議，包括 1953 年 12 月 3 日第八屆聯合國大會透過的譴責「朝鮮及中國共產黨軍隊對聯合國韓戰戰俘之暴行」的 804 號決議、1954 年 12 月 10 日第九屆聯合國大會透過的「控訴違反朝鮮停戰協定扣留和監禁聯合國軍事人員」的 906 號決議、1959 年 10 月 21 日第 14 屆聯合國大會透過的關於「西藏問題」的 1353 號決議（呼籲尊重西藏人民的基本人權及其特殊的文化和宗教生活）。[589]此外，從 1950 年 6 月朝鮮戰爭爆發一直到 1954 年底，與中國建立外交關係的國家數量很少，特別是與中國建交的西方國家更是寥寥無幾。除了瑞士聯邦在 1950 年 9 月 14 日、芬蘭在 1950 年 10 月 28 日、巴基斯坦在 1951 年 5 月 21 日、挪威在 1954 年 10 月 5 日與中國建交之外，只有英國和荷蘭分別在 1954 年 6 月 17 日和 11 月 19 日同中國互派代辦，實現「半建交」。[590]

20 世紀 60 年代初，主要由於中蘇關係日趨緊張以及中國國內政治的「左傾化」，中國的對外戰略出現重大調整。直到 20 世紀 60 年代末，中國採取「兩個拳頭打人」或「兩條線」的對外戰略，在國際社會中被進一步孤立和疏遠。

在 20 世紀 50 年代中後期，中蘇同盟中的潛在分歧和矛盾已經開始表面化並日益得到發展，比如中共中央領導人對於 1956 年蘇共領導人全盤否定史達林以及強調和平過渡表明不同看法，蘇聯領導人赫魯雪夫埋怨中國人民解放軍於 1958 年炮擊金門、馬祖給蘇聯「造成困難」，蘇聯政府在 1959 年 6 月單方面撕毀 1957 年中蘇兩國簽署的國防新技術協定、拒絕向中國提供原子彈樣品及相關技術資料，以及 1959 年 9 月，蘇聯領導人在中印邊界問題上偏袒印度和指責中國在西藏問題上犯錯誤等。20 世紀 60 年代，中蘇兩黨、

第二節 從「一邊倒」到「兩個拳頭打人」

兩國之間的關係不斷惡化,中蘇同盟關係名存實亡。20世紀60年代初,中蘇兩黨之間的論戰日益激烈並且公開化。與此同時,兩國之間的關係也開始不斷惡化。1960年7月,蘇聯突然照會中國,要把在華的蘇聯專家和顧問全部召回,蘇聯還單方面決定停止中蘇兩國互惠發行的《友好》週刊和《蘇中友好》雜誌。受兩國關係惡化的影響,1960年7月至8月間,中蘇邊界發生了糾紛。1962年4月,中國新疆六萬多人強行越過邊界,逃往蘇聯。1963年7月,蘇聯同美國、英國簽署了《關於禁止在大氣層、外層空間和水下進行核武器試驗條約》,中國認為簽署該條約的一個目的在於阻止中國核計劃的順利進行,對此加以堅決反對,並於1964年10月成功進行了大氣層的核試驗,成為核國家。1966年「文革」開始之後,中國紅衛兵在蘇聯駐華使館前舉行遊行示威,在機場圍攻撤離的蘇聯外交人員及其親屬,中國留學生在蘇聯散發宣傳品等。20世紀60年代後期,蘇聯在中蘇、中蒙邊界部署重兵,暗示要對中國的核設施進行打擊。1968年春,蘇聯入侵捷克斯洛伐克,中國領導人開始稱蘇聯為「社會帝國主義」。1969年2月至3月間,中蘇兩國邊防部隊甚至在珍寶島地區不斷發生摩擦,中蘇關係事實上已經從互為盟友關係逐漸發展到了互為敵手關係。

美國及其盟友十分關注中蘇關係所發生的變化。促使中蘇分裂、削弱社會主義陣營的力量一直是從杜魯門總統以來美國歷屆政府所推行的「遏制」戰略所要追求的重要目標之一。因此,中蘇關係分裂是美國政府所歡迎的。然而,中蘇分裂並沒有導致美國政府重新審視其對華關係,改變孤立、包圍和封鎖中華人民共和國的政策。相反,從20世紀60年代初開始,美國敵視中國的政策不但沒有改變,反而變本加厲。主要原因在於,在美國政府看來,中國處於類似於史達林時期蘇聯的發展階段,努力發展自己的核力量以及大力支持和援助印度支那人民的抗美救國鬥爭,因此它比蘇聯更冒險、更好戰、更危險。[591] 於是,艾森豪威爾、甘迺迪以及詹森政府都繼續執行遏制中國的政策,並且對中華人民共和國施加更大的壓力,包括繼續對華貿易禁運、在中印邊境自衛反擊戰爆發後向印度提供軍事援助、繼續支持蔣介石集團的中華民國、阻止中華人民共和國恢復在聯合國的席位、在國際社會中孤立中華人民共和國等。作為中美對抗的一個重要表現,中國與美國繼朝鮮戰爭之後,

中國歷代與國際間的關係及規範變遷：從「文明標準」到「新文明標準」
第四章　中華人民共和國在國際社會中「反抗西方」

在越南進行了間接的軍事較量。1955年日內瓦會議之後，美國在越南取代法國，以經濟與軍事援助扶植南越政權，直接插手和干涉越南事務。1959—1960年間，越南勞動黨中央逐漸放棄以政治鬥爭實現統一的溫和路線，轉向認可、支持和領導越南南方的武裝鬥爭。美國對越南的軍事干涉隨之不斷升級，並最終在1965年決定對越南民主共和國實施戰略轟炸以及直接派美國地面部隊到越南參戰。中國向越南民主共和國提供大量的經濟與軍事援助，並於1965年4月，應越南的要求同越方簽訂了中國向越南派出支援部隊的相關協定。中國先後派出的地空導彈、高炮、工程、鐵道、掃雷、後勤等部隊，總計三十二萬餘人，在越南北方擔負防空作戰、沿海掃雷以及修建和維護鐵路、公路、機場、通信設施和國防工程等任務。中國的援助一直延續到1975年越南民族解放戰爭獲得完全勝利為止。[592]

隨著中蘇關係的破裂、社會主義陣營的瓦解，以及中美關係沒有任何改善，中國對外戰略便從「一邊倒」轉向反帝反修的「兩條線」或「兩個拳頭打人」的戰略。1960年12月，毛澤東在會見委內瑞拉代表團的時候，把修正主義、帝國主義和國內反動派列在一起，稱為「三個鬼」。也就是說，毛澤東此時已經把修正主義和帝國主義看作中國要在國際鬥爭中加以反對的兩個目標。1961年1月，毛澤東進一步明確解釋了「帝國主義」和「修正主義」之具體所指：在反對修正主義問題上，我們的矛頭主要對準赫魯雪夫；在反對帝國主義問題上，我們集中力量反對的是美帝國主義。同年3月，毛澤東又先後提出反帝反修的「兩條戰線」和「兩條統一戰線」的概念。[593] 不僅如此，中國還把反帝反修的鬥爭擴展到某些亞非拉國家。中國同印尼的關係就是一個比較典型的例子。正如楊公素大使在回憶錄中所披露的：「20世紀60年代初，中國同印度尼西亞（印尼）關係極為友好與密切。那時蘇加諾為印尼總統，他提倡反帝反殖、反對世界霸權的口號，與中國當時反帝、反殖、反對戰爭的政策相吻合，所以中國支持他的外交鬥爭。中國支持他退出聯合國、改組聯合國的號召；中國支持他收復西巴布亞的鬥爭。中國支持他新興力量國家的設想並費很大力量支援他組織一次新興力量運動會。」[594] 不僅如此，中國還給予印尼共產黨以支持。當時印尼共產黨在印尼屬於合法政黨，印尼共黨的一些領導人參加政府成為閣員，「而印尼共產黨當時同中國共產

第二節 從「一邊倒」到「兩個拳頭打人」

黨關係最密切,支持中國共產黨反對修正主義的鬥爭,在中蘇論戰中是站在中共一邊的。因此,中國在大力支持蘇加諾總統的同時,對印尼共也給予支援。這些支援除了政治、輿論外,還有物力、財力以及軍火等,同時所有這些支援都是透過兩國政府間公開進行的」。[595] 不僅如此,在 20 世紀 60 年代後半期,中國還有輸出革命的觀念和行動,把中國視為世界革命的重心,主張以中國的革命模式塑造全世界。[596] 甚至旅遊也成為「革命外交」的一部分,「旅遊局接待的方針是宣傳毛澤東思想,支援世界革命,要把『文化大革命』傳播到世界各國去,要『世界一片紅』」。[597]

「兩條線」或「兩個拳頭打人」對外戰略的意識形態色彩比較濃厚,是當時中國領導人頭腦中的「左傾化」思想的產物,對中國對外關係產生了十分消極的影響,使得中國在國際舞臺上樹敵過多、更為孤立,這種消極影響在 20 世紀 60 年代中後期的「文革」中表現得尤為突出。一方面,中國同以蘇聯為首的社會主義陣營中的絕大部分國家關係惡化,中蘇還在 1969 年發生了武裝衝突。甚至中國與周邊的社會主義國家朝鮮的政治關係也出現過危機或緊張狀態,中國紅衛兵把「反修」矛頭指向朝鮮領導人,朝鮮駐華大使於 1967 年被召回,直到兩年半以後才回到北京。[598] 中國與某些非洲國家的關係也受到「文革」的衝擊。例如,「文革」開始後不久,中國駐肯亞使館向當地群眾散發《毛主席語錄》和《毛澤東軍事文選》,被肯亞政府認為是干涉其內政。北京的紅衛兵對一位肯亞駐華外交官採取了一些過激行為。為了表示對中方的不滿,肯亞決定召回駐華大使,也不允許回國參加「文革」並被「批鬥」的中國駐肯亞大使返回使館工作。1967 年 10 月,肯亞撤回其駐華使館人員,並宣布一位中國駐肯亞使館隨員為「不受歡迎的人」,還對中國駐肯亞使館採取了一系列限制措施。1969 年 3 月,肯亞單方面宣布將兩國關係降為代辦級。[599] 另一方面,中國與以美國為首的西方陣營國家的關係也沒有得到改善,中美關係實際上更加惡化,兩國軍隊甚至在越南間接交戰。在整個 20 世紀 60 年代,在西方國家中,僅有法國於 1964 年同中國建立外交關係。值得指出的是,1966 年「文革」開始之後,中國在國際舞臺上革命國家的形象更為鮮明,中國在國際社會中的地位更加孤立。「文革」期間,在中國發生過火燒英國代辦處、衝擊緬甸大使館等違反外交規範的事件。在

1966—1968 年間，同中國建立外交關係的國家僅有一個，即葉門民主共和國於 1968 年 1 月 31 日同中國建交。可以說，20 世紀 60 年代是中國在國際事務中備受孤立的時代。[600] 事實上，在 1966—1968 年間，中國外交部本身也受到了政治鬥爭的嚴重衝擊，絕大部分駐外大使被召回國參加「文革」，外交部長陳毅受到批鬥，甚至造反派還一度奪權並控制了外交部。[601]1969 年 3 月，毛澤東自己也認識到了極「左」思潮對外交工作的嚴重破壞，承認「我們現在孤立了，沒有人理我們了」。[602] 但是，此後外交官們還是分批被下放到五七幹校參加勞動鍛鍊。

第三節　從「中間地帶」到「第三世界」

眾所周知，自近代以後，中國經歷了一百年的受侵略與壓迫的半殖民地歷史，直到 1943 年才成為現代國際社會中一個完整的主權國家。中華人民共和國走上國際政治舞臺與第二次世界大戰以後，廣大的殖民地獲得獨立並加入現代國際社會的進程是基本同步的，這也是現代國際社會進一步擴展的重要表現。第二次世界大戰結束以後，一大批原先西方國家在亞洲和非洲的殖民地獲得獨立地位、成為主權國家社會中的新成員，現代國際社會的範圍逐步擴展到全球，非西方國家構成了國際社會成員中的大多數。隨著新興國家的不斷增多與獨立自主政治意識的增強，被稱為「第三世界」的非西方國家集團逐漸走上了國際政治舞臺。第三世界大致形成於 20 世紀 50 年代中期，在 20 世紀 60 年代和 70 年代得到發展壯大。第三世界在國際社會中的興起，在經濟和政治領域對西方國家構成了巨大挑戰。從一定意義上說，第三世界在國際社會中挑戰了西方制定的「文明標準」。中華人民共和國把自己看作是第三世界的一部分，自然成為第三世界反抗西方聯盟的一員。中華人民共和國總理周恩來出席了 1955 年的萬隆亞非會議，而這次會議被看作是第三世界興起的重要標誌之一。除了萬隆亞非會議之外，不結盟運動的興起和「七十七國集團」的形成，也是第三世界存在並挑戰兩極格局的重要表現。

中華人民共和國領導人有關中國屬於第三世界的認識是逐漸形成的，它最早可以追溯到毛澤東有關「中間地帶」的思想。

第三節　從「中間地帶」到「第三世界」

1946年8月，毛澤東在同美國著名記者安娜·路易斯·斯特朗的談話中，分析了第二次世界大戰結束以後的國際格局，特別提到了處於美蘇兩極之間的、包括中國在內的廣大「中間地帶」。他說：「美國和蘇聯中間隔著極其遼闊的地帶，這裡有歐、亞、非三洲的許多資本主義國家和殖民地、半殖民地國家。美國反動派在沒有壓服這些國家之前，是談不到進攻蘇聯的。」[603] 這就是毛澤東著名的「中間地帶」思想的最初表述，它涉及包括中國在內的其他國家在美蘇兩極對抗的東西方冷戰中如何確定自己的地位或身份的問題。牛軍認為：「『中間地帶』思想包含一種新的認同的萌芽，其核心是包括中國革命運動在內的民族解放和革命運動有著比大國政治更為重要的影響和意義，它們才是決定世界前途的主要力量。」[604] 隨著中華人民共和國「一邊倒」對外戰略的確定和實施，「中間地帶」思想一度沒有為中國領導人所強調。在牛軍看來，「中間地帶」思想持續了一年左右，到了1947年9月的共產黨情報局會議召開之後，它就已經被「兩個陣營」思想所取代了。[605] 然而，從20世紀50年代中期開始，隨著亞非拉民族獨立運動進入一個新階段，一大批新獨立的中小國家走上國際舞臺，以及以1955年萬隆亞非會議為標誌的第三世界國家集團的興起，加上東西方兩大陣營內部出現離心和分化傾向，毛澤東又開始表述中間地帶思想，並根據國際形勢的發展對其加以補充和發展。[606] 1956年10月19日，毛澤東在會見來訪的巴基斯坦總理時指出，要注意中間地帶的重要性。他認為，中間地帶包括從英國一直到拉丁美洲的廣大地區。這個地區的一邊是社會主義陣營，另一邊是美國。這個地帶有最多的人口和最多的國家，包括有三種性質的國家。第一類是擁有殖民地的帝國主義國家，如英國、法國；第二類是亞洲、非洲、拉丁美洲的國家，有的已經取得民族解放，有的還在爭取民族解放；第三類是在歐洲的、不擁有殖民地的自由國家。[607] 進入20世紀60年代，隨著中蘇關係惡化、社會主義陣營開始分化，以及法國等某些西方國家與美國的矛盾表面化，毛澤東提出了世界上存在著兩個中間地帶的論斷，即一個中間地帶為亞非拉，另外一個中間地帶是歐洲和日本。[608] 很顯然，從20世紀50年代中期以後，特別是從中蘇關係出現裂痕之後，毛澤東開始把在國際社會中受到西方國家孤

中國歷代與國際間的關係及規範變遷：從「文明標準」到「新文明標準」
第四章　中華人民共和國在國際社會中「反抗西方」

立和疏遠的中國定位為中間地帶國家，思考與其他中間地帶國家為伍，以便拓展中國的外交舞臺。

在此思想的指導之下，中華人民共和國十分注意發展和加強同亞非拉國家之間的關係。1953—1954年間，中國與印度、緬甸一起倡導和平共處五項原則，希望使之成為指導國與國關係的基本原則，其基本內容與現代國際法類似。有學者認為，中國倡導和平共處五項原則表明中國試圖成為國際規範的制定者。[609] 也有學者指出，中國等國倡導和平共處五項原則表明，包括中國在內的非西方國家並非被動接受或內化西方的規範，而是在國際規範的擴散過程中扮演了主動的角色。[610] 為了消除一些東南亞國家對華人的擔憂，中國與印度尼西亞簽訂了有關雙重國籍的條約，在印尼的華人不再擁有雙重國籍。1954年4月，印度、印尼、緬甸、巴基斯坦、錫蘭五國總理聯合發起並決定在次年4月召開亞非會議。中華人民共和國在1954年12月收到了參加會議的邀請，並在次年2月決定參加會議。毛澤東十分重視在萬隆舉行的亞非會議，在會前親自召集政治局會議，研究中國代表團參加會議的方案，確定中國與會的方針為：爭取擴大國際和平統一戰線，促進民族獨立運動，力求建立和加強中國同亞非國家的關係。[611]1955年4月，周恩來總理率領中國代表團出席了有29個亞非獨立國家參加的萬隆亞非會議並在會議上發言，闡述了「求同存異」原則。周總理在萬隆會議上打破僵局，為中華人民共和國贏得了外交發展空間，贏得了朋友。[612] 從1955年1月到1965年7月，中國先後同30個國家建立了外交關係，其中除了南斯拉夫（1955）和法國（1964）之外，都是亞非拉國家。[613] 這比前一個時期同中國建交國家的數目增加了一倍多。此外，1960—1963年間，中國先後與緬甸、尼泊爾、蒙古、巴基斯坦、阿富汗、朝鮮等鄰國簽訂了邊界條約。但是，中國與鄰國印度的關係卻因為領土爭端以及西藏問題，自1959年開始惡化，並於1962年發生邊界衝突。然而，中國在「文革」前期（1966—1968）的激進思想與行為也損害了中國與某些第三世界國家的關係。比如，中國與印度尼西亞的關係自1965年開始惡化。在此期間，僅有一個國家與中國建交。

與此同時，中國雖然繼續努力恢復在聯合國的合法席位，但是似乎沒有了中華人民共和國成立初期的那種強烈願望。1956年9月30日，毛澤東在

會見印度尼西亞總統蘇加諾時，談及關於恢復中國在聯合國的合法席位問題。他表示中國不急於參加聯合國，可以在聯合國之外反對帝國主義國家。他也同意蘇加諾提出的應該早一點在聯合國提出中國進入聯合國的問題，並且強調「每年都要提一次，哪年成功就算完事」。[614] 1965年1月9日，毛澤東在會見美國作家斯諾時，表示支持印尼退出聯合國，並認為中國沒有進入聯合國也很好，但否認中國不想進入聯合國。他明確表示：「如果聯合國三分之二的國家要我們進去，而我們不進去，不是要說我們是民族主義者了嗎？但我們要聯合國撤銷中國是侵略者的汙蔑，同時要指出美國是侵略者，你看這個理由行嗎？中國作為一個侵略國家怎麼能進聯合國？說美國是侵略者，它不會同意的。現在我們還不想進去，美國也不願意我們進去。我們進去了，美國會感到礙手礙腳。在這點上，雙方還是有一定的共同之處的。現在還是讓蔣委員長留在聯合國裡代表中國吧！」[615] 中華人民共和國在聯合國的席位在1971年10月得到恢復，這主要是由於第三世界國家（特別是亞非國家）支持的結果，也是中國長期以來援助亞非國家的產物。[616]

到了20世紀70年代前半期，毛澤東在中間地帶思想的基礎上，闡述了三個世界劃分的思想，開始使用「第三世界」這個概念，並且明確表述了中國屬於第三世界的觀點。

「第三世界」是一個政治概念，它泛指介於東西方兩大陣營之間的廣大亞洲、非洲和拉丁美洲國家和地區。「第三世界」一詞最早出現於20世紀50年代初期，法國人類學家阿爾弗雷德·索維爾在1952年發表的《三個世界、一個星球》一文中首次提出「第三世界」這個概念，並且把它定義為兩大對立陣營之外的廣大地區。他這樣寫道：「我們常說有兩個對抗世界（自由世界與共產主義世界），常說它們可能發生戰爭或能夠相互依存，卻常常忘記還有一個第三世界。這兩個世界感興趣的是如何征服第三世界，至少是如何把它們拉到自己一邊。」[617] 大多數學者所使用的「第三世界」概念，其含義同索維爾最初提出的概念差不多，都是從冷戰的角度來給第三世界下定義的。他們認為，戰後國際體系由三個世界組成，美國領導的西方發達國家為第一世界，蘇聯及其為首的社會主義陣營為第二世界，其他國家和地區便屬於第三世界。[618] 20世紀60年代以後，「第三世界」一詞常常與「發展中國家」

中國歷代與國際間的關係及規範變遷：從「文明標準」到「新文明標準」
第四章　中華人民共和國在國際社會中「反抗西方」

「南方國家」等同，指世界上經濟不發達的國家和地區，也就是說人們更多地從經濟發展水平的角度來定義「第三世界」。聯合國第一屆貿易發展會議乾脆正式用「發展中國家」一詞取代「第三世界」的概念。[619]

　　第三世界的崛起，是第二次世界大戰以後民族解放運動的產物，並對西方主導的國際社會及其規範構成了很大的挑戰。第二次世界大戰結束以後，世界開始了一個具有重大歷史意義的變革，即亞洲、非洲、拉丁美洲的為數眾多的殖民地和半殖民地，擺脫了西方國家的殖民枷鎖，先後獲得了政治獨立，並加入現代國際社會。這突出反映在聯合國成員國數量的迅速擴大上。據統計，1945年聯合國初創時僅有51個成員，到1950年才增加到60個成員。但是，從20世紀50年代中期起，聯合國成員國數量直線上升：1955年76個，1960年99個，1970年127個。出於反帝反殖、維護民族獨立和發展民族經濟的共同立場和願望，廣大亞非拉國家努力尋求相互合作的形式和途徑，以便作為一個整體在國際舞臺上發揮積極的作用。其結果是，以1955年的亞非會議為標誌，第三世界開始逐步形成，並且不斷發展和壯大。[620]亞洲、非洲、拉丁美洲國家構成了第三世界的主體。第三世界國家具有以下幾個共同的特點：它們大多曾是殖民地或半殖民地；大多是在第二次世界大戰以後取得獨立地位的新興國家；大多是經濟落後的發展中國家。也就是說，第三世界國家具有相似的歷史命運、都面臨捍衛民族獨立和發展經濟的共同任務，這使得它在戰後國際政治中成為一支舉足輕重的力量。[621]

　　毛澤東最早在1964年使用「第三世界」概念，並用它來指「中間地帶」。當年1月17日，毛澤東在會見安娜路易斯斯特朗、柯弗蘭、愛德樂、愛潑斯坦、李敦白等外國朋友時說：「美國現在在兩個『第三世界』都遭到抵抗。第一個『第三世界』是指亞、非、拉。第二個『第三世界』是指以西歐為主的一批資本主義高度發展的、有些還是帝國主義的國家，這些國家一方面壓迫別人，另一方面又受美國壓迫，同美國有矛盾。」[622]但是，毛澤東是在20世紀70年代，明確提出了關於三個世界劃分的思想，對三個世界進行了界定，並且表明中國屬於第三世界。1974年2月22日，毛澤東在同贊比亞總統卡翁達談三個世界劃分時說：「我看美國、蘇聯是第一世界。中間派、日本、歐洲、澳大利亞、加拿大是第二世界。咱們是第三世界。」他接著又進一步

第三節　從「中間地帶」到「第三世界」

對第三世界作了具體界定：「第三世界人口很多。亞洲除了日本都是第三世界。整個非洲都是第三世界，拉丁美洲也是第三世界。」[623] 後來毛澤東對來訪的阿爾及利亞總統布邁丁說：「中國屬於第三世界，因為政治經濟各方面不能與大國、富國比，只能與一些較窮的國家在一起。」[624] 這種劃分的標準既是政治的，也是經濟的。值得注意的是，毛澤東在談到第三世界時，基本上是把它同「發展中國家」等同的。正如 1973 年 6 月 22 日，毛澤東在會見馬利國家元首特拉奧雷時所說的：「我們都叫做第三世界，就是叫做發展中國家。」[625]

1974 年 4 月 10 日，鄧小平在聯合國大會第六屆特別大會上發言，全面闡述了毛澤東關於三個世界劃分的思想。這個發言是根據毛澤東的歷次指示寫的，經中共中央政治局討論透過，並報毛澤東審閱批準。[626] 鄧小平在發言中指出：「從國際關係的變化來看，現在的世界實際上存在著互相聯繫又互相矛盾著的三個方面、三個世界。美國、蘇聯是第一世界。亞、非、拉發展中國家和其他地區的發展中國家，是第三世界。處於這兩者之間的發達國家是第二世界。」他還鄭重聲明：「中國屬於第三世界。」[627]

三個世界劃分思想的提出以及中國明確表明自己為第三世界一員，是中國領導人當時在國際社會中給中國的定位，屬於中國的重要戰略思想。也正是由於這一戰略定位，中國被西方國家視為國際社會中「反抗西方」力量的一部分。隨著第三世界的興起，西方國家學者開始關注新獨立的國家對西方主導的國際社會所帶來的衝擊與影響。早在 20 世紀 60 年代末期，赫德利·布爾就開始關注國際社會的擴展以及隨之而來的第三世界反抗西方的現象。[628] 20 世紀 70 年代末和 80 年代上半期，布爾在主持英國國際政治理論委員會進行有關國際社會擴展這一課題研究的時候，進一步深入思考第三世界在國際社會中反抗西方的現象，並為 1984 年出版的《國際社會的擴展》一書撰寫了題為《反抗西方》的一章。布爾在《反抗西方》一文中指出，在第二次世界大戰以後，隨著新獨立國家數量的增多，由亞洲、非洲、拉丁美洲國家以及其他非西方國家組成的第三世界，在國際社會中領導了一場反抗西方主導地位的鬥爭，爭取自決權、種族平等、經濟公正以及文化獨立。第三世界國家以亞非會議、不結盟運動和七十七國集團等形式團結起來，並且在聯

合國的政治機構中擁有多數票。一些第三世界國家甚至獲得了共產主義超級大國蘇聯的支持。[629] 赫德利·布爾及其在英國國際政治理論委員會中的一些同事,把中華人民共和國看作是國際社會中「反抗西方」勢力的一部分,因為中國參加了萬隆會議,並且對亞非國家有很大的影響。[630] 當然,布爾也注意到中國自從 20 世紀 60 年代初開始,努力借助第三世界國家來對付蘇聯。[631] 布爾認為,擁有核武器但經濟不發達的中國屬於國際社會中「修正主義」國家(「Have Not」countries)中的一員,要反抗那些「維持現狀」國家(「Have」countries)。[632] 處於「文革」初期的中國(1966—1968),更被英國國際政治理論委員會成員科拉·貝爾視為「現存國際秩序之最堅定、最頑固、最激進的敵人」。[633] 很顯然,赫德利·布爾等人把中國和第三世界國家都看作是在國際社會中反抗西方主導地位的重要力量。

第四節　「一條線」與中國國際社會間關係的改善

　　第二次世界大戰之後,美國作為兩個超級大國之一、西方世界的領袖,是國際社會的主導國家或者首要國家,一國與美國關係的好壞,在很大程度上影響著該國與國際社會的關係。而 1949 年成立的中華人民共和國在很長一段時間內,在東西方冷戰的大背景中與美國對抗,自然成為國際社會中的「革命國家」或者「反抗西方」集團的一員。中華人民共和國誕生的時候正值東西方冷戰開始不久,中國在冷戰初期作為蘇聯的盟友,被西方國家視為對國際社會的一個巨大威脅。美國政府對於中華人民共和國始終採取不承認的態度,而且由於「很多國家都看美國的臉色行事」,[634] 僅有少數西方國家承認中華人民共和國。中華人民共和國在朝鮮半島、臺灣海峽、越南與美國發生武裝衝突或者軍事對峙。中美接觸的唯一途徑就是中美日內瓦和華沙大使級會談。在 1971 年以前,大部分西方國家拒絕在外交上承認中華人民共和國這個所謂的「革命國家」,而與臺灣當局保持「外交關係」,一部分西方國家還對中華人民共和國實施經濟制裁。中華人民共和國也被排擠在聯合國和其他大多數國際組織(包括世界銀行、國際貨幣基金組織等國際經濟組織,以及國際奧委會之類的國際體育組織)之外。20 世紀 70 年代初,中美由於共同的戰略利益開始相互示好、秘密接觸,繼而走向關係正常化,導

第四節　「一條線」與中國國際社會間關係的改善

致中國與國際社會的關係發生了重大變化。有學者甚至認為，中國從此「重入國際社會」「再一次進入國際大家庭」。[635] 應該指出，中國與美國關係正常化、採取聯美抗蘇的「一條線」戰略，更多屬於一種對外戰略抉擇，而非主動融入國際社會的舉措。然而中美關係正常化的開啟，的確大大改善了中國與國際社會的關係，為改革開放後的中國主動融入國際社會創造了條件。

中美關係正常化的前奏，即中美對外政策的調整與秘密接觸。20世紀60年代末當選美國總統的理查德·尼克森的「五大力量中心」說，暗示美國希望改善與中國的關係以對付蘇聯威脅。其實，他在當選總統之前，就曾經表示不能讓中國永遠被孤立在國際社會之外。1967年，他在《外交》季刊上撰文指出：「我們不能讓中國永遠在國際大家庭之外作非分之想，老是怒氣沖天。在這個小小的星球上，我們沒有足夠的空間讓近十億最具潛力的人民憤怒地生活在孤立之中。」[636] 1969年3月，剛出任美國總統的尼克森在訪問法國的時候對戴高樂總統表示，將來美國同蘇聯對話時，也可能需要在中國問題上為自己找個可以依靠的有利地位。在1969年3月中蘇邊界衝突的珍寶島事件過去後不久，美國就積極主動地採取了一系列對華示好的姿態：1969年7月，宣布對中美之間的人員往來和貿易交流放寬限制；尼克森總統利用出訪亞歐國家機會，請巴基斯坦總統、羅馬尼亞總統向中國領導人轉達美國不參加孤立中國的任何安排、想同中國對話的願望；1969年10月，美國宣布停止派驅逐艦到臺灣海峽巡邏；1969年12月，美國駐波蘭大使向中國駐波蘭使館人員表示希望恢復中美大使級會談等；1970年1月，美國代表在中美大使級會談中提出，美國政府準備派代表去北京或接受中國政府的代表到華盛頓直接討論一些問題；1970年10月，尼克森對《時代》週刊記者表達了自己想去中國的願望，此後尼克森又透過第三方向中國表達了願意派一位高級使節秘密訪問中國的想法。

面對蘇聯的威脅，中國領導人在20世紀60年代末也得出了：蘇聯同美國相比，對中國構成了更大威脅，美蘇矛盾大於中蘇矛盾，中國應當且可能同美國改善關係等結論。於是，中國方面對美方的示好姿態也作出了積極回應，比如1970年12月18日，毛澤東在同斯諾談話時表示歡迎尼克森來中國：「如果尼克森願意來，我願意和他談，談得成也行，談不成也行，吵架

中國歷代與國際間的關係及規範變遷：從「文明標準」到「新文明標準」
第四章　中華人民共和國在國際社會中「反抗西方」

也行，不吵架也行，當作旅行者來談也行，當作總統來談也行。總而言之，都行。」[637] 中國領導人在1970年底表示歡迎美國總統派特使和總統本人來訪問中國，中國有關部門也在1971年4月邀請美國乒乓球隊訪問中國。中美秘密接觸的最主要內容和成果是1971年7月美國總統國家安全事務助理亨利·季辛吉秘密訪華和中國政府正式邀請尼克森總統訪華。[638] 中美關係正常化開始於1972年2月，即美國總統尼克森到中國訪問，與中國領導人舉行會晤，並且中美雙方在上海簽訂了《聯合公報》（《上海公報》）。尼克森訪問和《上海公報》的簽署，標誌著兩國關係正常化進程的開始，為以後中美關係的進一步改善和發展打下了基礎。然而，中美關係正常化的進展並不順利，而是很曲折，主要由於臺灣問題這一重要障礙，直到1978年12月16日，中美兩國才終於發表了建交公報，定於1979年1月1日起正式建立外交關係。至此，中美關係正常化的過程得以結束。隨著中美兩國實現和解、走上關係正常化道路，中國也就最後確定了新的對外戰略，即聯美抗蘇的「一條線」戰略。在尼克森訪華之後，毛澤東明確提出了建立包括美國在內的國際統一戰線、共同反對蘇聯霸權主義的「一條線」概念。1973年2月17日，毛澤東在會見季辛吉的時候說：「我跟一個外國朋友說過，我說要搞一條橫線，就是緯度，美國、日本、中國、巴基斯坦、伊朗、土耳其、歐洲。」[639]

雖然中美關係正常化的主要推動力是兩國具有應對蘇聯威脅的共同戰略利益，[640] 但是中美關係正常化過程所帶來的影響遠遠超過了中美蘇三角關係的範疇，而是導致中國本身、中美雙邊關係以及中國與國際社會等諸多方面均發生了意義深遠的變化。

中美關係正常化無疑導致中國與美國的雙邊關係發生了重要變化，兩國從互為敵手變成了互為朋友的關係。同樣重要的是，中美關係正常化還推動了中國與西方國家以及美國的非西方國家盟友的關係也隨之實現了正常化，或者說中美關係正常化使中國迎來了建交高潮，從而導致中國在國際社會中的合法性大大提高。1971年開始，隨著中美關係正常化以及中國與一系列西方國家建立外交關係，中國與西方主導的國際社會之關係得到很大改善，表明中國在國際社會中的地位得到了國際社會中主導國家的認可。截至1970年底，與中國建立外交關係的國家有55個，其中西方國家只有瑞典、丹麥、

瑞士、芬蘭、挪威、法國、加拿大、義大利等少數幾個國家與中國互派大使，而且除了法國、加拿大、義大利之外，與中國建立外交關係的西方國家基本上都屬於中立國或者具有中立傾向的國家，加拿大和義大利則是在中美開始相互示好和進行秘密接觸的時候，與中國建立外交關係的。而到了 1979 年底，這個數目達到了 120 個，其中包括美國以及大部分的西方國家，奧地利、比利時、冰島、英國（1954 年與中國互派代辦，1972 年升級為大使級外交關係）、荷蘭（1954 年與中國互派代辦，1972 年升級為大使級外交關係）、希臘、日本、西德、盧森堡、澳大利亞、新西蘭、西班牙、美國、葡萄牙、愛爾蘭等西方主要國家先後與中國建立了外交關係。[641] 有學者指出：「中美關係正常化引起了連鎖反應，中國迎來新一輪建交高潮。截至 20 世紀 70 年代末，中國不僅恢復了在聯合國的合法席位，而且同當時世界上獨立的 130 個國家中的 120 個國家建立了大使級外交關係，從根本上改變了與美國、日本和西歐等主要資本主義國家的關係。」[642] 從此，中國開始了一個從國際社會中的「革命國家」到國際社會「正常國家」的轉變過程。[643]

第五節　中國加入聯合國

　　與此同時，中國與國際組織的關係也發生了很大的變化。成為國際政府間國際組織，尤其是聯合國的成員，是一個國家被承認為國際社會完全成員、擁有國際合法性的重要條件。1971 年中國恢復在聯合國的合法席位，是中國與國際社會關係中極具重要性的事件。中國恢復在聯合國的合法席位，通常被認為從根本上說並非中美關係正常化的結果，而是廣大第三世界國家把中國「抬進」聯合國的，美國一直努力阻撓中國恢復在聯合國的合法席位。但值得注意的是，這個事件正好發生在中美開始接觸的時期，美國對中國態度的變化可能影響了一些國家在中國加入聯合國問題上的立場。黃華就認為，1971 年 7 月 16 日中美關於尼克森訪華的公告「對各國在聯合國關於恢復中國合法席位問題的態度也有重要影響」。[644] 但是，這一觀點還需要更多證據來支持。

中國歷代與國際間的關係及規範變遷：從「文明標準」到「新文明標準」

第四章　中華人民共和國在國際社會中「反抗西方」

　　眾所周知，中國是聯合國的創始會員國之一，也是安理會五個常任理事國之一。但是，在中華人民共和國成立之後，主要由於美國以中華人民共和國尚未得到美國及其他許多聯合國會員國承認為由加以阻撓，中華人民共和國長期被排除在聯合國之外，而由臺灣當局占據中國在聯合國的合法席位。[645] 隨著廣大第三世界國家的興起，第三世界國家在聯合國逐漸占據多數地位，美國把持聯合國的情況受到日益強烈的衝擊，而廣大第三世界國家支持恢復中國在聯合國的合法席位。1970 年，在第 25 屆聯合國大會的時候，已經出現了不利於美國的根本性變化，因為在聯大表決恢復中國合法地位提案時有 51 票贊成，超過了反對票（47 票）數，這是 20 年來歷屆聯大從未有過的局面。與此同時，美國也開始同中華人民共和國進行秘密接觸。聯合國本身的變化，以及美國對華政策的調整，促使美國考慮改變把中華人民共和國排擠出聯合國的政策。1970 年 11 月，美國總統尼克森在給季辛吉的秘密備忘錄中承認，美國「沒有足夠的票數去阻擋接納的時刻比我們預料的要來得快」。[646] 1971 年 7 月，季辛吉秘密訪華，中美發表了有關尼克森訪華、兩國謀求雙邊關係正常化的公報，這給國際社會帶來了極大震動。李鐵城指出：「這一《公告》是中美關係的分水嶺，它敲響了聯合國內以美國為核心的那個反對中華人民共和國的所謂『傳統投票集團』的喪鐘。」[647] 1971 年 8 月 2 日，美國國務卿羅杰斯發表《關於中國在聯合國的代表權問題的聲明》，一方面稱「美國將在今秋的聯合國大會中，支持要求中華人民共和國入會的行動」，另一方面又表明「美國將反對任何排除中華民國，剝奪它在聯合國代表權的行動」。[648] 第 26 屆聯合國大會從 1971 年 10 月 18 日開始辯論中國代表權問題，儘管美國等國的代表進行遊說，10 月 25 日的表決還是以 76 票贊成、35 票反對、17 票棄權的壓倒多數票透過了阿爾巴尼亞、阿爾及利亞等 23 國的提案，承認中華人民共和國政府的代表是中國在聯合國組織的唯一合法代表，中華人民共和國是安理會五個常任理事國之一，並決定恢復中華人民共和國在聯合國組織的一切權利（聯大第 2758 號決議）。[649] 在聯合國恢復了中國的合法席位後，聯合國各專門機構也根據聯大決議，相繼透過決議，恢復了中國在這些機構的合法席位。1971 年 11 月，以喬冠華為團長、黃華為副團長的中國代表團首次出席了聯合國大會。

第五節　中國加入聯合國

　　中國加入聯合國表明，中國在國際社會中的合法性得到了世界上大多數國家的承認。這也在相當程度上改變了中國對國際社會價值、規範、規則、制度的態度，中國開始對國際組織加以瞭解、熟悉、適應。這特別表現在中國與國際組織的關係上，在1966年的時候，中國只是兩個政府間國際組織和58個非政府間國際組織的成員，而到了1977年，中國參加的政府間國際組織的數目達到了21個。[650]

　　此外，中國開始加入幾個重要的國際公約，也體現了中國對國際規範態度的某些變化。1971年10月，中國恢復在聯合國的合法席位意味著它當然也是國際法院規約（聯合國憲章的組成部分）的當事國，但是1972年12月，中國政府通知聯合國秘書長，中國不承認過去國民黨政府於1946年10月關於接受國際法院強制管轄的表態。1973年8月，中國政府在《拉丁美洲禁止核武器條約第二附加議定書》（1967年訂於墨西哥城）上簽字。1973年10月，中國政府加入《國際船舶載重線公約》（1966年訂於倫敦），同時聲明關於中華人民共和國沿海區域的劃分，不受該公約附則二第四十九條和第五十條有關規定的約束。1974年2月，中國外長通知國際民航組織秘書長，中國政府決定承認《國際民用航空公約》（1944年訂於芝加哥）。中國在1975年11月簽署加入規定專業外交人員在外交關係當中的權利與義務的《維也納外交關係公約》，開始接受源於歐洲的現代外交制度與規範，但對公約第十四條和第十六條有保留。1977年5月，中國政府致函法國政府宣布加入《米制公約》（1875年訂於巴黎），同年6月法國政府覆函確認。[651]

　　然而，儘管中國自1971年開始，與國際社會的關係有了很大的改善，在20世紀70年代大部分時間裡，中國仍然處於十年「文革」的磨難或者政治動盪之中，中國領導人也明確宣稱中國屬於第三世界，並且沒有放棄支持世界革命的主張。與此同時，中國依然處於同外部世界基本隔絕的狀態，比如與國外城市的直航航班很少，絕大部分中國城市不準外國人進入，涉外飯店的數量屈指可數，找不到外國出版物等。中國在聯合國的參與程度也很低。正如黃華在其回憶錄中所描述的：「初進聯合國時，由於力量和經驗有限，除安理會之外，我們僅參加了大會、第一委員會、特別政治委員會、經濟社會理事會、行政預算委員會和法律委員會的工作，後來才逐漸擴大參與的範

中國歷代與國際間的關係及規範變遷：從「文明標準」到「新文明標準」
第四章　中華人民共和國在國際社會中「反抗西方」

圍，做到各主要委員會均有我代表參加。聯合國組織的五個主要機構中，有一個名為託管理事會的，它是審理強國對託管地的政策的機構，中國對之不予介入，故聲明不擬參加。對某些機構，我們採取觀察和暫不參加的態度，如維持和平行動，以及政府間專門機構中的國際勞工組織（ILO）和關稅及貿易總協定（GATT）等。對裁軍談判，我們採取了揭露超級大國假裁軍、真擴軍的立場。隨著我代表團力量的增強，我們逐步參加了上述機構。為了在某些問題上保持超脫，避免捲入兩個超級大國的爭鬥，我們在聯合國一些會議的投票中創造了一種『不參與投票』的方式。」[652]1971—1981年間，中國總共有75次缺席了對安理會決議草案或草案中所含修正案的投票。這種缺席投票的行為次數，大大超過了其他幾個安理會常任理事國。因此，中國參與國際社會的程度還是很低的。甚至一些西方學者依然把此時的中國視為在國際社會中「反抗西方」勢力的組成部分，在他們看來，當時的中國仍然堅持與西方通常的想法不相容的國際秩序觀念，[653]或者繼續在全世界「支持革命鬥爭」。[654]赫德利·布爾在1977年出版的《無政府社會》一書中指出：「中國完全不扮演一個大國的角色，並且把自己視為第三世界國家『反對超級大國霸權主義』鬥爭的倡導者。」[655]馬丁·懷特在20世紀70年代初的一篇論文中也寫道：「中、蘇、美三角關係尚在形成過程中。無論如何，中國復仇的野心以及龐大的人口，使得她成為唯一可能危害主導性大國的、潛在的外部威脅。」[656]

　　總之，雖然中國從1971年開始，在國際社會中的參與程度和合法性確實有所提高，但是其在國際社會中的「革命國家」形象依然沒有發生根本性的變化。這種變化只是開始於20世紀70年代末改革開放政策出臺之後。

第五章　改革開放與中國主動融入國際社會

　　20 世紀 70 年代末，中國進入了改革開放的歷史時期。改革開放政策的實施，意味著中國主動接受和適應國際社會的主流規範，開始進入一個主動融入國際社會的過程，成為現存國際秩序的維護者和建設者。這屬於中國自身的變化導致的中國與國際社會關係發生的變化。有西方學者稱之為中國從毛澤東敵視西方主導的國際現狀的「革命崛起」（revolutionary rise）政策，到鄧小平維持國際現狀的「和平崛起」（peaceful rise）政策的轉變。[657]在一些西方學者看來，改革開放以後的中國改變了過去堅持自力更生、對外部心存疑忌的政策，而採取了對外開放、同世界接軌的政策。[658]換句話說，中國開始了主動接受和適應國際社會的「文明標準」、建設性地參與國際事務的過程。然而，從 20 世紀 70 年代末開始的中國改革開放是一個漸進的發展過程，中國對待國際規範的態度也有一個不斷發展的過程。到 20 世紀末，經過三十多年的改革開放，中國是否已經融入國際社會、成為國際社會中的負責任大國？這依然是個具有爭議的問題。比如，有西方學者就認為，中國只是「有限度地融入」國際社會，中國對西方制定的國際規則和規範的態度是很矛盾的，它正越來越試圖修正或者無視國際規則與規範。[659]

第一節　中國的改革開放與對外政策的重大調整

　　1978 年 12 月，中國共產黨第十一屆三中全會確定停止使用「以階級鬥爭為綱」的口號，提出將「全黨工作的著重點和全國人民的注意力轉移到社會主義經濟建設上來」，並且還指出實現四個現代化是「一場廣泛、深刻的革命」。[660]這標誌著中國改革開放時代的開始。有學者指出，「1978 年 12 月的中共十一屆三中全會，是後毛澤東時代中國政治和經濟生活中的一個重要里程碑」。[661]經過幾年的撥亂反正和調整、改革與整頓，到 1982 年中國共產黨第十二次全國代表大會召開前後，中國各項工作都走上了正軌，全黨、

全國人民開始集中精力進行社會主義現代化建設，中國的改革開放政策得到全面實施。

在國內進行各項改革，特別是經濟改革的同時，中國也把對外開放視為一項基本國策，以吸收外來資本、科學技術和管理技巧，促進經濟建設。中國的開放是全方位的，它既對資本主義國家開放，也對社會主義國家開放，既對發達國家開放，也對發展中國家開放。中國的對外開放的方式和內容更是多種多樣。從擴大進出口貿易，引進先進科學技術，學習先進管理經驗，進行人才交流，到吸收和利用外國資金，接受外國直接投資和建立中外合作經營企業、合資經營企業和外商獨資經營企業，再到生產、開發、研究和設計以及第三產業方面進行合作，並在海外投資興辦企業等。[662] 作為改革開放政策的重大舉措之一，1979 年，中國在深圳、珠海、汕頭和廈門設立經濟特區。1984 年，中國將沿海十四個城市和海南島向外國投資開放，在稅收和進口關稅方面給予優惠條件。中國的經濟改革歷程，是從傳統計劃經濟走向社會主義市場經濟的歷程。鄧小平早在 1979 年就指出「社會主義也可以搞市場經濟」。從中共十二大（1982）的「計劃經濟為主、市場調節為輔」，到十二屆三中全會（1984）提出「社會主義經濟是公有制基礎上的有計劃的商品經濟」，再到十三大（1987 年）的「社會主義有計劃商品經濟的體制應該是計劃與市場內在統一的體制」，市場為導向的改革輪廓逐漸清晰。1992 年，中共十四大將市場經濟第一次寫上社會主義旗幟，提出「中國經濟體制改革的目標是建立社會主義市場經濟體制」，市場化改革方向更加明確。中共十四屆三中全會（1993）透過的《中共中央關於建立社會主義市場經濟體制若干問題的決定》，奠定了中國新的基本經濟制度框架。

與中國改革開放政策的提出與實施相伴相隨的是中國對外觀念與政策的重大變化與調整，以服務於國內的現代化建設。這集中體現在以鄧小平為代表的中國領導人的對外戰略思想上。首先，在戰爭與和平問題上，中國領導人改變了過去有關戰爭不可避免的估計，認為世界和平因素的增長超過戰爭因素的增長，世界大戰是可以避免的，爭取較長時期的和平是可能的。根據這一判斷，中國決定爭取和充分利用這一較長的和平時期，一心一意地從事社會主義現代化建設，首先把經濟搞上去，實現三步走的戰略目標。進入 20

世紀80年代，基於對世界和平與發展大趨勢的判斷，中國的國防建設開始轉型，從多年來「立足於早打、大打、打核戰爭」的戰備狀態，轉入以經濟建設為中心的和平軌道。中國軍隊從此進入為經濟建設服務的十多年的「忍耐期」。一個突出的表現是國防開支的緊縮。1986年，中國的軍費開支為201億元，比1979年還少21億元。前者占GDP的2.1%，只及後者的1/3強。[663]與此同時，中國改變了過去對裁減軍備的某些看法和做法，積極參加各類國際裁軍活動，並且在1985年宣布裁軍100萬，得到了國際社會的普遍歡迎和贊同。其次，中國從20世紀80年代初開始調整「一條線」戰略，明確表示不同任何大國結盟或建立戰略關係，也不支持它們中的一方去反對另一方，對一切國際問題，根據其本身的是非曲直和中國人民及世界人民的根本利益，按照是否有利於維護世界和平、發展同各國友好關係、促進共同發展的標準，獨立自主地做出判斷，決定自己的態度。這一獨立自主戰略的實施，有助於中國走出東西方冷戰，並在世界上廣交朋友，大大拓展了自己的外交空間。最後，中國領導人強調，國與國的關係不應當以社會制度和意識形態的異同論親疏、好惡，也反對輸出革命，主張在和平共處五項原則基礎上與所有國家發展正常的國與國之間的關係。這實際上意味著，中國在國際社會中的國家形像已經從過去的「革命國家」轉變成為「正常國家」。[664]

總之，20世紀70年代末開始的改革開放導致中國本身及其與國際社會的關係發生了根本性的變化。中國對外關係局面有了前所未有的變化，開始徹底告別「打倒帝、修、反」的口號，同世界上主要國家均建立起了相對穩定與正常的關係，中國外交已經走上了「無敵國」的軌道。[665] 也就是說，中國從此開始了一個逐漸否定革命外交、主動接受國際規範和融入國際社會的過程。

第二節　積極締結國際條約和參與國際立法過程

國際條約是國際法主體之間根據國際法所締結的書面協定，是國際交往中必不可少的重要法律文件，也是國際規範的主要載體。因此，締結或加入國際條約，以及參與國際立法，是一個國家接受國際規範、融入國際社會的

重要表現。改革開放以來,中國在這方面所邁出的步子比之前要大得多,從而把中國同世界各國、同國際社會緊密地聯繫在一起。

改革開放以後,為了適應條約工作發展需要,中國製訂了有關締結國際條約的相關國內法律。全國人民代表大會常務委員會在 1990 年 12 月 28 日頒布了中國第一部專門規範與外國締結條約的《中華人民共和國締結條約程序法》,使得條約工作有法可依、有章可循,完善了中國締結條約的國內法律程序,使條約工作走上了規範化、法律化的軌道。

改革開放以來,中國與外國所締結的不同類型的雙邊條約,包括國家間、政府間和部門間的條約,其數量比改革開放以前要多得多。比如,在改革開放後的前 14 年間,中國每年平均簽約數就是以前每年平均數的兩倍。[666] 特別值得指出的是,改革開放以來,中國所簽訂的很多雙邊條約涉及過去所沒有涉及的新領域,比如司法協助協定、投資保護協定、避免雙重徵稅協定、和平利用原子能協定以及保護知識產權協定等。[667] 由於經濟建設成為改革開放以來中國各項工作的中心,中國與外國簽訂的經濟方面的條約(如投資保護協定、避免雙重徵稅協定、貸款協定等)大量增加,這成為新時期中國締結雙邊國際條約的重要特點之一。[668]

邊界條約是雙邊條約的重要組成部分,也是確保中國與鄰國友好相處的重要法律保障。從 20 世紀 80 年代末開始,中國與周邊鄰國先後簽署了一系列涉及邊界的雙邊條約。1987 年,中國與蒙古國就兩國邊界制度和處理邊境問題進行談判並達成了協議,次年 11 月,雙方簽署了《中華人民共和國政府和蒙古人民共和國政府關於中蒙邊界制度和處理邊境問題的條約》。這是中國與周邊鄰國簽訂的第一個關於邊界制度和處理邊境問題的條約,它涉及邊界線走向和界標的維護、邊界聯合檢查、邊界水和交通設施的利用、邊界生產活動和邊界事務的處理、邊界工作人員的權利和義務等。雙方根據該條約,於 1991 年 6 月締結了《中華人民共和國政府和蒙古人民共和國政府關於中蒙邊境口岸及其管理制度的協定》。1989 年 10 月,中國政府和寮國政府透過談判,達成並簽署了《中華人民共和國政府和寮國人民民主共和國政府關於處理兩國邊境事務的臨時協定》。1990 年,中國與寮國經過實地調查之後,

第二節 積極締結國際條約和參與國際立法過程

進行邊界談判，並且於 1991 年達成協議並簽署了《中華人民共和國和寮國人民民主共和國邊界條約》，該協定於當年生效。1987 年，中蘇恢復邊界談判，1991 年 5 月，雙方簽署了《中華人民共和國和蘇維埃社會主義共和國聯盟關於中蘇國界東段的協定》，該協定於次年生效，兩國東段邊界（4280 公里）除了個別島嶼之歸屬之外得以確定。1994 年，中俄兩國又簽署了《中華人民共和國和俄羅斯聯邦關於中俄國界西段的協定》，該協定於次年 10 月生效。從此，中俄邊界線基本上就確定下來了，為兩國關係的良好發展創造了重要條件。在蘇聯解體之後，中國也同中亞三個鄰國進行了邊界談判，並先後締結了邊界條約。1994 年 4 月，中國同哈薩克斯坦簽署了邊界條約，確定了兩國 1700 多公里的邊界線。1999 年 11 月，中哈簽署《中華人民共和國和哈薩克斯坦共和國關於兩國邊界問題獲得全面解決的聯合公報》，宣布兩國邊界問題得到全面解決。1996 年 7 月，中國與吉爾吉斯斯坦簽署了邊界條約，基本上解決了歷史遺留的問題。1999 年 8 月，中吉簽署了兩國邊界補充協定。2000 年 7 月，中國與塔吉克斯坦簽署了兩國國界協定。中國與越南就陸上邊界以及北部灣海上邊界經過談判也締結了雙邊條約。1999 年 12 月，中越兩國外長分別代表本國政府簽署了《中國和越南陸地邊界條約》，兩國陸地邊界中所存在的問題得到全部解決。2000 年 12 月底，中越兩國又簽署了關於兩國在北部灣領海、專屬經濟區和大陸架的劃界協定。至此，中國與絕大部分鄰國解決了邊界問題。雖然中國與印度的邊界談判沒有取得根本性突破，但是兩國在 20 世紀 90 年代簽署了兩個有關邊界問題的協定，這有助於保障邊境地區穩定、避免衝突。1993 年 9 月，中印兩國政府簽署了《關於在中印邊境實際控制線地區保持和平與安寧的協定》。1996 年 11 月，中印兩國政府又簽署了《關於在中印邊境實際控制線地區軍事領域建立信任措施的協定》。[669]

值得指出的是，中國透過談判與簽訂雙邊條約，收回了香港與澳門的主權。1984 年 12 月 19 日，中國與英國簽訂了《中英聯合聲明》，英國同意於 1997 年 6 月 30 日午夜將香港、九龍和新界歸還給中國，中國方面則宣布了「一國兩制」方針，賦予香港高度自治、港人治港的權利，並且保證香港資本主義制度和生活方式 50 年不變。在中英達成關於香港問題的雙邊協議之

後，中國與葡萄牙也就澳門回歸中國問題進行了談判，並且於 1987 年 4 月 13 日正式簽署《中葡聯合聲明》，葡萄牙同意澳門於 1999 年 12 月 20 日回歸中國。

此外，改革開放以來，中國也積極參加並參與了一系列多邊國際公約和國際立法活動。據統計，1979 年以前的 29 年內，中國參加的國際公約僅有 40 個，參與的國際立法活動也是寥寥可數。而改革開放後的 14 年間，中國加入的國際公約就達到 128 個，而且其中有許多是中國積極參與制訂的。[670]1978—2003 年間，中國簽署和加入的國際公約達到 240 個，占中國所加入的國際公約總數（273 個）的近 80%。[671] 這些公約的內容涉及政治、經濟、貿易、交通、科技、文化、知識產權、人權、反對恐怖主義、司法、民事、軍事、郵電等。中國還參加了聯合國系統的法律組織和法律機構（即聯合國大會第六委員會即法律委員會、聯合國國際法委員會和國際法院），參加了聯合國外層空間委員會，派代表出席了聯合國第三次海洋法會議的歷次會議，並於 1982 年 12 月簽署了《聯合國海洋法公約》。從 1985 年開始，以建設性態度參與國際環境立法、參加多項國際環境公約的制訂（包括 1992 年的《聯合國氣候變化框架公約》以及 1997 年的《京都議定書》），積極參與了聯合國系統內的國際人權法律文書的起草和制訂工作。1985 年，參與制訂了一系列適用於南極的建議和措施，簽署了《關於環境保護的南極條約議定書》。從 1987 年起，多次參加了海牙國際司法會議的各項活動等，以積極的態度參與國際立法過程。[672]

總之，自從 20 世紀 70 年代末實施改革開放政策以後，中國對國際條約與國際立法表現出了十分積極的態度。正如曾經擔任過中國駐外使節、外交部條法司司長、國際法院法官的薛捍勤所說的，20 世紀 70 年代後期以來，中國幾乎參加了所有的政府間國際組織、成為 300 多項多邊條約的成員，從一個體系的挑戰者變成了積極的參與者，參與了當前所有領域的造法進程。[673] 但也有學者認為，中國至今仍然沒有真正融入國際法體系，在國際司法活動中表現得非常謹慎，對國際法院的管轄權持保留態度，不同意將爭端提交國際仲裁，對國際立法的參與也缺乏主導性。雖然中國在很多方面、很多

場合都表達了對國際法的尊重和遵從，但是在高級政治領域，中國官方和很多民眾都對國際法持一種懷疑和拒斥的態度。[674]

第三節　建設和完善現代外交制度

接受國際社會中以主權為核心的現代外交制度，是融入國際社會的重要標誌之一。早在改革開放之前的1975年11月，中國就已經加入《維也納外交關係公約》，開始接受源於歐洲的現代外交制度與規範，但對公約的第14條、第16條以及第37條的2、3、4款持有保留。1980年9月15日，中國政府通知撤回對第37條的2、3、4款的保留。1979年1月至1992年8月，中國先後同美國等42個國家正式建立外交關係並互設大使館。[675]到21世紀初，中國已經與世界上絕大部分國家建立起了大使級外交關係。截至2002年底，中國已經同世界上的166個國家建交，其中有52個國家是在1978年底中國正式推出改革開放政策以後與中國建立外交關係的。[676]

1979年7月，中國加入處理各國間領事關係的《維也納領事關係公約》，表明中國將遵照國際上普遍承認的領事關係準則來建立和處理同外國的領事關係。領事館是外交代表機關（大使館）的一個重要補充，在某些方面起著外交代表機關難以造成的作用。在1978年以前，中國與外國互設的領事館很少，中國在外國只開設6個總領事館和領事館，外國在華開設的領事館只有3個。加入《維也納領事關係公約》之後，中外領事關係進入一個全面發展的新時期。1979—1992年間，中國就先後同美國、法國、德國、日本、加拿大、英國等30個國家簽訂了設領事館或恢復設領事館協議，並在澳大利亞、加拿大、法國、德國、日本、英國、美國等29個國家設立了41個總領事館。同時，澳大利亞、加拿大、法國、德國、日本、俄羅斯、新加坡、泰國、英國、美國等21個國家在中國的6個城市設立了30個領事館。與此同時，從1979年開始，中國先後跟一些國家締結了雙邊領事條約。為了確定外國駐華領事館及其成員的領事特權與豁免，便於外國領事館在領區內代表派遣國順利執行職務，中國外交部還主持制定了《中華人民共和國領事特權與豁免條例》，並於1990年10月30日經全國人民代表大會常務委員會透過而

公佈施行。中國也先後頒布了與領事工作直接相關的一些法規，如《國籍法》《外國人入境出境管理法》《中國公民出境入境管理法》《繼承法》《婚姻法》《歸僑僑眷權益保護法》《公證暫行條例》等。[677]

加入規範外交和領事關係的國際公約就標誌著中國對現代外交制度的完全接受。在此基礎上，現代外交制度在中國得以建立和不斷完善。趙可金指出：「1978年以後，（中國）外交價值原則實現了歷史性的轉換，從國家主權服務於政黨意識形態需要轉變為服務於國家利益需要，引發了外交制度發展的『第二次革命』，從此，外交制度成長進入了自我強化的制度變遷軌道。」[678] 國家元首外交權逐步規範化和制度化，基本上確立了主要由國家主席行使國家最高外交權的格局，使得20世紀80年代以來國家主席在外交上日益活躍。20世紀90年代以來，國家主席、黨的總書記、中央軍委主席三位一體，進一步確立了國家主席作為國家元首的政治地位，其對外交的影響力也日益上升，中國的元首外交納入法制化、制度化軌道。[679] 外交部是國務院領導下的主管外交工作的職能部門、外交政策的執行者，改革開放以來，外交部經歷了一系列重大轉變，不斷走向專業化、機構化和制度化。[680]

特別值得指出的是，改革開放以來，中國努力與國際接軌，借鑑國際慣例，確定外交官的等級，培養與派遣職業外交官。按照鄧小平提出的「革命化、年輕化、知識化、專業化」的方針，一大批優秀的外事幹部被提拔到外交部領導職位。為了促進外交官隊伍的知識化和專業化，20世紀80年代以來，外交部加強了外交官培訓制度建設，包括在外交學院建立培訓部，提高年輕外交官的外語與業務知識水平，還選拔年輕外交官到國外著名大學（比如美國的約翰·霍普金斯大學、塔夫茨大學弗萊徹法律外交學院）學習。[681] 1993年後，外交部人員的選拔被納入國家公務員考試之中，面向社會公開招考外交人員，包括從全國高等院校的應屆大學畢業生中錄用外交人員。在外交官隊伍的管理上，外交部推行公務員管理制度，外交官的工資、晉升、福利、獎懲等都參照《國家公務員暫行條例》執行，學歷和專業結構進一步改善，管理日益規範化和制度化。[682]

與此同時，中國根據國際公務員制度，向聯合國為中心的國際組織派遣中國籍國際公務員。國際組織設正規的工作團隊秘書處以及在秘書處工作的職員形成國際公務員制度，是在第一次世界大戰結束後的 1920 年成立的國際聯盟才開始有的。中國 1971 年恢復聯合國的合法席位之後，便開始向聯合國秘書處派遣公務員，但因為當時中國人才短缺，加上不太瞭解國際公務員制度，所以留用了原來在聯合國秘書處工作的華人職員，並且在中國香港、中國澳門以及新加坡招聘職員。改革開放後，中國向聯合國派遣的中國籍公務員增多，而且為了向聯合國秘書處提供中文翻譯人才，中國政府與聯合國秘書處合作，專門在北京舉辦了聯合國譯員訓練班。北京譯訓班從 1979 年開始招生到 1993 年結束，先後招收了 12 期學員，共培養口譯筆譯人員 263 人，其中許多人受聘到聯合國工作，成為聯合國的中國籍公務員。[683] 改革開放後，在國際組織中任職的中國人越來越多。1985 年，中國法學家、外交部法律顧問倪征𣋒出任國際法院法官（1985—1994），成為第一位來自中華人民共和國的國際法院大法官。史久鏞於 1994 年任聯合國國際法院大法官，2000 年 2 月至 2003 年 2 月任國際法院副院長，2003 年 2 月 6 日當選國際法院院長。

第四節　中國建設性地參與國際組織

改革開放之後，中國主動接受現存國際規範、融入國際社會的另外一個重要表現，就是建設性參與全球性與地區性國際組織的活動，特別是積極參與聯合國及其專門機構的活動。中國參與的政府間國際組織，從 1977 年的 21 個增加到 1996 年的 51 個，中國在非政府組織中的席位從 1977 年的 71 個增加到 1996 年的 1079 個。[684]

改革開放之後，中國積極參與國際組織的活動，集中體現在中國積極參與聯合國的活動上。在 1971 年恢復在聯合國的合法席位之後的最初十年裡（1971—1980），中國參與聯合國的程度不高，它在聯合國的活動「在很大程度上具有高度的選擇性和象徵性」。[685] 比如，中國只選擇參加了聯合國的 8 個專門機構，對聯合國所討論的一些問題漠不關心，也不表達自己的看

法，甚至常常不參加聯合國的投票等。但是，從20世紀80年代初開始，中國日益積極參與聯合國的各種組織和活動。中國加入了聯合國體系中幾乎所有重要的政府間國際組織，其中包括世界銀行和國際貨幣基金組織，並越來越積極主動地參與這些組織的各種活動。中國積極參加以聯合國為中心的多邊外交行動，包括推動地區熱點問題的解決、支持和參加聯合國的維和行動、參加聯合國的裁軍會議、接受聯合國系統相關機構的援助、支持聯合國的改革等。[686] 中國領導人頻繁出席聯合國的會議，並對聯合國的重要性給予高度評價。1992年1月，李鵬參加了聯合國安理會首腦會議。1995年10月，江澤民出席了在紐約舉行的聯合國成立50週年慶典。

中國對聯合國維和行動態度的變化，是改革開放之後中國積極參與聯合國活動的縮影。改革開放之後，中國對聯合國維和行動的看法發生了重大變化，開始認同和參與維和行動。中國在恢復聯合國合法席位後的十年間，對聯合國維和行動採取不投票、不攤款、不參與的消極政策。但是，從1981年底開始，中國開始對聯合國維和行動改變了態度，採取了從有限參與到積極參與的立場，主動發揮安理會常任理事國的積極作用。1981年11月，中國政府認可了聯合國對當時兩支中東聯合國維和部隊的攤款，並表示從次年1月1日開始繳納。中國常駐聯合國代表凌青在宣布中國政府這一決定的時候明確表示了中國將積極支持聯合國維和行動的態度：「對今後凡是嚴格按照聯合國憲章的宗旨和原則建立的、有利於維持國際和平與安全、有利於維護有關國家主權和獨立的聯合國維持和平行動，中國都將本著積極支持的立場，予以認真研究和對待。」[687] 同年12月，中國投票支持了安理會延長駐塞浦路斯維和部隊駐紮期限的459號決議，這是中國第一次投票支持聯合國維和行動。此後，中國對聯合國維和行動的態度越來越積極，並且派人參加聯合國維和行動。1986年，應聯合國邀請，中國派三人考察小組赴中東實地考察聯合國停戰監督組織的執行情況，中國人民解放軍有關部門也開始派遣軍事觀察員參加聯合國維和行動的準備工作。該年12月，根據中國方面的請求，第43屆聯合國大會一致透過決議，同意接納中國為聯合國維和行動特別委員會成員。1989年底，中國政府派遣20名文職人員到非洲納米比亞參加聯合國過渡時期援助團，監督納米比亞的獨立進程。從此，中國正式參

第四節　中國建設性地參與國際組織

加聯合國維和行動。1990年4月，中國人民解放軍派5名軍事觀察員參加中東的聯合國停戰監督組織，這是中國首次派出軍事人員參加聯合國維和行動。1992年4月，中國人民解放軍的47名軍事觀察員和一支400人組成的工程大隊赴柬埔寨參加聯合國維和行動，這是中國派出的第一支成建制的維和部隊。1993年，中國人民解放軍又向聯合國西撒哈拉公民投票特派團派出了軍事觀察員，首次參加聯合國在非洲的維和行動。1999年2月，一名中國人民解放軍軍官赴美國紐約聯合國總部的維和部任職。2000年1月，中國公安部向聯合國東帝汶過渡行政當局派遣15名民事警察執行特定任務，這是中國首次派遣民事警察參加聯合國維和行動。截至2000年10月，中國已經向4項聯合國維和行動派出軍事觀察員、軍事聯絡官和軍事顧問共522人次，派出工程兵部隊800人次。[688]

此外，改革開放後的中國也積極參加地區多邊組織的活動和建設之中，特別是在1997—1998年亞洲金融危機之後，中國對地區多邊合作的態度越來越積極。1989年底，中國參加了在澳大利亞倡議之下召開的亞太經濟合作組織（APEC）。中國是1994年開始的東盟地區論壇的參加國。1997年12月開始的一年一度的東盟同中日韓的非正式首腦會議，中國也是其中的主要成員。1996年，中國、俄羅斯、哈薩克斯坦、吉爾吉斯斯坦、塔吉克斯坦五國在上海簽署了《關於在邊境地區加強軍事領域信任的協定》，開創了「上海五國」多邊合作機制。2001年，烏茲別克斯坦被吸納進這個多邊合作進程，上海五國機制發展成為上海合作組織。與此同時，中國還參加了「第二軌道」地區多邊合作形式，比如亞太安全合作理事會（CSCAP）、東北亞合作對話會（NEACD）等。從2001年起，中國主辦博鰲亞洲論壇。

與此相關的是，中國日益重視舉辦各種類型的國際會議等活動。從1995年以來，中國先後舉辦了世界婦女大會、國際刑警組織大會、國際反貪汙大會、國際地質大會、國際檔案大會、國際行政科學大會、國際宇航大會、昆明世界園藝博覽會、萬國郵政聯盟大會、北京奧運會、上海世界博覽會等。

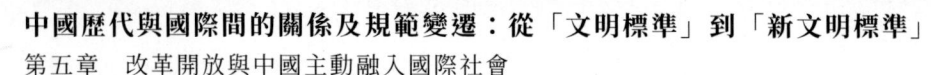

第五節　中國融入國際貿易、投資與金融制度

　　1978 年以後的中國改革開放，其中心是經濟建設，它建立在接受市場經濟規範的基礎之上。市場經濟被某些當代國際關係英國學派學者視為重要的國際制度之一，屬於「首要制度」（primary institutions）範疇。[689] 因此，參與世界經濟是中國融入國際社會的一個核心內容。中國在這方面邁出的步伐很大，其所作所為為國際社會所讚揚。

　　國際自由貿易規範或制度體現在 1944 年透過的《佈雷頓森林協定》以及創立於 1947 年的關稅與貿易總協定（GATT）中。1995 年，世界貿易組織（WTO）取代了關貿總協定，自由貿易原則得到進一步加強。以關貿總協定和世界貿易組織為基礎的國際貿易制度，其基本目標在於透過擴大國民待遇與最惠國待遇，拆除關稅與非關稅壁壘。[690]1949 年中華人民共和國成立之後，長期被排擠於布雷頓森林體制之外，也沒能成為關貿總協定的成員國。中國於 1982 年才以觀察員身份參加關貿總協定的談判，1986 年開始申請全面加入關貿總協定。為了早日入關，中國政府出臺了大量相關具體政策，包括人民幣逐步實現經常項目下的可兌換，取消直接出口補貼，取消出口許可證，降低商品、農產品和服務業產品的出口關稅等。中國加入關貿總協定和世界貿易組織的談判歷經一個很長的過程。1997 年，中國與世貿組織的談判取得了重要進展，中國同意以「開發中國家」身份遵守世貿組織與貿易有關的知識產權協定。1999 年，中國又同意以「開發中國家」身份遵守與貿易有關的投資協定。1999 年 11 月，經過長時間、多回合的談判，中美兩國政府在北京就中國加入世貿組織達成雙邊協議，為中國加入世貿組織掃清了最大障礙。[691] 中國最終於 2001 年 12 月正式加入世界貿易組織，成為其第 143 個成員。在中國加入世界貿易組織之後，在國務院領導下，中央政府的外經貿法律、法規得到了全面清理，外經貿部對自身的涉外經貿法律、行政法規和部門規章也進行了修改、廢止等工作。全國外經貿系統還對地方涉外經貿法規進行了全面清理，使之與世貿組織有關規則一致。據統計，國務院各部門共清理了與外經貿業務有關的法律法規 2300 多件，地方清理相關法規文件的工作也在積極推進。[692]

中國也逐漸融入外國直接投資國際制度之中。中國從 1979 年開始接受外國直接投資，外國和境外在華投資逐年增加，外國在華實際直接投資額從 1979 年的不足 10 億美元，增長到 1997 年的 2060 億美元。[693] 中國政府放寬了與投資有關的許多限制，比如拓寬外資企業獲得外匯的渠道、放寬外資適用範圍、保護知識產權、放鬆對中方擁有管理權和所有權的要求、減少行政干涉、實行吸引外資的稅收刺激政策等。[694] 與此同時，中國也開始了境外直接投資。到 20 世紀 90 年代，中國對外直接投資居發展中國家或地區第二位。[695]

國際金融制度包括一些重要的國際金融機構，如世界銀行、國際貨幣基金組織，另外還有亞洲開發銀行等地區發展銀行及一些專門性的協定（如 1992 年的巴塞爾協定），它們為國際金融活動提供了很多重要的行為規範。[696] 其中，世界銀行和國際貨幣基金組織是兩個最為重要的國際金融機構。中國在 1980 年加入世界銀行以及國際貨幣基金組織，開始接受這兩個國際金融機構的服務，也接受其約束。中國從 1981 年開始接受世界銀行的貸款，而且從 1993 到 1997 財政年度，中國一直是世界銀行最大貸款國。[697] 中國從 20 世紀 80 年代初開始，根據國際貨幣基金組織的相關要求，逐步調整匯率政策，包括在 1996 年開始結束外匯交易市場上的主導匯率和官方匯率並存的雙軌匯率制度，逐步實現經常項目下的人民幣可兌換，允許外國公司進入銀行間外匯市場等。中國依據國際金融慣例，制定了相關的國內法律，比如 1995 年透過和開始實施的《中央銀行法》《商業銀行法》等。中國的商業銀行透過發行債券在國際市場上融資，也努力透過在國外開設分行，開拓國際業務。中國從 1992 年開始發行股票，此後越來越多的中國公司在國內外市場發行股票。

第六節　中國對某些重要國際規範態度的變化

自從主權國家社會產生於歐洲以來，主權一直是國際社會中的核心規範。作為歷經百年國恥、艱難加入現代國際社會中的非西方國家，中國一貫對國家主權規範特別看重，改革開放之後也是如此。然而，第二次世界大戰以後，

特別是在冷戰結束以後，一些同國家主權有衝突的國際規範正在出現。有人認為，世界已經進入了淡化主權、重視人權和民主的「後威斯特伐利亞」時代。中國不得不面對國際規範的變遷，並且採取自己的應對之道。

一、中國與裁軍和核不擴散規範

中國作為安理會的五大常任理事國之一、擁有核武器的大國之一，在改革開放之後改變了過去否定和批判國際軍備控制以及多邊核不擴散體制的態度，轉而參與各種形式的國際軍備控制，包括支持核不擴散體制，以減少核戰爭的危險，為全球和地區的穩定與安全做出貢獻。

自從 20 世紀 70 年代末以後，中國參與國際軍備控制的速度加快。從 1978 年到 1987 年間，中國出席了三次專門討論裁軍問題的聯合國大會特別會議。從 1980 年起，中國參加了日內瓦裁軍談判會議及其下屬的各個特別委員會和工作組的相關工作，成為日內瓦裁軍談判會議的成員國。[698] 根據有的學者統計，在 1970 年，中國簽署了各項軍備控制協議中的 10%—20%；到了 1996 年，這個數字已經上升到 85%—90%。[699] 改革開放以後，中國政府簽署了一系列有關裁軍和軍備控制的重要條約，如《特定常規武器公約》《外空條約》《禁止生物武器公約》《南太平洋無核區條約》等。中國在 1984 年成為國際原子能機構的成員，並在 1988 年與國際原子能機構簽署了《中華人民共和國和國際原子能機構關於在中國實施保障的協定》，自願將本國的有關民用核設施置於該機構的保障監督之下。中國在 1986 年宣布不再在大氣層進行核試驗，實際上承擔了 1963 年《部分禁止核試驗條約》對核試驗的約束，儘管它一直拒絕簽署該條約。中國於 1992 年加入體現核不擴散規範的重要國際法律文件《不擴散核武器條約》（1968 年簽署，1970 年生效），全面承擔了核武器國家所應承擔的各項不擴散義務，並從 1995 年開始參加條約審議大會及其籌備會。中國在 1993 年首次表示願意參加全面禁止核試驗條約的談判，並且於 1996 年簽署了《全面禁止核試驗條約》（CTBT），並且在該年 7 月底停止了核試驗。但是，中國的立法機構迄今為止並沒有批准《全面禁止核試驗條約》，有研究者認為中國是在等待美國先批准該條約。[700] 1997 年，中國加入旨在協調國際核出口控制原則與條件

的「桑戈委員會」。但是，中國被指責在20世紀80年代初曾經向巴基斯坦提供核技術與核材料。[701]1997年，中國外交部設立了軍備控制與裁軍司，專門負責裁軍與核不擴散事務。

冷戰結束以後，核不擴散規範受到嚴重挑戰，一些國家，如南亞的印度和巴基斯坦先後進行了核試驗，成為核國家。中國在朝鮮半島、南亞核擴散問題上都明確表明了自己的立場，為維護核不擴散規範的權威性而努力。1993年3月，朝鮮宣布退出《不擴散核武器條約》。1993年4月，時任中國外交部部長的錢其琛在會見時任韓國外交部部長的韓升洲時就明確表示：「中國一貫支持朝鮮半島無核化的主張，反對半島有任何核武器。」[702]朝鮮在21世紀初進行了多次地下核試驗，中國一直參與對朝鮮的制裁。1998年5月，印度和巴基斯坦先後進行了核試驗，成為核國家。1998年6月3日，江澤民在會見法新社社長時表明了中國對於南亞核擴散的態度：「中國反對進行核試驗，反對南亞地區的核軍備競賽。我們反對印度進行核試驗，對巴基斯坦進行核試驗也深表遺憾。而印度是南亞緊張局勢的始作俑者。中國擁有核武器，但中國一貫承諾不首先使用核武器，並且主張全面禁止和徹底銷毀核武器。中國無意恢覆核試驗。」[703]中國與其他核大國一道支持了聯合國安理會透過的譴責印巴核試驗的1172號決議。

中國簽署並批準了《禁止化學武器公約》和《禁止生物武器公約》。中國在20世紀90年代初，雖然不是《導彈技術控制協定》（MTCR）的成員國，但是發表聲明支持導彈不擴散原則。1981年，中國正式簽署了《禁止或限制使用某些可被認為具有過分傷害力或濫殺濫傷作用的常規武器公約》。該公約的議定書II對地雷和其他裝置在某些條件下的使用進行了限制，中國於1996年同意在經過修訂的議定書II上籤字。

此外，中國也參加了很多雙邊和多邊的互建信任和安全的措施，如東盟地區論壇、與俄羅斯和印度在邊界互建信任措施等。[704]

二、中國與人權規範

人權的概念和民主的概念密不可分，它也產生於近代西方，正在或已經成為具有一定普遍性的國際行為規範。國際人權規範由一系列國際公約所構成，其中包括 1948 年聯合國大會透過的《世界人權宣言》、1966 年聯合國大會透過的《經濟、社會和文化權利國際公約》以及《公民權利和政治權利國際公約》。改革開放之後，國際社會一直關注中國的人權狀況，一方面承認中國政府在發展社會、經濟和文化權利方面卓有成就，另一方面批評中國政府在公民權利和政治權利方面侵犯人權。中國從來不反對保護人權，但總體來說，中國更強調保障生存權、發展權等集體人權。1985 年 6 月，鄧小平指出：「什麼是人權？首先一條，是多少人的人權？是少數人的人權，還是多數人的人權，全國人民的人權？西方世界所謂的『人權』和我們講的人權，本質上是兩回事。」[705] 值得注意的是，中國拒絕接受某些西方人權理念並不意味著中國反對整個人權規範，西方在人權問題上批評中國，很大程度上源於其對人權概念的理解。中國政府認為，人權的普遍性原則應當得到尊重，但人權的普遍性必須與各國具體情況相結合。中國政府強調，中國是一個有著 13 億人口的發展中國家，保障和促進廣大人民的生存權和發展權至關重要。

中國政府支持和尊重《聯合國憲章》有關國際人權文書中保護人權的原則，積極參與聯合國人權法律領域的一系列活動。中國從 1979 年開始以觀察員的身份參加聯合國人權委員會，並於 1982 年正式當選該委員會成員。中國參與了防止歧視和保護少數民族小組委員會，並參與了有關土著居民權利、通訊自由、兒童權利、流動工人權利以及酷刑問題工作組的工作。它同第三世界國家一道倡導「發展權」，結果使聯合國大會在 1986 年將該權利寫入決議。中國還投票支持聯合國調查阿富汗和智利侵犯人權的情況，並在人權問題上抨擊南非、越南、阿富汗和其他一些國家。中國於 1982 年 12 月透過的新憲法，對公民權利進行了比較全面和具體的規定。1980—2002 年間，中國先後簽署或加入了十多個人權國際公約：《消除對婦女一切形式歧視公約》（1980 年 7 月簽署）、《消除一切形式種族歧視國際公約》（1981

第六節　中國對某些重要國際規範態度的變化

年12月交存加入書)、《關於難民地位的公約》(1982年9月交存加入書)、《防止及懲治滅絕種族罪公約》(1983年4月交存批準書)、《禁止並懲治種族隔離罪行國際公約》(1983年4月交存批準書)、《禁止酷刑和其他殘忍、不人道或有辱人格的待遇或處罰公約》(1986年12月簽署)、《聯合國兒童權利公約》(1990年8月簽署)、《經濟、社會及文化權利國際公約》(1997年10月簽署)、《公民權利和政治權利國際公約》(1998年簽署)、《禁止和立即行動消除最惡劣形式的童工勞動公約》(2002年12月交存批準書)、《〈兒童權利公約〉關於買賣兒童、兒童賣淫和兒童色情製品問題的任擇議定書》(2002年12月交存批準書)。[706] 其中,《公民權利和政治權利國際公約》是聯合國製訂的最重要的國際人權文書之一,1966年12月16日由聯合國大會透過並開放供簽署,1976年3月23日生效,共有53條。該公約與《世界人權宣言》《經濟、社會及文化權利國際公約》一起,被稱為國際人權憲章。中國在1998年簽署了該公約,但是迄今尚未提交批準書。

　　從1989年下半年開始,中國在人權問題上面臨國際社會的極大壓力,許多國家對中國實施了制裁,聯合國人權機構也對中國的人權狀況橫加攻擊。面對國際壓力,中國政府在人權問題上的策略有所調整,變得更為靈活與積極。中共中央在1990年底的一份文件中指出:「要理直氣壯地宣傳中國關於人權、民主、自由的觀點和維護人權、實行民主的真實情況,把人權、民主、自由的旗幟掌握在我們手中。」[707] 1991—1992年間,中國向西方派出兩個人權代表團,參與國際人權對話。1991年11月1日,中國國務院新聞辦發表了第一個《中國的人權狀況》白皮書,承認人權具有「國際性」。接下來,中國政府於1992年發表了有關刑法的白皮書和有關西藏問題的白皮書,1995年發表了關於計劃生育的白皮書,1996年發表了關於兒童權利的白皮書。1992年1月31日,李鵬總理在聯合國的發言中指出:「中國重視人權問題,並準備在與其他國家平等的基礎上進行對話與合作。」[708] 他在1992年3月的政府工作報告中說:「我們主張,人權和基本權利應對得到廣泛尊重……中國認為,人權問題應當成為正常國際對話的議題。」[709] 1994年4月,錢其琛重申:「中國尊重《世界人權宣言》和《德黑蘭宣言》《發展權利宣言》等國際人權文件。」[710] 1995年,中國發表的第二個《中國的人權狀況》

中國歷代與國際間的關係及規範變遷：從「文明標準」到「新文明標準」
第五章　改革開放與中國主動融入國際社會

白皮書，聲明「中國一貫尊重《聯合國憲章》促進人權和基本自由的宗旨和原則。近年來，中國一如既往地積極支持和參與了國際人權領域的活動，為促進冷戰後國際人權領域的健康發展作出了新的努力」。[711] 實際上，從20世紀90年代中後期開始，中國與一些國家就進行了雙邊人權對話。[712]

但是，在人權與主權關係的問題上，中國國際法學者始終堅持人權在本質上屬於主權國家國內管轄範圍這一基本立場，明確否定人權高於主權，主張尋求人權國際保護與國家主權的和諧、統一。[713]

三、中國與民主規範

和人權一樣，民主的思想與實踐也源於西方。民主並非中國的歷史傳統，中國的政治傳統是皇權專制統治，儘管中國也有「以民為本」（民本）的思想。[714] 所以，有中國學者指出：「君主專制統治作為中國傳統政治文明的生成物，在中國社會有深厚的歷史和文化基礎，具有神聖不可動搖的地位」。[715] 不僅如此，中國古代思想中的民本思想，雖然有重民、貴民的思想內涵，「但它始終沒有賦予人民以政治權利的思想內涵，因而沒有、也不可能發展為民主思想」。[716] 因此，西方民主觀念和制度實際上是從晚清才開始從外部輸入中國的，其中國之旅屬於西學東漸的一部分。[717]

近代以來，中國經歷了學習、實踐西方民主的觀念與制度的歷史，但是始終沒有建立起真正的西方式民主制度，其建設民主制度的試驗過程總是帶有中國自身的特色。正如閭小波所說的：「近代中國始終面對著這樣一個悖論：一方面中國必須告別傳統，走向現代化，走向民主之路；另一方面，走向民主與現代化的中國又無法與傳統作一徹底的切割。傳統是中國的傳統，而民主也只能是中國式的民主。」[718] 中國共產黨人也把追求民主政治作為自己的目標，並且形成了具有自身特色的民主觀念。毛澤東曾承認民主是世界發展的主流。1945年抗日戰爭勝利前夕，他就在中共七大的閉幕式上向全黨發出號召：「現在的世界潮流，民主是主流，反民主的反動只是一股逆流。」[719] 中華人民共和國成立之後，中國共產黨就學習蘇聯模式並踐行人民民主專政和民主集中制，後來逐漸走向「權力過分集中」，黨和國家政治生活的民主化受到極大損害。[720]

20 世紀 70 年代末改革開放以後，中國有關民主的觀念發生了一些變化。有學者指出，民主化已經成為不可遏制的歷史潮流：「20 世紀是民主在世界範圍取得廣泛認同和勝利的世紀，任何一個政治體系不僅要把民主作為一種必須尊重的基本價值，而且要面對如何實踐民主的現實問題。」[721] 改革開放以來，中國領導人多次提及民主問題，並強調要建設具有中國特色的社會主義民主政治。鄧小平也曾經談論過民主問題。他主張：「權力不宜過於集中。權力過於集中，妨礙社會主義民主制度和黨的民主集中制的實行，容易造成個人專斷，破壞集體領導，也是在新的條件下產生官僚主義的一個重要原因。」[722] 與此同時，他也主張中國特色的社會主義民主制度：「資本主義社會講的民主是資產階級的民主，實際上是壟斷資本的民主，無非是多黨競選、三權鼎立、兩院制。我們的制度是人民代表大會制度，共產黨領導下的人民民主制度，不能搞西方那一套。」[723] 喬石曾經指出：「關於民主問題，多年來無論在什麼場合，我始終認為一定要把民主的旗幟牢牢掌握在我們手裡。建國前 28 年的鬥爭，我們黨經過長期艱苦卓絕的英勇奮鬥，有時甚至很殘酷、很不容易，犧牲了幾千萬人，我們黨一直高舉起民主的旗幟，現在我們黨執政了，更應該注意這個問題。說到底，民主問題是人民當家做主的問題。」他還在 1994 年的一次講話中明確表示：「同經濟體制改革和經濟發展相適應，必須按照民主化和法制化緊密結合的要求，積極推進政治體制改革，努力建設有中國特色的社會主義民主政治。」[724]

四、中國與國際干涉規範

眾所周知，主權與不干涉原則為國際法基本原則和國際秩序的基礎。主權原則有助於維持國際秩序，但可能導致忽視國內正義和秩序問題。實際上，在國際關係實踐中，以保護人權等理由進行國際干涉的例子比比皆是。從一定意義上說，國際干涉正在成為一種新的國際規範，這在冷戰結束以後尤為明顯。國際干涉規範和實踐也一直在發生變化，比如從單邊干涉發展到多邊干涉。值得注意的是，國際組織在國際干涉行動中所扮演的角色發生了很大變化：「國際組織參與了許多冷戰時期的干涉行動，但它們通常僅扮演接觸性的角色。與之形成鮮明對照的是，自 1989 年以來，國際組織已經捲入幾

中國歷代與國際間的關係及規範變遷：從「文明標準」到「新文明標準」
第五章　改革開放與中國主動融入國際社會

乎所有的干涉行動，並在其中扮演了關鍵性角色。」[725]1994 年的盧安達大屠殺事件對國際干涉的理論與實踐都產生了巨大的影響，從此國際人道主義干涉在國際社會受到越來越多的支持，正在成為一種新的國際規範。這表現在 1994 年以後，「負責任主權」與「保護的責任」等支持人道主義干涉的概念開始在世界上流行開來。

改革開放以後，中國對國際干涉的態度發生了一些變化，從過去的無條件反對發展到現在的有條件支持。總體來說，中國支持聯合國授權和主導的國際干涉，但是一般反對沒有獲得聯合國授權和主導的國際干涉，除了國際社會對一國境內嚴重的人道主義災難的干涉。

維和行動屬於聯合國授權和主導的國際干涉行為，得到了中國政府的積極支持。如前所述，中國對聯合國維和行動的態度從反對、不介入到積極參與的變化，便從一個側面反映了中國對聯合國授權和主導的國際干涉行為態度的變化。在 1971 年以前，中國把聯合國維和行動看作是「美帝國主義國際警察部隊的分支」。[726]1971—1981 年間，中國在加入聯合國後的初期，採取了「不參與」聯合國維和行動的態度，既不參加相關投票，也聲明對維和行動不承擔任何財政義務。20 世紀 80 年代，中國「主動參與」聯合國維和行動。1981 年 11 月，中國常駐聯合國代表凌青表示，中國政府準備對今後聯合國維和行動採取區別對待的靈活立場，中國將從 1982 年 1 月 1 日開始交納現存兩支中東聯合國部隊的攤款。當年 12 月，中國第一次投票贊成增派聯合國駐塞浦路斯維和部隊。1988 年 7 月，中國申請參加聯合國維持和平行動特別委員會，當年 12 月召開的第 43 屆聯大一致透過決議，同意接納中國為聯合國維和行動特別委員會成員。1989 年底，中國政府派遣 20 名文職人員到納米比亞參加「聯合國過渡時期援助團」，監督納米比亞的獨立進程，首次參加聯合國維和行動。20 世紀 90 年代開始，中國「深入參與」聯合國維和行動。1990 年 4 月，中國首次向「聯合國停戰監督組織」派遣了 5 名軍事觀察員，參加「聯合國伊拉克—科威特觀察團」，這是中國軍事人員第一次參加聯合國維和行動。1992 年 4 月，中國派遣 47 名軍事觀察員和 400 人的維和工程大隊到柬埔寨參加「過渡時期聯合國權力機構」，這是中國第一次派出成建制的「藍盔部隊」。1997 年，中國常駐聯合國代理代表宣布，中

國政府決定原則上參加「聯合國維和待命安排」,並將在適當時候向聯合國維和行動提供軍事觀察員、民事警察和工程等後勤保障分隊。

中國對於 1991 年美國出兵科威特、反擊伊拉克侵略的行為實際上採取了支持的態度,主要表現在中國在安理會表決的時候與美國合作,從而使得安理會順利透過了相關決議,美國出兵也因此擁有了國際合法性。正所謂「中國如何投票,又成為美國能否合法出兵海灣的關鍵」。[727] 1990 年,伊拉克入侵科威特的事實顯而易見,公然違反了國際法的主權原則。1990 年 8 月 2 日,聯合國安理會透過 660 號決議,譴責伊拉克入侵科威特,中國投了贊成票。同年 8 月 6 日,安理會透過 661 號決議,對伊拉克實施經濟制裁,中國也投了贊成票。同年 11 月 29 日,安理會透過 678 號決議,授權對伊拉克使用「所有必要手段」,中國作為擁有否決權的國家投了棄權票。這賦予了美國於 1991 年發動的「沙漠風暴」軍事行動的國際合法性。此外,中國在 1992 年支持安理會授權在索馬利亞「使用一切必要手段」,在 1993 年支持安理會一項授權在海地使用武力的決議,在 1999 年支持安理會有關在東帝汶進行干涉的決議。[728]

然而,中國對於沒有得到聯合國授權和主導的其他國際干涉行為,特別是人道主義干涉行為則基本上採取了反對或不支持的態度。比如,中國在 1999 年反對北約在科索沃使用武力。因為在中國政府看來,人權屬於內政問題,外國無權以人權為由進行干涉。但需要指出的是,對於嚴重侵害人權的情勢,中國政府和學界並不反對國際干涉行為。比如,1991 年,中國國務院新聞辦公室發表的人權白皮書明確指出:「對於危及世界和平與安全的行為,諸如由殖民主義、種族主義和外國侵略、占領造成的粗暴侵犯人權的行為,以及種族隔離、種族歧視、滅絕種族、販賣奴隸、國際恐怖組織侵犯人權的嚴重事件,國際社會都應進行干涉和制止,實行人權的國際保護。」[729] 楊澤偉表示:「國際社會對一國境內嚴重人權災難的干涉,不應被認為是對該國內政的干涉。」[730]

五、中國與國際環境保護規範

大致從 20 世紀 70 年代開始，環境問題跨國化、全球化趨勢越來越明顯，同時保護環境的努力也開始全球化。[731] 於是，環境保護與治理也逐漸成為新的國際規範。其主要表現在於，自從 1972 年 6 月，在瑞典斯德哥爾摩舉行的聯合國人類環境會議（UN Conference on the Human Environment, Stockholm）開始，國際環境會議越來越受到關注（比如 1972 年的聯合國人類環境會議、1992 年的聯合國環境與發展大會、2002 年的可持續發展世界首腦會議），國際環境條約越來越多（到 2001 年，國際環境條約已經超過 500 個，其中 60% 是 1972 年以後達成的），政府間與非政府間國際環境組織的數量越來越大（其中，1970 年到 1990 年，政府間國際環境組織從 60 多個增加到 160 多個）。[732]

改革開放以來，伴隨經濟持續高速增長，中國的環境問題越來越嚴重，中國對國際環境保護規範的態度也逐漸發生了從消極到積極的變化。早在 1972 年，中國曾經派代表團出席在瑞典斯德哥爾摩召開的聯合國人類環境會議，但是中國拒絕參加投票，也不簽署公約。因此，改革開放以前的中國屬於國際環境制度的「落後參與者」。[733] 這是因為，中國在很長時間裡把國際環境的惡化歸結於資本主義發達國家對世界資源的過度掠奪。但是，從 20 世紀 70 年代末開始，中國先後簽署或加入了一系列國際環境公約和協定（包括《保護臭氧層維也納公約》《聯合國氣候變化框架公約》《生物多樣性公約》《京都議定書》等），並與一些國家簽署了環境合作雙邊協定或諒解備忘錄。特別是從 1989 年以後，中國政府以更加積極、建設性的態度介入國際環境事務之中，包括明確提出要開展環境外交（1989），成立中國環境與發展委員會（1992），制定或修改一系列環境保護方面的相關法律和法規（如《節約能源法》《可再生能源法》《循環經濟促進法》《清潔生產促進法》《森林法》《草原法》等），建立環境保護部際聯席會議制度（2001），積極參加全球與地區性國際環境會議以及環境合作項目，向國際環境機構提供資金援助等。[734] 中國在 1999 年還主辦了有關保護臭氧層的「蒙特利爾議定書締約方」的世界大會。

第七節　改革開放以來中國在國際社會中所承受的壓力

　　如前所述，改革開放以後，中國與國際社會的關係發生了重大變化。有中國學者指出：「以中共十一屆三中全會和 1979 年中美建交為標誌，中國進入國際主流社會已成為不可阻擋的歷史潮流。」[735] 也有中國學者認為，改革開放以來，中國改變了觀念，主動、積極融入國際社會，「中國不再是革命者、造反派，而是成為維護和平與穩定的舉足輕重的力量，成為國際社會負責任的重要成員」，「中國作為國際社會成員的身份已經實實在在地建構起來，並且在不斷向前發展」。[736] 然而，中國在融入國際社會的過程中，實際上也面臨著來自國際社會的巨大壓力，中國在一些方面被認為融入國際社會的程度不夠深，中國在國際社會中的合法性也受到質疑。

　　1989 年的政治風波之後，中國在人權和民主問題上面臨來自國際社會的巨大壓力。1989 年 6 月 5 日至 1989 年 7 月 15 日，美國、日本、歐共體和西方七國首腦會議相繼發表聲明，中止與中國領導層的互訪，停止向中國軍售和商業性武器出口，推遲國際金融機構向中國提供新的貸款。[737] 在美國的帶動下，有二十多個已開發國家參與了對中國的制裁，亞洲開發銀行和世界銀行也停止向中國提供新的貸款。[738] 一些西方國家在國際組織中就人權問題向中國施加壓力，以不同方式支持中國的持不同政見者，甚至對中國實施經濟制裁。美國等西方國家在聯合國人權委員會會議上曾連續十一次提出有關中國人權狀況的議案，但都未獲得透過。[739] 歐盟至今還沒有解除其自1989 年以來所實施的對華武器禁售。與此同時，一些西方國家在聯合國人權會議上提出過所謂「中國西藏局勢」議案。流亡海外的達賴喇嘛在 1989 年10 月被授予諾貝爾和平獎，並在此後獲得西方政府首腦的頻繁會見，這遭到中國政府的嚴重抗議，給中國與一些西方主要國家的關係帶來了負面影響。

　　面對西方在人權和民主問題上對中國所施加的壓力，鄧小平提出了應對策略：「對於國際形勢，概括起來就是三句話：第一句話，冷靜觀察；第二句話，穩住陣腳；第三句話，沉著應付。不要急，也急不得。要冷靜、冷靜、再冷靜，埋頭實幹，做好一件事，我們自己的事。」[740] 與此同時，鄧小平

中國歷代與國際間的關係及規範變遷：從「文明標準」到「新文明標準」
第五章　改革開放與中國主動融入國際社會

在多個場合反覆強調，必須堅持十一屆三中全會制定的改革開放和現代化建設的政策。[741] 中國的對外關係在複雜國際形勢之下也保持了穩定性與延續性，中國與西方主要國家的關係逐漸得到了改善。但是，1993 年克林頓入主白宮之後，美國政府把美國是否給予中國貿易最惠國待遇同中國是否在人權領域的各個方面取得「全面的重大的進步」聯繫起來。中國政府強烈反對把人權問題和貿易最惠國待遇掛鉤，最後迫使美國政府放棄了把兩者掛鉤的做法。2000 年，美國眾參兩院先後透過了美國給予中國永久正常貿易關係待遇的法案。

中國在融入世界經濟的過程中也遭遇了國際社會的壓力，這典型地體現在中國加入世界貿易組織的曲折歷程上。中國政府早在 1986 年就提出了參加關貿總協定的申請，後來又參加了有關加入世界貿易組織的談判。1999 年 11 月，中國與美國就中國加入世界貿易組織達成雙邊協議，從而結束了長達十三年的馬拉松式談判。中美達成的這個協議加快了中國與其他國家雙邊談判的進程，但是直到 2001 年 11 月，在卡塔爾首都多哈召開的世界貿易組織第 4 屆部長級會議上，才透過了中國加入世界貿易組織的決定，同年 12 月 11 日，中國才正式成為世界貿易組織的成員國。

中國在環境保護問題上，同樣也受到了來自國際社會的壓力。以氣候變化問題為例，1979 年舉行了第一屆世界氣候大會。中國從 1990 年開始參加國際氣候變化談判，從此中國一直堅持在應對氣候變化問題上「共同但有區別的責任」之原則，表明中國在達到開發中國家水平之前不承擔減排溫室氣體的義務，強調以人均能源消耗和人均溫室氣體排放為談判減排義務的重要基礎，主張已開發國家應該向發展中國家提供資金和技術方面的支持等。中國在氣候變化問題上的態度被認為比較消極，面對來自已開發國家以及許多發展中國家的巨大壓力。[742]

改革開放以來，中國在融入國際社會的過程中遭遇的一系列壓力，根源都在於中國被國際社會中的主導國家認為不符合或者不完全符合「新的文明標準」。在進入 21 世紀之後，隨著「中國崛起」成為一個熱門話題，中國

第七節　改革開放以來中國在國際社會中所承受的壓力

在國際社會中所面臨的壓力變得更為巨大。這是本書最後一章將重點討論的問題。

第六章　中國的崛起與國際規範的變遷

第六章　中國的崛起與國際規範的變遷

　　進入 21 世紀，隨著中國綜合國力的日益增強，中國在國際社會中的「崛起」及其影響已經成為一個國際熱門話題。與此同時，一些西方學者開始明確提出和討論「新文明標準」（new standard of civilization）概念，而民主和人權等往往被視為其中的關鍵要素。值得指出的是，一些非西方國家的知識精英和官員，包括中國的鄰國日本、印度、韓國等國的知識精英和官員，在討論非西方國家崛起的同時，也認為民主、人權、環境主義、市場經濟等已經成為當今國際社會的普遍價值，實際上認同西方學者所說的「文明標準」。在一些西方學者（以及某些非西方學者）看來，正在崛起中的中國尚未符合或者不完全符合國際社會的「新文明標準」，因而可能對西方構成挑戰。因此，崛起的中國如何應對國際規範的變遷，尤其是「新文明標準」的出現，將是 21 世紀中國與國際社會關係中的一個重要問題。

第一節　中國的崛起

　　中國改革開放的主要成果之一，便是中國綜合實力（首先是經濟實力）的迅速增強，導致在國際社會中出現了一個廣為矚目的「中國崛起」現象。中國崛起及其對近代以來西方主導的國際社會所產生的影響，也自然成為冷戰結束以後的一個國際熱門話題。早在 20 世紀 90 年代初期的時候，就已經有西方學人出版了有關「中國崛起」（the rise of China or China』s rise）的專著，儘管「中國崛起」並非冷戰以後才出現的概念。[743] 隨後，中國學者也開始研究相同問題並出版了相關著述。[744] 如果說 20 世紀 90 年代末，還有一些西方輿論對中國崛起抱有懷疑，[745] 那麼進入 21 世紀後，中國崛起為大國則似乎已經成為西方學者、評論家和政治家的廣泛共識了。[746] 甚至有西方學者創造了「中美國」（Chimerica）、「兩國集團」（G2）等吸人眼球的概念，解讀中國實力的極大增強。[747] 此外，還有西方學者出版了《當中國統治世界：中國的崛起和西方世界的衰落》《西方的衰落》之類的著作。

中國歷代與國際間的關係及規範變遷：從「文明標準」到「新文明標準」
第六章　中國的崛起與國際規範的變遷

[748]趙可金明確指出，21世紀初，最大的國際政治變化就是中國的持續崛起，中國已經從一個國際社會中的邊緣角色發展成為全球經濟、政治和安全領域中的顯赫角色。[749]特別是自從2003年以來，隨著中國知識精英和國家領導人公開闡述中國「和平崛起」思想，有關中國崛起的討論更是逐漸成為一種國際時尚，甚至中國人提出的「和平崛起」（peaceful rise）這個概念本身，也成為某些西方國際關係學者研討的對象。[750]一位歐洲學者甚至這樣寫道：「今天歐洲的所有人都在觀察中國，大家無論是否瞭解中國，都對中國有看法。」[751]據我的不完全統計，2000—2009年間，在西方出版的、以「中國崛起」為主題的英文書籍就超過了20部。[752]此後，還不斷有類似的著作問世。[753]實際上，西方媒體的報導亦是如此。正如澳大利亞學者潘成鑫所說的：「二十一世紀頭十年裡，被媒體報導最多的事件，不是全球金融危機，不是經年累月的伊拉克戰爭，甚至也不是『911』恐怖襲擊，而是中國的崛起。」[754]

雖然中國崛起在21世紀初成為一個熱門話題，但是這並非意味著中國崛起只是21世紀初的現象，也不是說中國崛起的過程在21世紀初已經完成了。實際上，中國的崛起是一個很長的歷史過程。中國在國際社會中的崛起最早可以追溯到1943年中國成為國際社會中的一個具有完全主權地位的國家，它在1945年還成為聯合國安理會五大常任理事國之一。但是，第二次世界大戰結束之後的國共內戰以及1949年以後中華人民共和國長期在國際社會中被孤立和歷經多次政治動盪，中國的崛起過程如果不能說是被中斷的話，至少也是受到了嚴重的干擾和阻礙。中國真正被認為開始在國際社會中崛起，應該是在20世紀70年代末改革開放政策提出之後。改革開放以來，中國發生了巨大的變化，特別是經濟持續快速增長。在過去30多年中，中國經濟持續高速增長，以至於到了21世紀初，中國在經濟發展方面所取得的成就令世界矚目。1979—2007年間，中國GDP年均增長率為9.8%，超過了日本、韓國、新加坡以及中國香港、中國臺灣地區經濟起飛時的紀錄。在2001年，中國GDP總值達到9.59533萬億元人民幣（按當時的人民幣兌換美元的匯率，約合1.15萬億美元），經濟總量居世界第六位。[755]中國GDP總值在2005年超過英國，在2007年超過德國，到了2010年，中國GDP總值已經上升到5.8786萬億美元，超過了日本，成為世界第二大經濟體。[756]2013年，

中國的進出口貿易總值首次超過 4 萬億美元，成為世界第一大貿易國。2014 年，中國 GDP 總值達到 9.88 萬億美元，占美國 GDP 的 57%，占世界 GDP 的 12%，繼續保持世界第二大經濟體地位。迄今為止，中國也是世界上外匯儲備最多的國家。

中國取得如此大的經濟發展成就，主要得益於 20 世紀 70 年代末開始的改革開放政策。進入 21 世紀，中國領導人表示要繼續堅持改革開放路線，並且努力進一步深化改革、轉變經濟增長方式。2002 年，中共十六大宣告中國社會主義市場經濟體制初步建立，提出到 2020 年建成完善的社會主義市場經濟體制。十六屆三中全會（2003）透過了《中共中央關於完善社會主義市場經濟體制若干問題的決定》。2012 年，中共十八大提出堅持社會主義市場經濟的改革方向，加快完善社會主義市場經濟體制。作為繼續改革開放的一個重要具體舉措，2013 年 9 月，中國境內首個自由貿易區在上海浦東揭牌，除了建立自由貿易區之外，還涉及外資、財稅、物流、政府行政管理等諸多領域的改革探索。2013 年 11 月 9 日—12 日，中共十八屆三中全會提出全面深化中國的改革。這次全會透過的《中共中央關於全面深化改革若干重大問題的決定》提出，「面對新形勢新任務，全面建成小康社會，進而建成富強民主文明和諧的社會主義現代化國家、實現中華民族偉大復興的中國夢，必須在新的歷史起點上全面深化改革」。該會議文件特別強調「緊緊圍繞使市場在資源配置中起決定性作用深化經濟體制改革，堅持和完善基本經濟制度，加快完善現代市場體系、宏觀調控體系、開放型經濟體系，加快轉變經濟發展方式，加快建設創新型國家，推動經濟更有效率、更加公平、更可持續發展」。[757] 2013 年，習近平關於《全面深化改革若干重大問題的決定》的說明指出：「從黨的十一屆三中全會作出把黨和國家的工作重心轉移到經濟建設上來、實行改革開放的歷史性決策以來，已經 35 個年頭了。中國人民的面貌、社會主義中國的面貌、中國共產黨的面貌能發生如此深刻的變化，中國能在國際社會贏得舉足輕重的地位，靠的就是堅持不懈推進改革開放。」他同時表示：「正是從歷史經驗和現實需要的高度，黨的十八大以來，中央反覆強調，改革開放是決定當代中國命運的關鍵一招，也是決定實現『兩個一百年』奮鬥目標、實現中華民族偉大復興的關鍵一招，實踐發展永無止境，

解放思想永無止境，改革開放也永無止境，停頓和倒退沒有出路，改革開放只有進行時、沒有完成時。面對新形勢新任務，我們必須透過全面深化改革，著力解決中國發展面臨的一系列突出矛盾和問題，不斷推進中國特色社會主義制度自我完善和發展。」[758]

中國的國防現代化建設也取得了很大成就，多種科技含量高的武器裝備陸續列裝部隊。特別是在 2004 年 8 月，中國的航空母艦工程正式啟動，中國的第一艘航空母艦遼寧號於 2012 年正式入列並完成了艦載機的起降，這無疑具有重要的象徵意義，是中國建設「海洋強國」的具體措施之一。中國在科學技術方面所取得的進步同樣讓世界矚目。在 21 世紀初，中國的北衛星導航系統、載人航天事業、探月工程、深潛技術、高速鐵路領域等都取得了重大進展，捷報頻傳。

但是，中國的崛起過程並沒有結束，中國的人均國內生產總值（2010 年底，中國人均 GDP 在世界排名第 100 位左右，不到世界平均水平的一半。按照每人每天 1 美元的聯合國標準，中國仍有 1.5 億貧困人口）和國民收入水平在世界上依然很低，在綜合實力方面和已開發國家（特別是與美國相比）之間有很大的差距，在國內和國外都面臨很多、很大的挑戰。改革開放以後中國經濟高速增長也不可能長期持續下去。因此，今天的中國依然處於崛起的過程中，或者說只是一個正在崛起之中的大國。有中國學者指出：「中國的崛起還是一個長過程。鑒於中國綜合實力提升快速，總量巨大，影響也就非同一般。但是，中國作為一個發展中國家，總量的膨脹並不能說明一切，人均收入還很低，社會分配差距還很大，地區發展還很不均衡，特別是為實現高增長付出的代價巨大，並留下許多有待治理的問題，政治體制改革滯後，貪腐嚴重，公民的權益保障和民主參與度還很低，如此等等，表明中國的真正挑戰是在國內，即能否保持政治與社會的穩定、發展的可持續性，能否真正走出一條經濟發展可持續、政治體制具有公信力的中國道路。」[759] 因此，有西方學者認為，中國要想成為一個像美國那樣的、真正的「全球性大國」（global power），還有很長的路要走，中國還只是一個「不完全的大國」（the partial power）。[760] 值得注意的是，有中國學者預測，到 2023 年，世界上將有兩個超級大國，而中國將成為其中「一個標準的世界超級大國」，

這將改變1991年蘇聯解體以來世界上只有一個超級大國的格局。[761]閻學通指出：「經過近40年的持續發展，雖然中國目前還不是國際舞臺上的一號角色，但已經是一個名副其實的二號角色。這種二號角色不僅體現在經濟維度，而且體現在政治、文化、地緣等多個維度。一個全新的二號角色的隆重出場對既有國際舞臺的衝擊和影響必將是全方位的。」[762]然而，這並非中國學界的普遍共識。值得注意的是，中國領導人明確表示中國無意、無力挑戰美國的世界領導地位。比如，2014年12月17日，中國國務院副總理汪洋在美國芝加哥出席中美商業論壇時指出：「中國既沒有想法，也沒有能力，挑戰美國的領袖地位。我們只是想在與美方的合作中，使美方能夠更好地瞭解中方的想法，理解中國的國情，尊重中國人民的道路選擇，不讓政治制度差異，成為阻隔經濟合作的障礙。」[763]王緝思指出：「美國應當尊重中國的國內秩序，而中國不需要從根本上挑戰美國所倡導的國際政治經濟秩序。」[764]

中國的崛起也是國際社會中非西方國家崛起的一個組成部分。如前所述，由主權國家組成的現代國際社會發源於歐洲，後來逐漸擴展到全世界，成為全球性的國際社會，西方國家一直是現代國際社會的主導者，是國際規範和「文明標準」的主要制定者、修訂者、傳播者以及裁決者，非西方國家作為現代國際社會的後來者，力量相對較弱，而且總體來說是國際規範和「文明標準」的接受者或者抵制者。然而，國際社會向全球擴展的過程，也為非西方國家在國際社會中的崛起創造了重要條件。這是因為，隨著非西方國家加入國際社會，特別是第二次世界大戰結束以後，廣大的原先西方國家的殖民地或半殖民地紛紛獲得獨立地位並加入國際社會，國際社會中的非西方國家逐漸占據了絕大多數的席位，這在聯合國成員國組成中表現得尤為明顯。然而，儘管非西方國家在第二次世界大戰結束以後，逐漸成為國際社會中的絕大多數，它們在國際社會中的影響力還是相對比較弱小的，20世紀50—60年代興起的第三世界被視為「反抗西方」的重要勢力，西方國家依然維持著國際社會中的主導地位。但是，進入21世紀以來，隨著中國、俄羅斯、印度、巴西、南非等所謂「金磚國家」的實力的快速增長，非西方國家在國際社會中的群體性崛起已經成為不爭的現實，對西方國家在國際社會中的主導

中國歷代與國際間的關係及規範變遷：從「文明標準」到「新文明標準」

第六章　中國的崛起與國際規範的變遷

地位正在產生越來越大的衝擊，它們不滿足於只當國際規範的接受者，也希望參與新的國際規範的制定。有西方學者寫道：「西方塑造了我們生活的世界，雖然現在它越來越多地受到中國的影響，但是西方國家仍然是當今世界上最具壓倒性優勢的主導力量。西方對世界的影響如此之深，以至於難以想像如果沒有它，或者所有這些從來沒有發生過，世界將會變成什麼樣子。我們認為西方霸權的存在是理所當然的（它是如此根深蒂固和無所不在），我們不知不覺就認為它的存在是非常自然的……西方霸權既不是自然的產物，也不是永恆的，相反，在某個時期它將會自行終止。」[765] 龐中英指出：「西方霸權時代的歷史終點儘管尚未抵達，但是一些動向和勢頭已經預示著，在可預見的未來，如果西方無法找到新的路徑遏止其危機，將加速抵達其霸權的終點。」[766] 針對中國和其他非西方國家的崛起以及西方陷入經濟危機的現象，布贊認為：「2008年可能標誌著西方全球性國際社會宣告終結的開端，因為全球性經濟危機完全可以被後世看作是一個轉折點，即西方全球性國際社會開始演變成另一種國際秩序，後者依然是高度全球性的，但其西方色彩卻越來越弱。若果真如此，那就意味著我們現在處於一個轉折時期。這個在19世紀確立起來而後又經歷了整個20世紀的以現代性為中心的、極其不平衡但又相互聯繫的國際社會，正在逐步讓位於另外一種國際秩序。」[767] 他進一步指出：「我們正在邁步走向一個沒有超級大國的世界！這樣一個世界，將會由大國和地區國家組成，但不會再有什麼超級大國，因為超級大國是此前的巨大不平衡性的一大表象，而這種不平衡，正是19世紀所造就的權勢模式當中的種種差異的產物。顯而易見，美國正在失去控制權。作為一個全球超級大國，它必須擁有大約全世界40%的國內生產總值——英國和美國在其如日中天之際正是如此。而在今後，沒有哪個國家可以做到這一點。中國正在崛起，中國也很大，但是，其他許多國家也在崛起。在現代性革命的肇始階段，少數幾個歐洲國家做到了權勢集中，從而得以在一個短暫而罕見的歷史時期內獨占鰲頭。今後，這種現象將不再可能出現了。」[768] 我認為，現在談西方霸權的終結可能還為時過早，「非西方崛起群體」與冷戰時期的「第三世界」或者「不結盟運動」一樣，遠沒有發展成為一個在國際社會中

具有高度凝聚力的、影響巨大的單一行為體。但是，非西方國家在國際社會中的持續崛起是一個歷史發展趨勢。

值得注意的是，進入 21 世紀，在非西方國家中，中國想要和平崛起為世界大國的意願是很強烈的。（或許最為強烈？）正如徐中約所指出的：「對中國來說，目前正處於歷史上的有利時期。中國經過了一個半世紀的內憂外患，富裕、強大和獲取國際尊重似乎即將到來。中國人在精神上重新獲得自信，很多人認為國運正在往上走，該是中國宣稱自己『天命所歸』的時候了。」[769] 中國日益自信的一個表現，就是中國領導人在 2003 年闡述了「和平崛起」的思想，後來改為「和平與發展」「中華民族的偉大復興」以及「中國夢」等不同但類似的提法。與此同時，中國領導人也表達了要「推動不同文明友好相處、平等對話、發展繁榮，共同構建一個和諧世界」的主張。[770]

在我看來，所謂的「中國崛起」至少包含兩個層面的含義，即中國在世界上實力地位的大大提高，以及中國被承認為大國俱樂部的成員之一併參與國際規範的制定以及國際新秩序的塑造。實力地位的提高，特別是經濟實力和軍事實力的增強，是中國主要透過自己的努力就可以實現得了的目標。改革開放 40 年來，中國在這個方面的實力地位已經得到很大的提高。而中國被承認為世界大國俱樂部的成員之一併參與國際規範的制定以及塑造未來的國際秩序，則需要獲得其他國家，特別是國際社會中主導國家的認可與支持，其行為需要被認為符合國際社會主流的行為規範並具有「國際合法性」（international legitimacy）[771]。中國在這個方面的實力地位也有一定的提高，但提升的幅度遠不如前一個方面。上述中國崛起的第一個層面的含義主要是物質上的，而第二層面的含義則主要是理念上的。當然，這兩個方面相互關聯、密不可分。相對來說，人們對於中國崛起的第一個層面的論述比較多，而對中國崛起的第二個層面的討論則比較少。實際上，有關中國崛起的第二個層面涉及中國與國際社會關係的核心問題，即一個正在崛起的中國如何對待主要由西方國家所構建的國際規範？具體來說，一個崛起的中國對於現存國際規範的態度到底是適應、接受，還是修正、挑戰？或者既適應、接受，又修正、挑戰？事實上，作為主要由西方國家構建的社會事實（體現在西方話語之中），國際規範本身並非一成不變，而是始終處於變化過程之

中的，中國作為一個正在崛起的非西方大國，總是要面臨如何對待主要由西方國家主導的國際規範變遷這樣一個重要問題。簡單地說，今天西方所主導的國際規範變遷的一個重要內容，就是正在發生著從強調主權原則到強調人權和民主等原則的轉變，這是正在崛起的中國所不得不面對的國際社會現實。

第二節　中國努力成為國際社會中的負責任大國

中國在國際社會中不斷崛起，這既是改革開放政策所導致的結果，也是在主動融入國際社會的進程中得以實現的。因此，進入 21 世紀之後，作為一個正在崛起中的大國，中國繼續堅持走改革開放的道路，繼續主動融入國際社會之中，並且更加積極主動地承擔與自身實力相稱的國際責任，努力扮演國際社會中負責任大國的角色。正如中國政府明確表明的：「作為國際社會負責任的國家，中國遵循國際法和公認的國際關係準則，認真履行應盡的國際責任。」[772]

進入 21 世紀，中國融入國際社會的程度更深，中國在國際舞臺上更加活躍和積極主動，以實際行動表明中國作為國際社會的重要一員，願意並努力承擔相應的國際義務和責任。達巍指出：「中國對現有國際制度的看法逐漸走向肯定，中國在國際制度中的角色也逐漸轉變為參與者和改革者。」[773] 另外，黃仁偉在談到中國應認真吸取後起大國應對守成大國的經驗教訓時指出：「後起大國應盡力避免挑戰和對抗現存國際體系。守成大國一般同時也是現存國際體系的主導者和國際規範的創製者，而國際體系的大部分成員已習慣於追隨守成大國及其控制的國際體系。後起大國應參與現存國際體系的改革，而不是另起爐灶。」[774] 但需要指出的是，在此問題上，中國社會內部實際上存在著不同的聲音，中國的一些行為在國際舞臺上也受到質疑，被認為「很強勢」。

一、參與國際社會的程度更深

在 21 世紀初，中國對國際社會的參與程度達到了前所未有的高度。截至 2011 年 7 月 31 日，中國已經同 172 個國家建立了外交關係，其中有 7 個

第二節　中國努力成為國際社會中的負責任大國

國家（東帝汶民主共和國、多米尼克國、黑山、哥斯達黎加共和國、紐埃、馬拉維共和國以及南蘇丹）是在 2002—2011 年間與中國建交的。[775] 也就是說，除了與臺灣當局保持「外交關係」的二十多個國家外，中國已經同世界上絕大多數國家建立起了正常的外交關係，包括在 2011 年獨立的南蘇丹。與此同時，中國參加了 100 多個政府間國際組織，簽署了近 300 個國際條約，向 110 多個國家和地區組織提供了 2000 多個援助項目。以上這些數據清楚地說明，中國的外交空間在 21 世紀初得到了極大的拓展。

同樣值得注意的是，進入 21 世紀，越來越多的中國人開始出任國際組織的高級官員，國際組織中出現了更多的中國面孔，在一定程度上體現了中國在國際社會中的影響和地位。2006 年 11 月，中國香港的陳馮富珍當選世界衛生組織總幹事。2007 年 6 月，沙祖康就任聯合國負責經濟和社會事務的副秘書長。2007 年 11 月，張月姣被世界貿易組織任命為常設上訴機構成員，成為第一個當選該組織大法官的中國人。2008 年 6 月，林毅夫出任世界銀行副行長兼首席經濟學家。2010 年 6 月，薛捍勤當選國際法院法官，當年 9 月宣誓就職，成為國際法院首位中國籍女法官。2011 年 7 月，朱民被任命為國際貨幣基金組織副總裁。2012 年 3 月 7 日，國際貨幣基金組織執行總裁拉加德發表聲明，宣布任命中國籍僱員林建海擔任該組織秘書長。2012 年 5 月，吳洪波出任聯合國負責經濟和社會事務的副秘書長。2013 年 11 月，中國教育部副部長郝平在聯合國教科文組織第 37 屆年會上當選為新一屆大會主席，任期兩年。2016 年 1 月，世界銀行宣布任命中國財政部國際財金合作司司長楊少林擔任世界銀行常務副行長兼首席行政官。2017 年 6 月，中國外交部副部長劉振民被聯合國秘書長任命接替吳洪波，出任聯合國負責經濟和社會事務的副秘書長。可以預見，今後，中國人擔任國際組織高官的現象將會越來越普遍，國際組織中來自中國的僱員，尤其是高級管理人員偏少的狀況將逐步改變。

此外，中國在 2001 年主辦上海 APEC 首腦會議、2008 年成功舉辦北京夏季奧運會、2010 年成功舉辦上海世博會、2014 年主辦北京 APEC 首腦會議、2016 年舉辦杭州 G20 峰會等，也從另外一個側面反映了中國參與國際社會的深度與廣度。

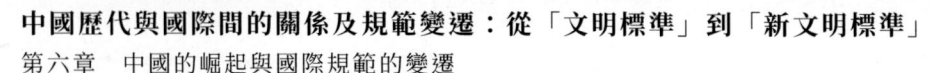

二、更加積極地參加聯合國的工作

在 21 世紀初,中國以更加積極和建設性的姿態參加聯合國各個機構的工作,並且在其中發揮日益重要的作用。中國政府明確表示,要維護和完善以聯合國為中心的現行國際體系和秩序。[776] 這首先體現在中國從 21 世紀初,開始加大了參加聯合國維和行動的力度上。

2001 年 12 月,中國正式成立國防部維和事務辦公室,統一協調和管理中國軍隊參加聯合國維和行動事務。2002 年 1 月,中國正式參加聯合國維和行動一級待命安排機制。2002 年 10 月,國務院、中央軍委批準了參加聯合國維和待命分隊組建方案,可以在聯合國需要時派遣 1 個聯合國標準工程營(525 人)、1 個聯合國標準醫療隊(35 人)和兩個聯合國標準運輸連(各 80 人)。自 2004 年 3 月開始,中國成為聯合國安理會常任理事國中派遣維和人員最多的國家。截至 2012 年底,中國共參加了 23 項聯合國維和行動,累計派出維和軍事人員兩萬多人次。中國參加維和行動的所有官兵均被授予聯合國和平勳章,有 3 名軍官和 6 名士兵在執行維和任務中犧牲,被授予聯合國哈馬舍爾德勳章。不僅如此,中國目前還是聯合國 115 個維和出兵國中派出工兵、運輸和醫療等保障分隊最多的國家,是繳納維和攤款最多的發展中國家。截至 2012 年 12 月,中國人民解放軍共有 1842 名官兵在 9 個聯合國任務區遂行維和任務。其中,軍事觀察員和參謀軍官 78 人,赴聯合國剛果(金)穩定特派團工兵、醫療分隊共 218 人,赴聯合國利比里亞特派團工兵、運輸和醫療分隊共 558 人,赴聯合國駐黎巴嫩臨時部隊工兵、醫療分隊共 335 人,赴聯合國南蘇丹特派團工兵、醫療分隊共 338 人,赴聯合國/非盟達爾富爾特派團工兵分隊 315 人。[777] 截至 2017 年 6 月,中國軍隊共派出 2515 名官兵在十個任務區執行維和任務。[778] 中國參與的維和行動已經遍及全球,許多分佈在高風險區域,中國維和人員傷亡事件時有發生。此外,中國維和警察也在中美洲的海地、西南亞的阿富汗等國家參加維和行動。其中在 2010 年 1 月的海地大地震中,8 名中國公安部工作組成員和維和警察喪生。對於聯合國維和行動,中國強調新的維和理論應以傳統維和原則為基礎,並為廣大會員國所接受。[779] 在 2015 年 9 月舉行的聯合國成立 70 週年系列峰

會上，習近平代表中國政府宣布，設立為期 10 年、總額 10 億美元的中國—聯合國和平與發展基金；加入新的聯合國維和能力待命機制，為此率先組建常備成建制維和警隊，並建設 8000 人規模的維和待命部隊。

與此同時，中國對聯合國維和行動費用的攤款比例也不斷增加，1998—2000 年度為 0.9%，2001—2003 年度為 1.91%，2007—2009 年度為 2.66%。根據聯合國達成的 2010—2012 年度會費比額分攤辦法，中國的會費比額有較大增長：正常預算攤款比額將從 2.667% 增長到 3.189%，維和費用將從 3.1474% 增長到 3.9390%。這意味著，從 2010 年起，中國分攤的聯合國正常預算和維和攤款分別達到 8000 萬美元和 3 億美元。加上其他的單列支出，中國繳納的各項聯合國費用總計達到 4 億美元左右。[780]2015 年 12 月，聯合國大會透過了各會員國 2016—2018 年度維和攤款比例，中國承擔 10.2885%，在 192 個會員國中排名第二位。[781] 由於中國經濟持續發展，可以預計，今後中國的攤款比例還會不斷增加。

對於中國對待聯合國維和行動態度的變化以及中國在 21 世紀聯合國維和行動中的重要作用，何銀明確提出：「自從 1971 年重返聯合國以來，中國的維和建和政策經歷了三個階段：從 20 世紀 70 年代反對，到 80、90 年代有限參與，再到進入 21 世紀後日益積極參與並成為支持維和建和的中堅力量。」[782]

三、在維護國際核不擴散體系中扮演重要角色

中國與國際社會一道，努力支持和維護國際核不擴散體系，維護全球與地區的安全與穩定。在 21 世紀初，中國在解決朝鮮核問題以及伊朗核問題上的積極和建設性態度令世界矚目，尤其是在朝核問題上，中國曾經以六方（中、美、俄、日、朝、韓）會談東道國的身份發揮了特殊的作用。

中國在 21 世紀初成為國際核不擴散體系組成部分的核供應國集團（NuclearSuppliers Group，簡稱 NSG）的成員，並參與該組織的相關審議活動。核供應國集團成立於 1975 年，是一個由擁有核供應能力的國家組成的多國出口控制機制。該組織在國際防核擴散及核出口控制領域發揮著重

要作用。該集團的宗旨是透過加強核出口管制,防止敏感物項出口到未參加《不擴散核武器條約》的國家。2004年1月,中國駐維也納代表團大使張炎分別緻函NSG主席和國際原子能機構總幹事,正式申請加入核供應國集團。同年5月,在瑞典哥德堡舉行的核供應國集團年會上,經全會審議一致同意,接納中國加入核供應國集團。中國加入核供應國集團之後,面臨印度申請加入該組織的問題。眾所周知,印度與巴基斯坦於1998年先後進行了多輪核試驗,成為事實上的核國家,但不為國際社會所承認。美國與包括中國在內的世界上幾大核國家都譴責南亞核試驗。但是,進入21世紀,美印關係得到快速發展,美國實際上承認印度核國家地位,並給予諸多支持。2006年,美印簽署了民用核能合作協議,該協議使印度能夠從美國獲得核技術及核燃料。然而,因印度不是《不擴散核武器條約》簽約國,按規定美國不能向印度出口核技術與核燃料。但根據印美兩國達成的核能合作協議,只要印度滿足某些條件,就可作為「特例」從美國進口核技術與核燃料。這實際上表明美國改變了自己長期以來執行的核不擴散政策,也體現了美國自身的政治、經濟和戰略偏好。[783] 在美國的要求之下,經過長時間磋商,核供應國集團45個成員於2008年9月6日就取消對印度核出口限制達成了一致。此舉意味著核供應國集團同意解除對印度實施了34年的核禁運,為印度和美國核能合作協議最後提交美國國會審批開了綠燈。中國代表團團長成競業在核供應國集團當天的會議上發言指出,中方希望,核供應國集團此舉能夠經得起時間的考驗,有助於實現防擴散目標及和平利用核能的目標,同時希望核供應國集團全面考慮各方因素,在堅持核不擴散機制的前提下,平衡對待各方和平利用核能的願望和要求。中國和巴基斯坦在2010年簽署了有關中國幫助巴基斯坦建造兩個民用核反應堆的協議,這被認為是對美印核合作的回應。[784]2016年,中國和其他一些國家反對印度成為核供應國集團成員,引起印度的不滿。

中國政府在冷戰結束以後,始終堅持反對朝鮮半島核擴散的立場,同時主張以和平的方式解決朝核危機。在2002年第二輪朝核危機開始之後,中國政府在有關當事國之間進行積極的斡旋工作,並最終促成了朝核問題六方會談的召開。在2003—2008年間,中國先後主持召開了六輪朝核問題六方

會談，努力推動有關各方（特別是美朝）就朝核問題的解決達成共識，扮演著一個調停者的角色。然而，六方會談並沒有達到預期目標。2006年10月，朝鮮不顧國際社會的反對，進行了第一次地下核試驗，使得朝核危機進入了一個更難以解決的階段。自從2008年12月六方會談代表團會議結束之後，朝核問題六方會談便陷入長時間中斷的境地。朝鮮此後又在2009年、2013年、2016年、2017年（截至該年9月底）先後進行了五次地下核試驗。聯合國安理會分別在2006年、2009年、2013年、2016年、2017年先後就朝鮮的每一次核試驗都透過了越來越嚴厲的有關制裁朝鮮的決議。中國政府也明確表示會認真執行最終透過的安理會決議，儘管中國因此付出的經濟和外交損失都很大。

與此同時，中國也是伊朗核問題磋商機制的積極參與者，一直主張透過對話與談判解決伊朗核問題，維護《不擴散核武器條約》。中國與各方廣泛溝通，為推動外交解決伊朗核問題作出了不懈努力。中國領導人多次做美國、土耳其、巴西及歐盟等國家和地區的領導人的工作，勸和促談。中國還派高級別官員赴德黑蘭訪問，推動解決伊朗核問題的談判進程。中國以建設性態度參加聯合國安理會和國際原子能機構理事會關於伊朗核問題的討論，全面參與六國機制進程，出席了各次六國外長會議、六國政治總司長會議以及六國與歐盟同伊朗對話。此外，中國還嚴格履行安理會關於伊朗核問題的決議以及自己承擔的防擴散義務。[785] 從2006年7月到2010年6月，安理會就伊朗核問題透過了6個決議。其中，2010年6月，安理會以12票贊成、2票反對（巴西、土耳其）、1票棄權（黎巴嫩）透過了關於伊朗核問題的第六個決議，即1929號決議，強化對伊朗制裁。中國常駐聯合國代表就1929號決議表示，中國支持維護國際核不擴散體系，但是中方認為，制裁不可能從根本上解決伊朗核問題，伊朗核問題的全面最終妥善解決，必須回到對話和談判的軌道上來。[786] 2013年11月，伊朗核問題六國，即美國、俄羅斯、英國、法國、中國五個聯合國安全理事會常任理事國加德國，同伊朗達成了為期6個月的初步協議：在這6個月裡，伊朗不得從事豐度5%以上的鈾濃縮；5%以上的濃縮鈾以稀釋等方式「處理」，以防用於製造核武器；伊方不得擴建或新建鈾濃縮設施；可用於提取核武器材料鈽的阿拉克重水反應堆

停止建設；伊朗允許國際原子能機構核查人員進入更多設施。與此同時，伊核問題六國不再對伊追加制裁；暫停對伊貴金屬、汽車零部件和石化製品的禁運；允許少量伊朗石油出口；解凍伊朗留學生資金；放寬對伊食品和藥品進口限制。[787] 2015 年 4 月，六國與伊朗達成一項伊核問題框架性解決方案，為最終達成一項全面協議確立了基礎。當年 7 月 14 日，伊朗核問題六國與伊朗終於達成了歷史性的全面解決伊朗核問題的協議，六國和伊朗透過一年半多時間的談判，為解決延續了 12 年的伊朗核問題達成了政治共識。伊核問題協議包括解除對伊朗制裁及其行動計劃、核技術合作、對協議實施的監控、對伊朗核能力的設限以及聯合國安理會決議的草案等關鍵方面的內容。伊朗重申在任何情況下都不會尋求、開發和獲得任何核武器，並接受國際原子能機構的核查；伊朗在《不擴散核武器條約》相關規定下完全擁有和平利用核能的權利。王毅在接受媒體採訪時表示，中國為達成伊核全面協議發揮了獨特的建設性作用，得到各方高度讚賞和肯定。該協議達成之後，美國總統奧巴馬給中國國家主席習近平打電話表示，中國在伊朗核問題達成全面協議中發揮了十分重要的作用，美方感謝中方為達成這一歷史性協議所做的貢獻。[788]

四、勇於承擔國際責任

中國勇於承擔力所能及的國際責任。21 世紀初，中國作為一個發展中國家，一直與其他發展中國家一道，多次在國際場合呼籲減免發展中國家的債務，為發展中國家的經濟發展爭取更多的優惠條件。中國認真落實聯合國千年發展目標，成為全球唯一提前實現貧困人口減半目標的國家，並根據自身能力積極開展對外援助。截至 2009 年底，中國累計向 161 個國家、30 多個國際和區域組織提供了 2563 億元人民幣的援助，減免 50 個重債窮國和未開發國家債務 380 筆，為發展中國家培訓人員 12 萬人次，累計派出 2 萬多名援外醫療隊員和近 1 萬名援外教師。中國積極推動未開發國家擴大對華出口，並已承諾對所有同中國建交的未開發國家 95% 的輸華產品給予零關稅待遇。[789] 中國特別重視對非洲的援助，並強調不附加任何政治條件，不干涉受援國內政。正如 2014 年 5 月 8 日在非洲訪問的中國總理李克強在演講中所指出的：

第二節　中國努力成為國際社會中的負責任大國

「中國雖然還是發展中國家，但畢竟已成為主要經濟體。中方將一如既往，在力所能及的範圍內繼續擴大對非援助規模，提高援助質量。我們將把中國對外援助的一半以上用於對非洲的援助，把重點放在非洲需要的減貧、農業、衛生、清潔用水、防災減災等領域，幫助非洲人民解決更多民生問題。中國將繼續向非洲派遣醫療隊，深入到醫院和鄉村。我要重申，中國的所有援助，都堅持不附加任何政治條件，不干涉非洲國家內政，不提強人所難的要求。」[790]2008 年國際金融危機發生後，中國積極參與二十國集團等全球經濟治理機制建設，推動國際金融體系改革，參與各國宏觀經濟政策協調，參與國際貿易融資計劃和金融合作，組織大型採購團赴海外採購，向陷入困境的國家伸出援手。2009 年 4 月 2 日，在倫敦召開的 G20 峰會上，中國承諾抵制貿易保護主義，出資 400 億美元支持 IMF，這些都是中國作為「負責任大國」的生動表現。[791]2015 年 9 月 27 日，中國國家主席習近平在聯合國發展峰會上宣布，中國將設立「南南合作援助基金」，首期提供 20 億美元，支持發展中國家落實 2015 年後發展議程；中國將繼續增加對最未開發國家的投資，力爭 2030 年達到 120 億美元；中國將免除最未開發國家、內陸發展中國家、小島嶼發展中國家截至 2015 年底到期未還的政府間無息貸款債務。[792]

值得指出的是，中國武裝力量在 21 世紀初積極參加政府組織的國際災難救援和人道主義援助，向有關受災國提供救援物資與醫療救助，派出專業救援隊赴受災國協助救援減災，為有關國家提供掃雷援助，開展救援減災國際交流。據 2013 年 4 月發表的《中國武裝力量的多樣化運用》白皮書，2002 年以來，中國人民解放軍已執行國際緊急人道主義援助任務 36 次，向 27 個受災國運送總價值超過 12.5 億元人民幣的救援物資。2001 年以來，由北京軍區工兵團官兵、武警總醫院醫護人員和中國地震局專家組成的中國國際救援隊，已參加 8 次國際災難救援行動。2010 年以來，中國人民解放軍醫療救援隊先後 3 次赴海地、巴基斯坦執行國際人道主義醫學救援任務，陸軍航空兵直升機救援隊赴巴基斯坦協助抗擊洪澇災害。2011 年 3 月，日本發生強震並引發海嘯，中國國際救援隊緊急赴日參與搜救工作。2011 年 7 月，泰國發生嚴重洪澇災害，中國人民解放軍空軍出動 4 架飛機將中國國防部援助泰國武裝部隊的 90 多噸抗洪救災物資運抵曼谷。2011 年 9 月，巴基斯坦發生特

大洪災，中國人民解放軍空軍出動 5 架飛機將 7000 頂救災帳篷空運至卡拉奇，蘭州軍區派出醫療防疫救援隊赴重災區昆瑞開展醫療救援、衛生防疫工作。2010—2011 年，海軍「和平方舟」號醫院船先後赴亞非 5 國和拉美 4 國，執行「和諧使命」人道主義醫療服務任務，歷時 193 天，航程 4.2 萬海里，為近 5 萬人提供醫療服務。近年來，中國人民解放軍醫療隊還結合參加人道主義醫療聯合演練，積極為加蓬、秘魯、印度尼西亞等國家的民眾提供醫療服務。中國政府高度重視地雷引發的人道主義問題，積極支持和參與國際掃雷援助活動。1999 年以來，中國人民解放軍透過舉辦掃雷技術培訓班、專家現場指導、援助掃雷裝備等方式，配合國家相關部門向近 40 個亞洲、非洲、拉丁美洲國家提供掃雷援助，為外國培訓掃雷技術人員 400 多名，指導掃除雷場 20 多萬平方米，捐贈價值約 6000 萬元人民幣的掃雷裝備器材。[793] 此外，2014 年，中國海軍派出艦艇參與為敘利亞銷毀化學武器護航。

2008 年，中國政府派海軍艦艇赴海外執行護航任務，這是中國首次參加這類活動，既服務於中國的對外經濟，又承擔相應的國際責任。根據聯合國安理會有關決議並經索馬利亞過渡聯邦政府同意，中國政府於 2008 年 12 月 26 日派遣海軍艦艇編隊赴亞丁灣實施護航。主要任務是保護中國航經該海域的船舶、人員安全，保護世界糧食計劃署等國際組織運送人道主義物資船舶的安全，並儘可能為航經該海域的外國船舶提供安全掩護。截至 2012 年 12 月，共派出 13 批 34 艘次艦艇、28 架次直升機、910 名特戰隊員，完成 532 批 4984 艘中外船舶護航任務，其中中國大陸 1510 艘、香港地區 940 艘、臺灣地區 74 艘、澳門地區 1 艘；營救遭海盜登船襲擊的中國船舶 2 艘，解救被海盜追擊的中國船舶 22 艘。[794] 迄今為止，中國海軍艦艇編隊持續在亞丁灣巡航。

值得指出的是，隨著中國實力地位的不斷提高，今後中國承擔國際責任的意願無疑也會增加。有中國學者明確提出，隨著中國實力地位的提高，中國外交需要從「以弱對強」轉向「以大事小」，承擔更多的國際責任，即向全球和地區提供更多的安全公共產品。[795]

五、積極參加全球治理

中國也以積極和建設性態度參加全球治理，發揮和提高包括中國在內的發展中國家在其中的作用與地位。

2001年，中國加入世界貿易組織，成為全球貿易治理重要制度中的一員。2003年9月的坎昆貿易部長會議後，中國就進入世界貿易組織的核心圈了。從2004年起，實際上任何重大貿易談判都不能沒有中國。[796]

中國主張建立公正、公平、包容、有序的國際金融秩序，支持國際貨幣基金組織和世界銀行推進自身改革，從根本上改善治理結構，提高發展中國家的代表性和發言權。[797] 有研究者認為，中國自2007—2008年全球金融危機爆發以後，在構建新的全球經濟規範方面施加了重要影響。[798] 2008年4月，國際貨幣基金組織依據經濟規模、外匯儲備和其他標準，重新分配了成員的投票權和分攤會費。2010年4月25日，世界銀行發展委員會春季會議透過了發達國家向發展中國家轉移投票權的改革方案，使發展中國家整體投票權從44.06%提高到47.19%，其中中國在世行的投票權從2.7%提高到4.42%，成為世界銀行第三大股東，僅次於美國（15.85%）和日本（6.84%）。[799] 2010年11月5日舉行的國際貨幣基金組織執行董事會透過了基金組織份額和其他治理結構改革方案，新興市場國家和發展中國家的份額從39.5%增加到42.3%，提高了2.8%，其中中國的份額從3.996%升至6.394%，從第六位上升至第三位。[800] 但是，IMF份額和治理改革方案要得以實施，需要188個成員中至少85%投票權的支持。其中美國是IMF最大股東國，在此問題上擁有一票否決權。此前美國國會一直未批準該方案，導致IMF此輪改革多年一直無法實現。2015年12月18日，美國國會透過了國際貨幣基金組織2010年份額和治理改革方案（簡稱「2010年改革方案」），標誌著2010年改革方案在拖延多年後即將正式生效。國際貨幣基金組織於2016年1月27日，宣布其2010年份額和治理改革方案已正式生效，這意味著中國正式成為IMF第三大股東。有學者認為，這為提升中國的國際貨幣權力奠定了重要基礎。[801]

中國歷代與國際間的關係及規範變遷：從「文明標準」到「新文明標準」

第六章　中國的崛起與國際規範的變遷

　　2007—2008 年開始的全球金融危機，在國際社會引發了創造某種新的國際儲備資產來代替美元的大討論。[802] 在此過程中，中國有關人士也提出了設立新的國際儲備貨幣以取代美元的設想，並推動人民幣國際化。比如，中國人民銀行行長周小川在二十國集團倫敦會議前提出建立一種與主權國家脫鉤並能保持幣值長期穩定的國際儲備貨幣，並得到其他金磚國家以及許多發展中國家的贊同，這被認為是對美元在國際貨幣體系中的主導地位之挑戰。2009 年 3 月 23 日，周小川在央行網站發表署名文章，首次公開提出創建超主權國際儲備貨幣的新主張。他還建議應該擴大國際貨幣基金組織的「特別提款權」，以取代美元作為國際儲備貨幣。黃範章指出：「隨著國際貨幣體系多元化的日益發展，美元的主導地位將日益下降，一個與主權國家脫鉤的國際儲備貨幣勢將獲得國際社會的認知……人民幣勢將實現國際化，並成為國際貨幣體系中重要的一員。」[803] 中國也積極推動特別提款權（SDR）改革，提升人民幣的國際地位，制衡美元的主導性國際貨幣地位。[804]2015 年 11 月 30 日，國際貨幣基金組織主席拉加德宣布，正式將人民幣納入 IMF 特別提款權貨幣籃子，決議將於 2016 年 10 月 1 日生效。IMF 稱，人民幣在 SDR 的權重為 10.92%，美元在 SDR 的權重為 41.73%，歐元在 SDR 的權重為 30.93%，日元為 8.33%，英鎊為 8.09%。這是人民幣國際化的一個重大的里程碑式事件，人民幣加入 SDR 可能將使更多國家將人民幣納入自己的外匯儲備。與此同時，從 2009 年開始，在自身經濟崛起和美元危機的雙重刺激之下，中國開始採取措施鼓勵人民幣走出去，實現人民幣國際化的目標。[805] 當年 7 月，中國政府決定開展跨境貿易人民幣結算試點，這被普遍認為是人民幣國際化大幕拉開的起點。此外，作為促進人民幣國際化的一個措施，中國從 2008 年開始先後與一系列國家簽署雙邊貨幣互換協議，逐漸形成了一個以人民幣為中心的國際貨幣互換網絡。截至 2014 年底，中國人民銀行已先後與 28 個境外央行或貨幣當局簽署雙邊本幣互換協議，並先後在中國港澳臺地區、新加坡、倫敦、法蘭克福、首爾、巴黎、盧森堡等地建立了人民幣清算安排。

　　另外，中國在 21 世紀初繼續支持聯合國改革。2005 年 6 月 7 日，中國政府專門發佈《中國關於聯合國改革問題的立場文件》，以官方文件的形式

全面系統地闡述了中國對聯合國各領域改革的看法和主張。[806] 中國強調安理會改革應優先增加發展中國家，特別是非洲國家的代表性，讓更多中小國家有機會進入安理會，參與決策。[807]

六、深入參與地區一體化建設

最後，中國同樣以積極主動和建設性態度參加東亞地區一體化建設，參與構建本地區新秩序。

冷戰結束以後，區域（或地區）合作成為一種強勢的發展趨勢。有人甚至認為，「我們今天正生活在一個地區主義時代」[808]，或者「我們的世界是一個地區組成的世界」。[809] 東亞地區自然也不例外，開始出現多種地區多邊合作形式以及地區制度和行為規範的構建，這體現在亞太經濟與合作組織、擴大的東盟、東盟地區論壇、東盟—中日韓首腦會議、東亞峰會等的創立上面。包括中國在內的絕大多數東亞國家，都在不同程度上介入地區多邊合作與地區一體化進程，其對外行為和國內發展都難以擺脫這一進程的影響。[810]

自 1997 年亞洲金融危機爆發之後，中國就以十分積極的態度介入東亞地區多邊合作，並且參加「東亞共同體」的構建。[811] 進入 21 世紀，中國的此種熱情有增無減，發揮了更為積極主動的作用，以至於有美國學者認為中國大約從 2003 年開始成為東亞「地區主義的主要倡導者」。[812] 這也被視為中國外交的「新面貌」，還有中國學者稱之為中國外交中的「新國際主義」。[813]

1997 年亞洲金融危機爆發之後，東盟+3 會議從某種意義上說已經成為東亞地區占主導地位的多邊國際制度，或者說是東亞地區多邊國際制度結構中的一根支柱。中國十分重視這一多邊合作制度，並且在 2002 年同東盟簽署了《中國與東盟全面經濟合作框架協議》，中國—東盟自由貿易區於 2010 年 1 月 1 日正式建成，中國與東盟的 90% 以上的貿易產品的關稅為零，共有 19 億人口的、世界上最大的自由貿易區進入了大發展階段，並有可能成為未來東亞自由貿易區的「入口」。[814] 2008 年爆發的全球金融危機，進一步促進了東盟+3 框架內的經濟合作，包括金融合作。比如，2008 年，10+3

中國歷代與國際間的關係及規範變遷：從「文明標準」到「新文明標準」
第六章　中國的崛起與國際規範的變遷

國家決定建立 800 億美元外匯儲備庫，2009 年又將其規模擴大到 1200 億美元。這實際上就是東亞貨幣基金的初步構想，旨在實現東亞各國之間的貿易合作和資金合作。東盟 +3 會議還積極推動東亞共同體建設，包括倡導召開東亞高峰會議，並獲得中國的支持。作為東亞共同體建設的重要舉措，2005 年 12 月，第一屆東亞峰會（EAS）在馬來西亞首都吉隆坡順利召開，中國為東亞峰會的成員國之一。此外，中國與東盟在 2002 年 11 月聯合發佈了《南海各方行為宣言》，宣布瞭解決中國與東南亞國家南中國海爭端的基本原則（航行自由、自我克制、建立信任、海上合作），這是中國與東盟制定有關解決領土爭端和維護地區穩定的行為規範的一個嘗試。2011 年 7 月，中國外長與東盟外長就落實《南海各方行為宣言》的指導方針達成了一致。此後，中國與東盟就制定《南海地區行為準則》展開協商。

　　中日韓領導人會議是東北亞地區最近出現的一種區域多邊合作制度。中日韓領導人會議源於從 1999 年開始的 10+3 會議期間舉行的中日韓領導人早餐會，該早餐會後來發展為從 2008 年開始的、一年一度的、在 10+3 框架之外的中日韓領導人會議。2008 年 12 月，首次中日韓領導人會議在日本福岡舉行。三國領導人在 2009 年的北京會議上決定加快推進由政府、產業、學界共同參加的中日韓自由貿易區聯合研究。2012 年在北京召開的中日韓首腦會議上，三國簽署投資協定，並同意啟動中日韓自由貿易協定談判。主要由於中日在釣魚島和歷史問題上的爭端，2013 和 2014 年，中日韓首腦會議沒有召開，但是中日韓三國自由貿易協定的談判一直在進行之中。2014 年 11 月，中韓率先完成中韓自由貿易協定實質性談判，次年正式簽署協定。2015 年 11 月，中斷兩年的中日韓首腦會議得以恢復並在韓國舉行，三國領導人發表聯合宣言，表示要加快中日韓 FTA 協定談判。2016 年 6 月，第十輪談判落幕，中日韓 FTA 進入貨物貿易、服務貿易、金融服務、人員交流談判的「深水區」，意味著三國 FTA 談判步入實質階段。2011 年，在韓國成立中日韓三國合作秘書處，這是中日韓領導人會議的常設機構。

　　作為積極推動地區合作的重要舉措之一，中國領導人在 2013 年 10 月倡議籌建亞洲基礎設施投資銀行，願意向亞洲地區發展中國家提供基礎設施方面的資金支持。[815] 其目的在於打造中國與周邊國家經貿合作的升級版，促

進區域經濟一體化和共同繁榮。[816] 中國的倡議迅速得到有關國家的積極響應，相關談判隨之展開。2014 年 9 月，21 個有意成為創始成員國的亞洲國家代表在北京就《籌建亞洲基礎設施投資銀行的政府間框架備忘錄》草案終稿達成協議，次月首批意向創始成員國代表在北京共同簽署《籌建亞洲基礎設施投資銀行備忘錄》，共同決定成立亞投行。此後更多的國家申請加入亞投行，成為創始成員國，其中包括英國、法國、德國、義大利、巴西、俄羅斯等非亞洲國家。2015 年 6 月，亞投行 57 個意向創始成員國代表在北京正式簽署《亞投行協定》，在該年年底之前，經合法數量的國家批準之後，《亞投行協定》即告生效，亞投行正式成立，總部設在北京。2016 年 1 月 16 日，亞投行開業儀式在北京舉行。根據《亞投行協定》，亞投行法定股本為 1000 億美元，域內成員和域外成員的出資比例為 75 比 25，中國認繳股本占總認繳股本的 30.34%，是亞投行創始階段的第一大股東，但此後中國的股份和投票權會逐步稀釋。[817] 作為新的區域性多邊開發銀行，亞投行從籌建之日起就表明了在現行國際金融秩序的框架內推進多邊合作的立場，強調其目標之一就是透過與包括世界銀行、亞洲開發銀行在內的其他國際金融機構進行合作，共同促進國際金融秩序的發展，推動亞洲地區的經濟發展與一體化進程。[818] 中國國家主席習近平在亞投行開業儀式上的致辭中指出，中國是國際發展體系的積極參與者和受益者，也是建設性的貢獻者。倡議成立亞投行，就是中國承擔更多國際責任、推動完善現有國際經濟體系、提供國際公共產品的建設性舉動，有利於促進各方實現互利共贏。中國作為亞投行倡議方，將堅定不移地支持其運營和發展。除按期繳納股本金之外，還將向銀行即將設立的項目準備特別基金出資 5000 萬美元，用於支持欠發達成員國開展基礎設施項目準備。[819]

值得注意的是，中國在參與和推進主要包括東亞國家的地區一體化進程中，也面臨著來自本地區國家以及域外國家的壓力與挑戰。特別是進入 21 世紀，隨著中國的迅速崛起，中國的一些近鄰對中國懷有疑慮和戒心，有人甚至擔心歷史上以中國為中心的東亞朝貢體系的恢復。比如，在推進中國—東盟自由貿易區建設中，就有東盟學者認為：「中國與東盟的自由貿易區計劃是『朝貢體系』在東南亞的某種繼續，中國透過『早期收穫計劃』，做出大

第六章　中國的崛起與國際規範的變遷

量讓步,向東南亞農產品開放市場,其推行的新地區主義與明清皇帝搞的『朝貢體制』沒有什麼本質區別。」[820] 特別是中國與一些周邊國家在南中國海、東海的領土與海洋權益爭端的升溫,被認為是中國「強勢」的後果,增強了這些國家對中國的擔憂與防範。為了平衡中國力量和影響力的增長,一些中國的周邊國家對與域外大國的合作表現出極大的興趣,尤其希望美國重視本地區事務,制衡中國的崛起。

與此同時,自從 2009 年奧巴馬當政以後,美國政府出於維持自身在亞太地區的主導地位的目的,推行以應對中國崛起為重要目標的「亞太再平衡」戰略,積極介入並影響東亞地區一體化進程,包括主導和推進跨太平洋夥伴關係協定(TPP),挑撥和利用中國與一些周邊國家之間的矛盾。這屬於外部大國對中國在該地區影響力擴大的一種制衡反應。王帆指出:「舉凡中國倡導的中國與東盟自貿區建設、中韓自貿區建設、中日韓自貿區建設以及海峽兩岸不斷發展的經貿合作,均被視為對美國主導的現有國際體系和國際秩序的挑戰,是對這一地區規則制定權以及美國在亞太地區的經濟新規劃 TPP 的直接挑戰。」[821] 在此背景之下,東亞地區多邊合作的發展「面臨著新的環境和嚴峻挑戰」。[822] 2015 年 10 月,以美國為首的、參加 TPP 談判的 12 國達成基本協議,這被認為是一個高門檻設計、意欲將中國排擠在外的自由貿易協定。[823] 美國總統奧巴馬曾經明確表示,美國要推動達成 TPP 協議,是為了不讓像中國這樣的國家來制定地區規則。2016 年 1 月,奧巴馬在其任期內的最後一次國情咨文中不無得意地指出:「我們組成了跨太平洋夥伴關係協定以開放市場,保護勞工和環境,推進美國在亞洲的領導。中國並沒有在這一區域建立規則,我們透過 TPP 做到了。」[824] 當年 2 月 4 日,包括美國在內的 12 個環太平洋國家的貿易部長參加了在新西蘭奧克蘭舉行的《跨太平洋夥伴關係協定》(TPP)簽字儀式。美國總統奧巴馬對協議的簽署表示了祝賀,並聲稱「TPP 協議將讓美國而不是中國主導制定 21 世紀亞太地區的路線和規則」。[825] 然而,2017 年 1 月出任美國總統的特朗普宣布美國退出 TPP。此外,美國也曾對中國所倡導的亞投行採取抵制態度,後來不得不調整立場。

第三節　中國與「新文明標準」

　　進入 21 世紀，伴隨中國的迅速崛起，中國融入國際社會的程度更深，中國在國際舞臺上更加活躍和積極主動，並且努力承擔與自身實力相稱的國際義務和責任。這充分證明，經過 40 年的改革開放，中國的對外觀念和行為以及中國和國際社會的關係的確發生了巨大的變化。因此，一些中國學者認為，中國已經成為「國際社會負責任的重要成員」，是「國際秩序的維護者、國際體系的建設者」。[826] 在 2012 年 7 月 7 日召開的「世界和平論壇」上，時任中國國家副主席的習近平在致辭中指出，「中國已成為國際體系的積極參與者、建設者、貢獻者」。[827] 今天，在國際舞臺上已經很少有人再把中國視為一個「革命國家」，也沒有很多人明確把正在崛起的中國視為國際社會中「反抗西方」勢力的組成部分。相反，不少西方學者注意到了中國融入世界經濟體系的程度、充當世界政治中的「負責任大國」的願望以及不挑戰美國主導地位的意願。也有西方學者承認，中國對國際人權規制的態度發生了積極的變化，比如中國簽署了聯合國《經濟、社會和文化權利國際公約》《公民權利與政治權利國際公約》等國際人權文件。[828] 美國前副國務卿羅伯特·佐立克（Robert Zoellick）在 2005 年 9 月的一次演講中，甚至稱中國應當成為現存國際體系中的負責任的「利益攸關方」（stakeholder）。[829]

　　然而，有些西方人士對正在崛起的中國可能在國際社會中挑戰西方的前景依然表示出某種程度上的擔憂。他們對中國崛起的種種憂慮，與他們習慣把非西方國家視為「他者」中的一員、擔心西方國家在國際社會的主導地位受到挑戰的思維定式是密切相關的。如前所述，按照英國學派的敘事，當今全球性國際社會是歐洲國際社會擴展的結果，其賴以存在的核心價值和行為規則或者「文明標準」，也是由歐洲國際社會發展而來的，並且具有了一定程度上的普遍性，近代以來的國際秩序一直是由西方所主導的。一個正在崛起的中國，假如不進一步發生西方希望看到的變革和符合西方闡述的新文明標準，則可能會繼續被看作是在國際社會中「反抗西方」勢力的組成部分，或者被看作是國際社會中的潛在問題國家。這是因為，在一些西方學者看來，中國代表著一種與西方不同的現代性模式，而且認為自己的模式具有普遍性，

中國歷代與國際間的關係及規範變遷：從「文明標準」到「新文明標準」
第六章　中國的崛起與國際規範的變遷

因而會挑戰西方現代性的榜樣與中心地位。正如英國學者馬丁·雅克所說的：「和日本不一樣，中國即使發展千年或更久，還會始終認為自己具有普遍性，自己是世界中心，認為自己實質上代表著全世界。中國現代性的出現，很快剝離了西方國家的中心位置，並使其處於相對弱勢的境地。這就是為什麼說中國的崛起將會帶來如此深遠影響的原因。」[830] 不僅如此，在一些西方學者看來，由於中國具有重要的實力地位，西方國家無法透過施壓來迫使中國改變自己的行為。一位學者指出，西方曾經以武力迫使中國接受威斯特伐利亞秩序觀念，但是今天的中國難以在西方的壓力下放棄這一觀念。[831] 另一位學者同樣認為，面對中國這樣一個崛起的大國，西方不敢，也無力逼迫中國接受西方的價值，但中國自願接受則是另外一回事兒。[832]

在 21 世紀初，國際上（主要是指西方國家）有關「中國威脅論」的觀點不絕於耳。中國正在崛起，這已經成為許多西方觀察家的共識。但是，對於崛起的中國到底是國際社會中的維持現狀國家，還是革命國家或者修正主義國家；中國崛起對於國際社會來說是機遇，還是挑戰；西方世界是要遏制中國的崛起，還是把中國融入國際社會等諸如此類的問題，西方觀察家們卻一直有著不同的看法和認識。值得注意的是，一些西方分析家習慣於從所謂中國的「中央王國」意識和「百年國恥」心理，來判斷一個崛起的中國之未來行為方式，十分擔心一個強大的中國可能讓世界面臨新的「黃禍」威脅，面臨東西方不同文明之間的對抗。[833] 更多西方觀察家關注的是，隨著中國的崛起，西方所主導的國際體系或國際社會可能受到嚴重的挑戰。一位英國學者預言，正在崛起的中國是國際社會中的一個「改良主義—修正主義國家」，它只接受國際社會中的某些制度，但是抵制其他一些制度，甚至希望改變另外一些制度。[834] 美國學者沃爾特米德（Walter Russell Mead）明確把中國、俄羅斯、伊朗等國一起列為致力於復仇和改變現狀的「修正主義大國」。[835] 英國學者馬丁·雅克擔心，「中國開創一個以中國為核心的國際體系的構想，也可能會慢慢浮出水面」。[836] 但是，也有西方學者相信可以讓中國繼續融入西方主導的國際社會。比如，美國普林斯頓大學教授約翰伊肯伯裡（G. John Ikenberry）在 2008 年初的《外交》雜誌上發表文章，分析了中國崛起的後果。他指出，一些觀察家認為美國時代行將結束，西方主導的世界秩序將被

東方日益占上風的秩序所取代。這位美國觀察家給美國政府的建言是：「當面對上升中的中國，美國應該記住，它對西方秩序的領導權讓它有權塑造中國將做出重要戰略抉擇的環境。如果它想保留領導權，華盛頓必須努力加強支撐那種秩序的規則和制度——讓它更容易加入，更難被顛覆。美國的大戰略應該圍繞這句格言：『通往東方的路貫穿西方。』它必須儘量加深這個秩序的根基，鼓勵中國融入而不是反對這個秩序，提高這個體系在美國相對實力下降後仍可繼續生存的概率。美國的『單極時刻』不可避免會結束。如果把 21 世紀的鬥爭定義為中美之間的鬥爭，那麼中國將擁有優勢。如果把 21 世紀的鬥爭定義為中國和一個復興的西方體系之間的鬥爭，那麼西方將取得勝利。」[837]

值得指出的是，有關崛起的中國對世界構成威脅的理由是多種多樣的，比如發達國家對中國對資源和能源需求劇增導致價格的暴漲之擔憂，中國一些周邊國家擔心中國軍事實力的增強導致中國在領土爭端中採取更為強硬的態度，國際社會對中國環境的持續惡化表示憂慮等。另外，由於意識形態、社會制度等因素，中國很容易繼續被西方國家視為「他者」中的一員，在不同程度上被看作西方主導的國際社會中的一個問題國家或者潛在問題國家。也有不少西方學者關注所謂的中美「權力轉移」問題，認為中國作為一個正在崛起的大國必然挑戰美國在國際社會中的主導地位，中美衝突不可避免。美國戰略家阿倫·弗裡德伯格就認為，隨著中國的崛起，中美衝突不可避免：「縱觀歷史，實力最強的國家和新興國家之間的關係往往很不穩定，甚至常常訴諸暴力。已確立地位的國家傾向於把自己當成是國際秩序的維護者，是它們幫助創建了這種秩序，也正是從這種秩序中它們繼續獲益；新興國家則感覺受到現狀的束縛甚至欺騙，並且奮力反抗這種秩序以獲取它們認為天經地義該得到的東西。這些由來已久的模式在今天的中美行為中依然非常明顯。」[838] 陳健指出：「從最近幾年的狀況和當前的發展趨勢看，如果不加以重視和努力扭轉，中美關係有滑向舊式大國對抗衝突的危險。」[839] 當然，也有西方學者否認這種觀點的合理性。比如，美國國際關係學者理查德·內德·勒博根據自己的研究指出：「主導大國和崛起大國之間並不會相互攻擊對方，這和權力轉移理論的假設完全相反。這是非常重要的發現。因為美國的強硬

第六章　中國的崛起與國際規範的變遷

派一直以權力轉移理論作為基本框架來分析中國崛起對於大國權力格局的啟示。他們認為，所有的崛起國家都會理所當然地追求重新塑造有利於自身的國際體系，為了實現這一點，他們不惜發動戰爭，為此他們認為中美之間爆發衝突十分有可能，甚至不可避免。這一論斷缺乏歷史證據的支持。我的研究就表明，崛起大國和主導大國都傾向於攻擊弱小的第三國和正在衰落中的大國。這對於試圖獲取霸權的主導大國和尋求大國地位的崛起國家而言，是一個理性的策略。」[840]

我認為，我們需要注意「中國威脅論」產生的一個重要原因，即正在崛起中的中國被認為沒有適應國際規範的變遷，它不符合或不完全符合已經形成的或者正在形成中的「新文明標準」。正如有的西方學者所指出的，崛起的中國希望成為一個大國，它會對西方主導的國際社會結構以及國際社會的規範變革表示不滿。[841] 這正是本書下面擬詳盡分析的問題。

正如本書第一章所論述的，國際規範就是國際舞臺上的行為規則或遊戲規則，是國際秩序賴以存在的基礎，它們實際上也就是一些西方學者所說的「文明標準」，而西方國家自近代以來一直是「文明標準」的制定者、解釋者和裁定者，並努力使之具有普遍性質。從這個意義上說，所謂的「文明標準」或國際規範就是主要由西方國家構建的社會事實。國際規範一直處於變遷過程中，國際社會中的「文明標準」並非一成不變，其內涵一直處於變化、發展過程之中，而且這種變遷的過程主要是由西方國家所主導和塑造的。值得注意的是，在 20 世紀末、21 世紀初，一些西方學者開始明確提出和論述「新文明標準」這一概念，[842] 以此解釋正在發生的國際規範變遷。雖然所謂的「新文明標準」沒有確切的定義，但是有限主權、人權、民主、市場經濟、環境主義等被很多人視為「新文明標準」的重要內容，其中人權和民主往往被視為國家在國際社會中合法性的重要來源。[843] 根據源於西方的「文明標準」和「新文明標準」來判斷國際社會中的其他國家之性質與地位，一些非西方國家就可能被視為國際社會中的不夠「文明國家」，甚至可能被看作是「無賴國家」（rogue state）。

第三節　中國與「新文明標準」

　　在一些西方國家人士（以及一些非西方國家人士）眼中，正在崛起的中國，尚未符合或者不完全符合國際社會「新的行為標準」或「新文明標準」，因而可能會對西方構成挑戰。中國被認為固守強調主權和不干涉原則的、舊的「文明標準」，不情願接受已經變化了的國際行為規範或者「新文明標準」，從而導致其在全球性國際社會中的成員地位至今還受到質疑。張勇進就指出：「然而，即便是在 21 世紀初，中國作為全球性國際社會完全成員的地位依然受到質疑，因為許多人懷疑中國接受與其大國地位相適應的責任之誠意與意願。冷戰結束以後，國際社會的規範發生了變化，人權和民主化成為政治實踐中的日常事務。而作為一個正在崛起的大國，中國一直強烈抵制這種規範變化。當世界似乎正在超越威斯特伐利亞時代的時候，中國則堅定地捍衛威斯特伐利亞秩序。」[844]安德魯·赫里爾（Andrew Hurrell）認為，中國、印度、俄羅斯和巴西等正在崛起的大國，傾向於堅持舊的主權與不干涉規範，但它們要想成為大國俱樂部的成員，必須承認國際社會變化了的規範，即符合新的文明標準。[845]進入 21 世紀以後，一些西方分析家在努力思考如何透過社會化過程，讓中國、印度這樣新崛起的大國融入把民主和人權當作全球普遍行為標準或者新的「文明標準」之「自由連帶主義國際社會」（liberal solidarist international society）問題。[846]2008 年初，美國學者約翰·艾肯伯裡在《外交》雜誌上發表文章，探討如何將中國融入國際制度，從而使之不損害西方所主導的國際秩序。[847]但是，美國學者米德認為，中國和俄羅斯等「修正主義國家」絕不會接受冷戰後由西方主導的自由主義國際秩序，它們想迎來一個由帝國和諸侯所占據的「新威斯特伐利亞時代」。[848]值得注意的是，美國學者查爾斯·庫普乾擔心「更為民主的中國很可能變得更加不可預測，在全球舞臺上變得更加咄咄逼人」。[849]

　　迄今為止，中國在人權、民主、市場經濟以及環境主義等「新文明標準」上都承受著來自國際社會的壓力，特別是在人權和民主問題上。值得指出的是，西方所理解和倡導的人權規範主要是公民的政治權利，因此它和民主規範有著密不可分的關係。

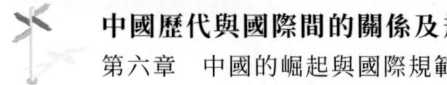

中國歷代與國際間的關係及規範變遷：從「文明標準」到「新文明標準」
第六章　中國的崛起與國際規範的變遷

一、中國與人權規範

　　如前所述，自改革開放以來，中國的人權事業在理論和實踐上都取得了較大進展。截至 2011 年底，中國已經加入 28 項國際人權公約，並且正在積極進行立法、司法和行政改革，使國內法更好地與《公民權利和政治權利國際公約》（1998 年已經簽署）的內容相銜接，以便儘早批准這個公約。2004 年，第十屆全國人大二次會議透過的憲法修正案，首次將「國家尊重和保障人權」寫入憲法，提高了保護人權的重要性。2012 年 3 月，全國人大常委會透過的刑法修正案，增加了保障人權的提法，並且取消了 13 個經濟性非暴力犯罪的死刑，並對 75 週歲以上的人犯罪適用死刑作出了限制性規定。2012 年 11 月召開的中國共產黨第十八次全國代表大會又將「人權得到切實尊重和保障」確立為全面建成小康社會的奮鬥目標之一。2008 年 11 月，中國政府還決定根據聯合國 1993 年《維也納宣言和行動綱領》的要求，將制定《國家人權行動計劃》，內容涉及完善政府職能，擴大民主，加強法治，改善民生，保護婦女、兒童、少數民族的特殊權利，提高全社會的人權意識等與人權相關的各個方面，以便全面推進中國人權事業的發展。2009 年 4 月，國務院授權國務院新聞辦公室發佈了《國家人權行動計劃（2009—2010 年）》。這是中國政府制定的第一個以人權為主題的國家規劃，是中國政府落實尊重和保障人權這一憲法原則的重大舉措。2012 年 6 月，國務院授權國務院新聞辦公室又發佈了《國家人權行動計劃（2012—2015 年）》，這是中國政府制定的第二個以人權為主題的國家規劃，由國務院新聞辦公室和外交部共同牽頭建立的國家人權行動計劃聯席會議機制組織制定和監督實施。2013 年 11 月，勞教制度被廢止。

　　中國也以積極和建設性姿態參與聯合國人權機構工作，參加人權國際對話與合作。2006 年，中國當選首屆聯合國人權理事會（取代原來的聯合國人權委員會）成員國（2006—2009），並且在 2009 年成功連任（2009—2012）。2013 年 11 月，第 68 屆聯合國大會改選聯合國人權理事會成員，中國以 176 票當選，任期自 2014 年至 2016 年。在聯合國經濟、社會及文化權利委員會，消除種族歧視委員會，消除對婦女歧視委員會以及殘疾人權利

第三節　中國與「新文明標準」

委員會等機構中，均有來自中國的專家。此外，中國還與美國、歐盟、英國、德國、挪威、日本等定期舉行人權對話或磋商。[850]

但是，中國在對人權的認識上與西方國家存在分歧。中國強調集體權利，主張保護人權的主要責任在於主權國家，生存權和發展權是人權的首要內容，人權狀況和一國發展程度、歷史與文化傳統相關聯。這和西方強調個人權利、關注公民權利和政治權利的人權觀念顯然是有所不同的。由於在人權的理解上與西方國家存在分歧，中國迄今為止尚未加入《世界人權宣言》，也沒有批準《公民權利和政治權利國際公約》。實際上，改革開放以來，中國在主動融入國際社會的過程中，與西方國家在人權等一系列問題上的爭端就一直沒有停止過。在 21 世紀初，崛起中的中國依然在人權問題上面臨著來自西方世界的極大壓力。西方國家就所謂的「西藏問題」（西方把它視為中國的人權問題之一）聯合對中國施加壓力，包括在聯合國人權會議上提出所謂「中國西藏局勢」的議案；流亡海外的達賴喇嘛多次獲得西方國家政府首腦的會見，也給中國與一些西方主要國家的關係帶來了負面影響。此外，進入 21 世紀之後，中國在緬甸爆發大規模反政府遊行示威、蘇丹達爾富爾流血衝突和人道主義危機等一些國際熱點問題上，也同樣面臨來自西方國家的批評和指責。特別是 2008 年，北京奧運會火炬在西方國家傳遞期間，中國與西方國家在人權、西藏等問題上的分歧更是達到了白熱化的程度，中西思想觀念的強烈碰撞得到了充分展現。不少中國人在這一事件中，看到了自己的國家作為一個正在崛起的大國，並沒有在國際社會中得到應有的尊重和對待，也感受到了中國融入國際社會過程的艱難。與此同時，中國人的自信心和民族主義情緒的增強，更讓西方對中國崛起表示擔心。[851] 西方國家在人權問題上向中國施加壓力的一個較近的例子就是，在 2010 年 10 月，諾貝爾和平獎被授予一位中國的持不同政見者。中國外交部發言人曾批評挪威政府公開支持該錯誤決定，「破壞了兩國關係的政治基礎和合作氛圍」。據 2011 年 5 月 4 日的《環球時報》報導，中國駐挪威大使唐國強在該國一個孔子學院會議上「用最嚴厲的措辭指責挪威諾委會向劉曉波頒發諾貝爾和平獎」，「質疑挪威作為中國經濟合作夥伴的可信賴性」，並表示「除非挪威道歉，中挪經濟合作談判不會重啟」。[852] 此外，以大赦國際（Amnesty International）、

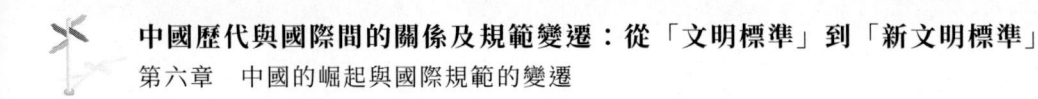

人權觀察（Human Rights Watch）為代表的國際人權非政府組織長期關注和報導中國的人權狀況，並持續對中國的人權問題（如死刑、言論自由、勞改制度等）提出尖銳的批評，給中國政府造成了很大的國際輿論壓力。

值得注意的是，中國在人權問題上所面臨的壓力不僅僅來自西方國家。比如，中國在對待來自朝鮮的非法入境者方面長期遭到韓國的批評，雙方的爭論在 2012 年初公開化、正面化。當年 2 月 21 日，韓國外交通商部官員宣布韓國政府已決定將中國抓獲的「脫北者」安全問題提到聯合國人權理事會上。次日，韓國總統李明博稱，「脫北者」並非犯罪分子，中國政府應遵循國際標準處理。韓國學者 Cho Young-nam 在文章中專門論述中國與韓國的觀念衝突，其中包括對民主、人權、法治等規範的不同態度。[853]2014 年 12 月，聯大以 116 票贊成、20 票反對、53 票棄權透過決議，譴責朝鮮境內長期持續存在有系統、普遍和嚴重侵犯人權的行為，決定將聯合國朝鮮人權問題調查委員會的報告提交安理會，並鼓勵將朝鮮局勢問題移交國際刑事法院，對負有最大責任的人實施有效定向制裁。中國、古巴、俄羅斯等 20 國投了反對票。[854]2016 年 12 月，應美國、英國、法國、日本等 9 個理事國請求，聯合國安理會就朝鮮人權狀況舉行公開會議，中國和俄羅斯等國常駐聯合國代表均對安理會審議朝鮮人權局勢表示反對。

可以預計，中國未來在人權問題上仍將繼續面臨來自國際社會的壓力。

二、中國與人道主義干涉規範

人道主義干涉規範源於人權規範，或者說是人權規範的一部分。與人權規範相關的是，中國在人道主義干涉問題上也面臨著極大的國際壓力。如前所述，在 21 世紀初，「保護的責任」等有關人道主義干涉的相關概念在國際社會相當流行，基於保護人權或者人道主義理由的對外干涉行為也越來越多。2001 年 12 月，由加雷思·埃文斯（Gareth Evans）和馬哈穆德·薩赫諾恩（Mahmoud Sahnoun）領導的國際小組「干涉與國家主權國際委員會」（The International Commission on Intervention and State Sovereignty，ICISS）發佈了題為《保護的責任》的報告，提出了「保護的責任」的原則。其含義是：國家負有保護國民免受種族滅絕、種族清洗、大

第三節　中國與「新文明標準」

規模屠殺等責任，但是當國家不能或是不願意這樣做的時候，國際社會有責任進行干涉。[855]此後，「保護的責任」進入了聯合國改革議程。2004年12月，由知名人士組成的聯合國「威脅、挑戰和改革問題高級別小組」發表的報告《一個更安全的世界：我們的共同責任》，支持了這一理念。[856]2005年3月，聯合國秘書長安南在聯合國大會上所做的報告《大自由：實現人人共享的發展、安全與人權》，也提及了該概念。[857]2005年10月，聯合國裡的非洲集團，在盧安達和南非的領導下，進行了艱苦的鬥爭，贏得了聯合國大會對這一原則的認可，聯合國世界首腦會議透過的《世界首腦會議成果》文件正式採納了「保護的責任」這一概念。在《2005年世界首腦會議成果》（2005 World Summit Outcome）中，各成員承認「每一個國家都有責任保護其國民不受種族屠殺、戰爭罪行、種族清洗和反人類罪行的傷害。該項責任要求各國使用適當和必要手段，預防上述罪行並防止引發上述罪行。成員國承認此項責任並以此作為行為準則」。[858]與此同時，該文件也提出主權國家必須對超出本國國界並威脅到全球安全的行為承擔責任，即幫助各國履行其責任；發展國家執政能力；透過外交、人道主義和其他和平努力保護人民免受種族屠殺、戰爭罪行、種族清洗和反人類罪行的傷害。最令人矚目的是，聯合國大會申明，當一國當權者「顯然無法保護」其國民時，「我們準備透過安理會，依據包括第七章在內的聯合國憲章，採取及時果斷的集體行動」。[859]2009年，第63屆聯合國大會透過了《保護的責任》決議，這是該組織透過的第一個有關「保護的責任」之專門決議。美國學者布魯斯·瓊斯等認為：「『保護責任』的理念已經得到聯合國所有成員國的一致認可。從某種意義上講，這是一個清晰的信號，表示對主權的理解發生了重大的變化。這一變化發生的時間是如此之短。」[860]西方學者亞歷克斯·比拉米（Alex J.Bellamy）等指出，這是一個新的國際原則（a new international principle），R2P的誕生說明了國際規範產生的過程。[861]

　　中國對此並沒有明確反對，並且還有條件地支持，但是總的來說是持保留和謹慎態度的，屬於有限接受。2005年6月，中國駐聯合國大使在發言中就「保護的責任」闡明了中國政府的如下立場：「各國負有保護本國公民的首要責任，一國內亂往往起因複雜，對判定一國政府是否有能力和意願保護

191

中國歷代與國際間的關係及規範變遷：從「文明標準」到「新文明標準」
第六章　中國的崛起與國際規範的變遷

其國民應慎重，不應動輒加以干涉。在出現大規模人道危機時，緩和與制止危機是國際社會的正當關切。有關行動需嚴格遵守憲章的有關規定，尊重有關當事國及其所在地區組織的意見，在聯合國框架下由安理會根據具體情況判斷和處置，儘可能使用和平方式。在涉及強制性行動時，更應慎重行事，逐案處理。」[862] 陳拯等指出，這個發言構成了中方立場表述的基本框架，至今並無實質改變，即中國試圖保持國際人道主義干涉與維護國家主權之間的均衡，試圖限制對「保護的責任」之濫用。[863] 在 2005 年聯合國首腦會議期間，中國國家主席及中國外交部部長的正式發言中都沒有直接提及「保護的責任」這個概念。但是中國作為聯合國的成員國，原則上接受了「保護的責任」的理念，沒有反對聯合國透過相關決議，中國代表也參與了聯合國的相關辯論。[864] 針對「保護的責任」，有中國國際法學者擔憂，「一旦『保護的責任』成為『新的（國際法）規範』，它將對國家主權的內涵、國家主權平等原則以及不干涉內政原則等產生深遠的影響」。[865]

中國對人道主義干涉以及「保護的責任」之態度，特別是在蘇丹達爾富爾、利比亞、敘利亞等熱點問題上的立場，被不少人視為中國對待國際新規範態度的表現。

2003 年 2 月，蘇丹達爾富爾危機爆發，並引起國際社會的高度關注。從 2004 年開始，中國政府逐漸介入達爾富爾問題的解決。2006 年 8 月，安理會透過 1706 號決議，第一次援引「保護的責任」，決定在達爾富爾地區部署聯合國蘇丹特派團，中國和俄羅斯對此投了棄權票。蘇丹政府拒絕了該決議之後，中方採取了一些斡旋行動，使得蘇丹政府於 2007 年 6 月同意在達爾富爾部署混合維和力量。2007 年 7 月，聯合國安理會透過 1769 號決議，表示在尊重蘇丹共和國主權的情況下，與蘇丹政府合作，協助處理達爾富爾的各種問題。中國對此投了贊成票。於是，2.7 萬名維和人員被派往達爾富爾，以制止正在發生的暴行。

2011 年初，利比亞內戰爆發。該年 2 月，安理會一致透過 1970 號決議，認為在利比亞發生的針對平民的大規模、有系統的攻擊可構成危害人類罪，並要求追究那些對襲擊平民事件負責任的人士，對利比亞實施武器禁運，凍

第三節　中國與「新文明標準」

結利比亞領導人卡扎菲及其主要家庭成員和同夥的資產，將利比亞問題移交國際刑事法院等。中國對該決議投了贊成票。此後，安理會於同年3月透過1973號決議，要求各方立即停火，並決定在利比亞設立禁飛區，認為在利比亞領空禁止一切飛行是保護平民以及保障運送人道主義援助的安全之一個重要因素，是促進該國境內停止敵對行動的一個步驟。這個決議被認為是「保護的責任」規範具有影響力的證據，儘管並沒有明確提及「保護的責任」一詞。[866]中國、俄羅斯、巴西、德國和印度對此決議案投了棄權票。這個決議透過之後，以法國、英國、美國三國為主的聯合部隊以執行安理會決議為依據，從當年3月19日開始對利比亞進行空襲，並最後導致卡扎菲政權垮臺。對利比亞的干涉被西方不少人視為「保護的責任」之首次實踐。[867]中國政府後來批評西方國家對利比亞的干涉是濫用安理會授權。[868]這導致後來中國政府在敘利亞衝突上採取了堅決反對西方國家主張的國際干涉的行為。

敘利亞內戰也爆發於2011年初。從2011年10月開始，敘利亞的國內衝突開始成為安理會的討論議題。法國、德國、英國和葡萄牙向安理會提交了一個決議草案，要求安理會對敘利亞實施軍火禁運，並考慮實施其他強制性行動。但是，中國和俄羅斯共同否決了該草案。此後，中國和俄羅斯又聯手分別否決了阿盟和美國提出的兩個決議草案。2014年5月，聯合國安理會就法國等國提交的將敘利亞局勢提交國際刑事法院的安理會決議草案進行表決，中國和俄羅斯再次投了反對票。這表明中國反對一些國家利用「保護的責任」，濫用安理會的授權進行政權更迭。[869]2016年12月，聯合國安理會就敘利亞阿勒頗局勢的有關決議草案進行表決，中國與俄羅斯、委內瑞拉投票反對，草案未獲透過。中國政府也因此在國際上面臨著極大的壓力和指責。

與此相關的是，國際刑事法院的設立及其授權，也體現了人權規範和保護的責任之原則。根據聯合國1998年透過的《國際刑事法院規約》（又稱《羅馬規約》），國際刑事法院於2002年7月1日正式成立。在一國國內法院不能自主審理的情況下，國際刑事法院將對該國犯有種族滅絕罪、戰爭罪和反人類罪等嚴重國際罪行的個人進行刑事追責。根據《羅馬規約》，國際刑事法院的檢察官可以根據某人或者一些組織機構的建議來主動提起犯罪調查。2009年3月4日，國際刑事法院向蘇丹總統巴希爾發出逮捕令。2010

中國歷代與國際間的關係及規範變遷：從「文明標準」到「新文明標準」
第六章　中國的崛起與國際規範的變遷

年 7 月 12 日，國際刑事法院以種族滅絕罪向蘇丹總統巴希爾發出第二份逮捕令。此外，國際刑事法院檢察人員於 2011 年 5 月 16 日請求法官針對卡扎菲和他的次子賽義夫·伊斯蘭、利比亞情報機構負責人阿卜杜拉·塞努西發佈逮捕令，指控這三個人在鎮壓反對派過程中故意把平民當作打擊目標，命令、計劃並參與非法攻擊。起訴罪行包括戰爭罪和反人類罪。

雖然中國不反對聯合國授權的國際干涉行動，比如聯合國維和行動，但是中國曆來對基於人權理由，並且沒有得到聯合國授權的國際干涉行為採取反對或不支持的態度。原因在於中國對於人權問題的認識，認為人權屬於內政問題，外國無權以人權為由進行干涉。中國也因此承受著來自國際社會的巨大壓力。美國戰略家加里·J. 施密特批評中國採取這樣的立場，是因為「想恢復舊的國際秩序，這種秩序體現在聯合國憲章中，並且基於三個世紀以來的國際法原則，即主張國家主權（至少在理論上）神聖不可侵犯。針對一個國家的聯合行動只有在回應無端的侵略行為，且只有在安理會——中國擁有否決權——授權之後，才是允許的」。[870] 有的西方學者甚至明確指出，正在崛起的中國堅持與西方不同的人權與民主理念，特別是反對未經聯合國安理會授權的國際人道主義干涉行動，因而會在國際社會中對西方構成挑戰。[871] 但也有西方學者注意到，人權和人道主義干涉規範可能帶來的問題。有一位英國學者就指出，在 1945 年以後，國際社會的人權法和武裝衝突法規得到了較大發展。人權和人道主義問題在國際政治中的重要性比以往時代要大得多，這可能帶來一些問題。比如，「建立在經濟自由主義、人權和民主思想基礎上的全球社會理念，與依然存在的主權國家理唸經常發生衝突」。[872] 他還特別提到了中國在人權問題上與西方發生的「全球價值與當地情勢之間的衝突」。[873] 同樣值得注意的是，針對西方國家近年來依據「保護的責任」的概念推行干涉主義的行為，阮宗澤提出，中國作為安理會常任理事國之一，應該旗幟鮮明地倡導「負責任的保護」。[874]

三、中國與民主規範

如前所述，在西方語境中，民主和人權有著密切的關係，民主往往被視為保護人權的制度保障，作為人權重要組成部分的公民政治權利則確保民主

第三節　中國與「新文明標準」

制度的順利運行。和人權一樣，民主也被視為「新文明標準」的核心要素，是國家在國際社會中合法性的重要來源。有西方學者指出：「對西方人來說，評價一個國家政局的好壞，管理水平的高低，就是看這個國家是否有民主制度，而民主的標準就是看民眾是否有普選權，以及該國是否存在多黨制。」[875]

中國從不否定民主規範的重要性，並且把發展與健全中國特色的社會主義民主作為一項重要的任務。正如2013年11月中共十八屆三中全會所指出的：「發展社會主義民主政治，必須以保證人民當家做主為根本，堅持和完善人民代表大會制度、中國共產黨領導的多黨合作和政治協商制度、民族區域自治制度以及基層群眾自治制度，更加注重健全民主制度、豐富民主形式，從各層次各領域擴大公民有序政治參與，充分發揮中國社會主義政治制度優越性。」[876] 2014年9月，中共中央、全國政協舉行慶祝中國人民政治協商會議成立65週年大會，習近平在大會上發表講話時強調，社會主義協商民主，是中國社會主義民主政治的特有形式和獨特優勢，是中國共產黨的群眾路線在政治領域的重要體現。他提到，民主不是裝飾品，不是用來做擺設的，而是要用來解決人民要解決的問題的。找到全社會意願和要求的最大公約數，是人民民主的真諦。[877] 也就是說，中國並不否認民主的重要性，更不反對民主規範，但是中國對民主概念的理解和界定與西方有所不同。實際上，有學者透過研究表明，包括中國在內的東亞國家，在界定民主概念的時候，往往強調「善治」（good governance）和社會平等（social equity），而非西方民主理論家所強調的普選制、法治、政治自由等，東亞的「非民主政體」的合法性以及表現往往比「民主政體」更好。[878]

然而，當今的中國由於其歷史傳統以及現行政治制度，在國際社會中往往被視為一個非民主的、專制的國家，按西方的標準屬於一個問題國家或者潛在的問題國家。也有美國學者認為，現代中國和古代中國一樣，其政治傳統依然是威權主義的，它與西方的民主傳統形成鮮明對比。[879] 今天，在西方主流媒體有關中國的報導中依然常常出現「共產黨中國」「紅色中國」「極權國家」等詞彙，體現了很多西方人判斷中國的國家性質及其在國際社會中的地位之思想偏見。這無疑屬於意識形態或觀念問題，也屬於「新文明標準」的一種表現形式，其核心在於西方用自己的標準來衡量其他國家的行為，傾

第六章　中國的崛起與國際規範的變遷

向於認為單一的而非多元的世界更有利於世界和平與穩定。冷戰後流行的「民主和平論」就是這種思維方式的一種表達方式。很大程度上由於其政權性質，在很多西方人眼中，中國還是國際社會中的「非我族類」，中國融入國際社會的程度（政治和經濟上）還很不夠，它還只是處於國際社會同心圓的外環。[880] 很多西方人士擔心一個正在崛起的、「非民主」的中國，可能對西方主導的國際社會構成挑戰。2007年12月，美國企業研究所的研究員鄧·布魯門撒爾（Den Blumenthal）發表文章指出：「可能中國打算在國際體系內成長，但只是不喜歡國際體系中大部分由美國來制定的規則。可能當中國足夠強大，它會建立更符合它喜好的新規則。」[881] 2007年聖誕節前夕，對於中國製造的產品大量進入美國，美國學者萊斯特布朗（Lester Brown）驚呼「聖誕節是中國製造的」，並由此聯想到美國在世界上的領導地位正受到挑戰。他指出：「為了向其他國家要石油、要他們為我們的債務提供資金，美國正在迅速喪失它在世界上的領導地位。我們面臨的問題不僅僅是『聖誕節是否中國製造』那麼簡單，更重要的是我們能否恢復那些令我們成為一個強國——一個讓世界欽佩、尊重、仿效的大國——的準則和價值觀。這不是聖誕老人能給的禮物，只能靠我們自己來完成。」[882]

同樣值得注意的是，當今世界上正在崛起的非西方國家並非中國一家，但西方國家似乎最關注和擔心中國的崛起。例如，西方很多人對中印崛起的態度就很不一樣，實際上採取了雙重標準。這主要是因為在西方話語體系中，印度是一個民主國家，而中國則屬於「非民主」國家。正如一位英國學者所指出的，「印度是當今世界上最大的民主國家，而在中國，民主仍然是個相對陌生的概念」。[883] 美國評論家卡普蘭也明確表明了自己對印度民主制度的喜好，以及對所謂中國「威權」體制的不屑：「我解釋一下：我非常看好印度，認為印度的民主制度表現出了足夠的彈性以應付未來可能發生的騷亂和地方混亂局面，這一點是中國威權體制無法望其項背的。歸根結底，印度民主是一種溫和主義力量。」[884] 在西方，甚至是在聯合國，所謂中國的人權狀況經常受到指責，而印度作為一個民主國家則常常被讚揚，日內瓦聯合國人權委員會[885]也從來沒有點名批評過印度的人權狀況，但中國則「榜上有名」。其實，印度在人權問題上的立場與中國有共同點。印度在人權問題

上，主張推進人權應考慮各國的具體情況，認為最根本的人權是生存的權利；對發展中國家來說，發展問題優於民主和人權，反對將人權問題政治化，反對利用人權干涉他國內政，從而損害別國的主權和統一。[886]這在很大程度上是由於中印兩國政治制度和價值理念的不同引起的，而後者更接近西方。印度被西方普遍認為是「世界上人口最多的民主政權」，[887]因而民主制度為印度帶來了良好的崛起環境。[888]正如馬丁·懷特所說的，西方國家總是把國際體系中成員國的國內政治安排或政府結構，當作國際合法性的一個原則。[889]值得注意的是，也有中國的民族主義者提到了中國由於不是「民主國家」，和印度相比在國際交往中吃了很多虧：「我在這裡把話說得更明確一些：我們由於不是國際社會所公認的『民主國家』，在國際交往中吃了太多的虧。印度無論是對於國際社會的貢獻，還是國內人民的生活，都遠遠比不上我們，就是沾了『民主國家』的光，無論什麼時候國際輿論都是站在它那一邊的，在中印邊界衝突中是如此，在經濟競爭中也是如此。」[890]實際上，印度政治家也常常拿民主和人權說事，以證明印度比中國強。比如，2009 年 11 月，印度總理辛格在美國外交關係委員會發表演講時聲稱，儘管中國發展速度快於印度，「我總是相信，還有比國內生產總值增長更為重要的價值」，其中包括「尊重基本人權，尊重法治，以及尊重多元文化、多元族群、多元宗教的權利」。他還指出，民主國家所推行的政策「一定會比非民主國家的統治集團所採取的改革政策要有效得多」。[891]2012 年底上臺的日本首相安倍晉三曾經公開呼籲，日本應與印度、澳大利亞、美國組成「民主安全菱形」，與實力不斷上升的中國相抗衡。

需要指出的是，也有西方學者認為，中國崛起所造成的最大難題並不是中國缺乏民主，而是中國的「中央王國」心態。正如馬丁·雅克所說的：「西方對中國的評論，錯就錯在太過於關注中國的政體、民主的缺失、共產黨政府以及所謂的軍事威脅等問題。事實上，中國崛起所帶來的真正挑戰很可能是文化上的，正如我們之前講到的『中央王國』心態。或者換句話說，中國崛起所引發的最大難題並不是民主的缺失，而是中國會如何處理自己和別人的差異。一國的歷史和文化很大程度上決定了它會以何種眼光來看待這個世界。歷史上每一個曾經稱霸的國家或者大陸都會用一種全新的方式來展示其

實力。比如歐洲的典型方式就是海上擴張加殖民帝國,而美國則是空中優勢和全球經濟霸權。中國同樣也會以嶄新的方式來展現其實力……中國崛起為一個世界大國後,很可能會在相當長的一段時期內在文化等方面完全改寫世界秩序。」[892] 他進一步指出,崛起的中國有可能恢復歷史上的朝貢體系:「一旦有機會,中國也許希望恢復過去長期被神聖化的外交傳統,即除了不能給予平等地位,其他方面對各國一視同仁,並要求它們臣服於中國。」[893] 但是,也有西方學者認為,崛起的中國和美國不一樣,中國並無強烈意願向外推廣自己的發展模式:「美中兩國之間的一個重要差異是:兩國都認為自己與眾不同,但美國把它獨特的力量和優點看成是可供其他國家效仿的模式,而中國則把它的力量和優點看成是難以被其他國家仿效的中國特色的明證;美國希望其他國家都變得像美國一樣,中國則認為任何國家都不可能變得像中國一樣。」[894]

四、中國與市場經濟規範

改革開放以來,中國逐漸接受了市場經濟規範,並且以很快的速度融入世界經濟體系(包括貿易、金融、投資、國際經濟制度等)之中,並被認為是中國「重新加入」國際社會過程之最少具有爭議的方面。[895] 從某種意義上講,中國的改革開放過程,就是接受市場經濟規範、建立和完善社會主義市場經濟的歷程。特別是在 1992 年,中共十四大明確提出了中國經濟體制改革的目標是建立社會主義市場經濟體制,提出要使市場在國家宏觀調控下對資源配置起基礎性作用。2013 年的中共十八屆三中全會進一步提出了使市場在資源配置中起決定性作用的重大理論觀點。與此同時,中國也在不斷努力融入世界經濟體系。特別是在中國於 2001 年加入世界貿易組織(WTO)之後,中國融入世界經濟體系的程度得到更進一步加深。中國根據加入世界貿易組織的承諾,逐步降低關稅,關稅總水平從加入世貿組織前的 15.3% 降到 2010 年的 9.8%,並取消了大多數非關稅措施。[896] 根據 2011 年 9 月發表的《中國和平發展》白皮書,2001 年加入世界貿易組織以來,中國年均進口近 7500 億美元商品,相當於為相關國家和地區創造了 1400 多萬個就業職位。過去十年,在華外商投資企業從中國累計匯出利潤 2617 億美元,年均增長

第三節　中國與「新文明標準」

30%。中國非金融類年度對外直接投資從不足10億美元增加到590億美元，有力地促進了有關國家的經濟發展。2009年境外中資企業實現境外納稅106億美元，聘用當地員工43.9萬人。中國近年來對世界經濟增長的貢獻率均達到10%以上。[897]但是，中國在加入世界貿易組織的時候接受了一些限制性條款，其中包括對中國出口產品反傾銷調查的「非市場經濟地位」待遇。另外，中國在2001年加入世界貿易組織之後，也自動加入《與貿易相關的知識產權協定》（TRIPs），參加知識產權保護建設，推動全球貿易和投資自由化。中國和東盟於2009年簽署了知識產權領域合作諒解備忘錄，推動雙方知識產權保護制度的建立。

然而，中國經濟市場化和融入世界經濟體系的程度，仍被認為遠未達到西方期望的水平。有西方學者聲稱，使中國成為全球經濟體系中的一個負責任的支柱，將是未來長期的挑戰之一。[898]根據中國加入世界貿易組織議定書第15條，在反傾銷和反補貼調查中，傾銷幅度的確定可以不以中國實際成本數據為依據，而選擇一個市場經濟第三國或進口國的同類相似商品價格，即「替代國」做法。該條款的適用期限是15年，在2016年12月11日失效。按照當初簽訂的入世協議，中國應當在加入這一組織15年後，自動獲得「完全市場經濟地位」。然而，中國在對外貿易方面面臨著很多批評，特別是被指責對其出口商進行不公正的補貼，也沒有嚴格執行知識產權保護協定。中國自2001年加入WTO以來，就成為美國和歐洲的頭號投訴對象。實際上，作為一個進出口大國，中國遭遇的反傾銷和反補貼在次數和金額上均居世界首位。[899]從2001年入世以來，中國還沒有被所有國家承認為一個完全市場經濟國家。是否承認中國完全市場經濟地位一直是影響中國與歐盟、美國、日本關係的一個重要問題。2011年9月20日，中國商務部發言人在新聞發佈會上表示，經過近40年的改革開放，中國已經實現了由計劃經濟向市場經濟的轉軌，但是歐盟至今不承認中國完全市場經濟地位，中方對此表示非常失望。2016年5月12日，歐洲議會全體會議透過一項決議，反對承認中國市場經濟地位。該決議得到546名歐洲議員贊成，只有28票反對，77票棄權。美國也一再表示不承認中國的市場經濟地位。2016年12月8日，日本經濟產業省正式宣布，關於中國在世界貿易組織中的地位，已決定繼續不

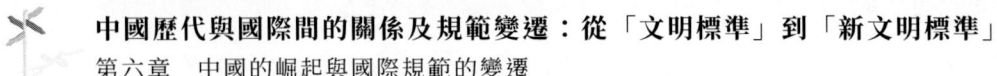

承認中國是「市場經濟國家」；日本將維持容易對不當傾銷徵收高關稅的「反傾銷稅」機制。[900]

與此同時，中國也長期被批評為匯率操控國。進入 21 世紀，人民幣匯率一直是中美經濟關係中的一個問題，美國努力迫使人民幣升值，以增加對華出口。中國在 2005 年進行了匯率改革，人民幣對美元匯率逐步上升。自 2005 年以來，人民幣匯率形成機制市場化改革已取得明顯進展，截至 2013 年 4 月底，人民幣對美元名義匯率已升值約 32%，人民幣實際有效匯率升值超過 36%。儘管如此，國際社會一些國家依然認為人民幣幣值被低估了，特別是美國政府高級官員不斷指責中國對匯率實施嚴格管制和操控措施。

五、中國與環境主義規範

進入 21 世紀初，全球環境問題變得更加突出，以環境保護為核心內容的環境主義已經成為所謂「新文明標準」的重要內容之一。《氣候變化框架公約》強調要將世界上的排放大國都納入新的氣候變化國際框架之中，它未來可能發展成世界氣候組織，屬於新的世界性國際組織，從而使得環境主義規範制度化。從某種意義上說，環境主義也屬於「負責任主權」原則範疇。

與此同時，進入 21 世紀，日益惡化的中國環境問題（21 世紀初在中國發生的重要環境污染事件包括：2005 年松花江水污染事件；2007 年太湖、滇池、巢湖藍藻暴發；2013 年中東部持續霧霾天氣；2015 年底華北地區持續空氣重度污染等），也使中國政府和民眾的環保意識日益增強。根據中國環保部 2013 年 6 月 4 日公佈的《2012 中國環境狀況公報》，全國環境質量狀況形勢依然嚴峻：超過 30% 的河流和超過 50% 的地下水不達標；空氣質量方面，325 個地級市中，有 59.1% 的城市不符合新的空氣質量標準，113 個環保重點城市的不達標率更是達到 76.1%。[901] 世界衛生組織發佈的 2008—2015 年度世界上 103 個國家 2977 個城市的年平均戶外空氣質量監測數據顯示，中國境內包括拉薩和海口在內的 110 座城市無一達到世衛組織推薦的戶外空氣質量標準。[902] 原中國環保局局長曲格平在談及中國環境問題時指出：「似乎沒有人稱讚中國的環境狀況好，國家領導人也在講『環境形勢嚴峻』，其實說『非常嚴峻』『十分嚴峻』都不過分，世界範圍內還沒

有哪個國家面臨著這麼嚴重的環境汙染。而且不光是一個大氣汙染，還有水汙染、土壤汙染、有毒化學品汙染等，存在的問題很多、很大。」[903]2007年以前，美國向大氣中排放的與能源相關的二氧化碳量是所有國家中最大的。但是中國溫室氣體排放量增長速度很快，目前中國和美國是世界上兩個最大的溫室氣體排放國家。[904]據估計，到 2030 年，中國與能源相關的二氧化碳排放量預計將占世界總量的 26%，與煤炭相關的排放將占世界的 48%。如果在未來 25 年裡，中國和印度實現預期的經濟和工業增長，那麼這兩國的碳排放增長加起來將占到全球增長的 60% 左右。[905]中國屬於世界上的排放大國之一，自然是新規範要制約的目標之一。中國在國際氣候變化談判中，堅持不承擔絕對減排義務，反對加入強制性減排機制，其在環境問題上面臨的國際壓力也會越來越大。

在 2009 年 12 月的哥本哈根世界氣候變化大會（全稱是《聯合國氣候變化框架公約》第 15 次締約方會議暨《京都議定書》第 5 次締約方會議，也被稱為哥本哈根聯合國氣候變化大會）上，中國就成為被批評和指責的重要目標國之一。2009 年 12 月，192 個國家的環境部長和其他官員在哥本哈根召開聯合國氣候會議，商討《京都議定書》一期承諾到期後的後續方案，就未來應對氣候變化的全球行動簽署新的協議（即《哥本哈根議定書》）。這是繼《京都議定書》（其第一期承諾於 2012 年到期）後又一具有劃時代意義的全球氣候協議書，將對地球今後的氣候變化走向產生決定性的影響。這是一次被喻為「拯救人類的最後一次機會」的會議。美國和中國作為碳排放最多的兩個國家，其立場自然是這次會議的焦點。作為《聯合國氣候變化框架公約》及其《京都議定書》的締約方，中國一向致力於推動公約和議定書的實施，認真履行相關義務。溫家寶在這次會議上的發言中強調，「共同但有區別的責任」原則是國際合作應對氣候變化的核心和基石，應當始終堅持。因此，發達國家必須率先大幅量化減排並向發展中國家提供資金和技術支持，這是不可推卸的道義責任，也是必須履行的法律義務。發展中國家應根據本國國情，在發達國家資金和技術轉讓支持下，儘可能減緩溫室氣體排放，適應氣候變化。他明確提出：「中國政府確定減緩溫室氣體排放的目標是中國根據國情採取的自主行動，是對中國人民和全人類負責的，不附加任何條件，

不與任何國家的減排目標掛鉤。」[906] 而在哥本哈根大會上，美國想讓中國承擔更多責任。比如美國代表就指責中國的立場，反對美國向中國減排提供資金支持，否認發達國家應該為中國在工業化進程中累積造成的大氣環境汙染「埋單」，並要求中國製定更大力度的減排目標。這次會議最終透過了不具法律約束力的《哥本哈根協議》，它維護了《聯合國氣候變化框架公約》及其《京都議定書》確立的「共同但有區別的責任」原則，就發達國家實行強制減排和發展中國家採取自主減排行動作出了安排。中國被認為是阻礙這次會議達到預期目標的重要國家，會後對中國的指責不絕於耳。同樣地，在2011年的德班氣候變化會議上，中美也沒有達成共識。因此，有中國學者認為，中國未來必將持續面對要求承擔強制性減排責任的壓力，而且「中國可選擇的空間並不大」。[907]

其實，中國國內環境持續惡化已經迫使中國政府在環境保護上加大力度，並增強了國際環境保護合作的意識。習近平強調，「決不以犧牲環境為代價去換取一時的經濟增長」。[908] 曲格平在接受《南方週末》採訪的時候指出：「現在全國上下都認識到：不懲治腐敗要亡黨亡國。我認為不消除環境汙染，不保護好生態環境，也要亡黨亡國。對環境治理要下決心，再不能只停留在口頭上和紙面上了。」[909] 2013年，中共十八屆三中全會明確提出要加快生態文明制度建設，並且指出「建設生態文明，必須建立系統完整的生態文明制度體系，實行最嚴格的源頭保護制度、損害賠償制度、責任追究制度，完善環境治理和生態修複製度，用制度保護生態環境」。[910] 可以預計，未來國內嚴峻的環境問題會進一步逼迫中國對待國際環境保護規範的態度發生變化，並且承擔更多的國際責任。值得注意的是，在北京及其周邊地區持續霧霾的背景下，2014年11月，中國政府為了辦好北京APEC非正式首腦會議，對北京及其周邊省市進行了前所未有的限制性措施（也是無奈之舉），包括機動車單雙號限行等，帶來了持續多日的「APEC藍」。也正是在這次會議期間，中國國家主席習近平與美國總統奧巴馬共同發表《中美氣候變化聯合聲明》，美國計劃於2025年實現在2005年基礎上減排26%—28%的全經濟範圍減排目標並將努力減排28%，中國計劃2030年左右二氧化碳排放達到峰值且將努力早日達峰，並計劃到2030年非化石能源占一次能源消費比

重提高到 20% 左右。這顯示中美兩國作為世界前兩大經濟體也是前兩大溫室氣體排放國,願意負責任地共同應對氣候變化。

對於中國未來如何應對環境問題方面的壓力,楊澤偉建言:「中國政府應堅持可持續發展戰略,維護《氣候變化框架公約》和《京都議定書》的基本框架。一方面,中國承認減排是經濟社會發展的大勢所趨,是人類文明進步的必然;另一方面,堅決維護中國作為發展中國家的發展權益,強調發展經濟和消除貧困是發展中國家壓倒一切的優先任務,並立足於發展權的實現,堅持賦予發展中國家、氣候變化的脆弱群體和窮人以更多的碳排放權。」[911]

2015 年 12 月 12 日,巴黎氣候變化大會透過了具有法律約束力的全球氣候變化新協定,為 2020 年後全球應對氣候變化行動作出安排。《聯合國氣候變化框架公約》近 200 個締約方一致同意透過了《巴黎協定》。《巴黎協定》指出,各方將加強對氣候變化威脅的全球應對,把全球平均氣溫較工業化前水平升高控制在 2 攝氏度之內,並為把升溫控制在 1.5 攝氏度之內而努力。全球將盡快實現溫室氣體排放達峰,21 世紀下半葉實現溫室氣體淨零排放。根據協定,各方將以「自主貢獻」的方式參與全球應對氣候變化行動。發達國家將繼續帶頭減排,並加強對發展中國家的資金、技術和能力建設支持,幫助後者減緩和適應氣候變化。中國氣候變化事務特別代表解振華在大會發言中表示,《巴黎協定》是一個公平合理、全面平衡、富有雄心、持久有效、具有法律約束力的協定,傳遞出了全球將實現綠色低碳、氣候適應型和可持續發展的強有力積極信號。他呼籲各方積極落實巴黎會議成果,為《巴黎協定》的生效實施做好準備,並強調中方將主動承擔與自身國情、發展階段和實際能力相符的國際義務,繼續兌現 2020 年前應對氣候變化行動目標,積極落實自主貢獻,努力爭取儘早達峰,並與各方一道努力,按照《公約》的各項原則,推動《巴黎協定》的實施,推動建立合作共贏的全球氣候治理體系。[912] 這實際上也意味著,中國在環境主義規範問題上,已經從規範的接受者成為規範的制定者之一。

總之,正在崛起的中國面臨著西方所構建並主導的國際規範變遷這一社會事實。具體來說,在全球化的背景下,西方對國際社會行為規範或「文明

標準」的認識正在發生變化,其總體趨勢是弱化主權原則,強調人權、民主等原則。這樣一來,在當今國際關係中就存在著一個重要問題,即包括中國在內的廣大非西方國家(今天這類國家在國際社會中占據多數的地位)如何對待國際規範的變遷?隨著人權、民主等被視為國家國際合法性「新標準」的核心要素,崛起的中國自然會在國際社會中面臨著來自西方世界的極大壓力,特別是面對著來自霸權國家的極大壓力。正如亞當·沃爾森(Adam Watson)所指出的,國際社會中的國家只是法律上平等,實際上是不平等的,始終存在大國(一個或多個)行使霸權的情勢,比如迫使其他國家遵守國際社會的規則和制度(往往是由霸權國家解釋的,甚至可能是由霸權國家制定的),並干涉他國內部事務。這在冷戰後國際社會中的一個突出表現就是,美國等一些西方國家堅持普遍人權原則。在沃爾森看來,這種「在人權問題上的立場,便是19世紀(西方)要求那些想加入歐洲主導的國際社會的非歐洲國家必須符合文明標準的立場之現代版本」。[913]

第四節　崛起的中國與未來的國際秩序

如前所述,國際規範正在發生變化,這是主要由西方國家所構建的社會事實。根據西方所制定和解釋的「新文明標準」,中國依然屬於國際社會中「不夠文明」的國家,崛起的中國於是容易被視為西方在國際社會中所要面對的一個挑戰。

中國正在崛起,這是一個事實。國際規範在發生變化,這也是一個事實,儘管它是一個主要由西方國家所構建和主導的社會事實。中國的崛起與國際規範的變遷之間存在一定關聯性。從理論上說,正在崛起的中國既可能適應、接受西方主導的國際規範的變遷,也可能挑戰或者希望修正、重塑現有國際規範。在另外一個方面,隨著國際規範的變遷,國際社會中的主導國家既可能認可和接受中國的崛起,也可能制約或阻礙中國的崛起。其結果不僅取決於中國與西方主導的國際社會之間的互動關係,也取決於中國自己的政策選擇。

第四節　崛起的中國與未來的國際秩序

中國對於國際規範的變遷所採取的應對之策，可能難以用「適應、接受」或者「挑戰、修正」之類的簡單的、非此即彼的話語來加以概括。這就如同用「革命國家」「修正主義國家」或者「維持現狀國家」等詞彙難以準確描述中國的國際身份一樣。另外，中國屬於一個正在崛起的、轉型中的國家，其應對國際規範變遷之策也必定是不斷變化、調整的。儘管如此，我還是試圖做出如下幾點判斷：

第一，中國繼續堅持融入國際社會的政策，承擔相應的國際責任，並且適應國際規範的變遷。

在今天以及可以預見的將來，國際規範的變遷過程，基本上不是中國可以左右得了的，而是主要由西方國家所主導的。挑戰國際社會的主流規範顯然不利於中國的發展，這已經為歷史所證明，因為中華人民共和國曾經充當過國際社會中的「革命國家」，並因此長期被疏遠和孤立。相反，中國自從改革開放以來所採取的主動融入國際社會的政策，已經導致中國與國際社會的關係得到極大改善，中國自身的綜合實力也得到大大增強。改革開放40年來，中國發生了很大的變化，中國與國際社會的關係也同樣發生了很大變化。在很大程度上，正是因為中國自身的變化，導致了中國與國際社會的關係發生了變化。可以預見的是，中國變革的過程還將繼續，中國與國際社會的關係也將繼續發生變化，中國進一步融入國際社會是大勢所趨。需要特別指出的是，中國不應該把自己放在西方所倡導的「人權」「民主」等原則或規範的對立面上，否則會在國際社會中再次陷於被孤立和疏遠的境地。毫無疑問，中國應該改變自己，包括大大提高自己的綜合實力，並且在國際社會的主流規範與制度框架內行動，以便在更大程度上影響世界，發揮國際社會負責任大國的作用。漆海霞在研究了春秋戰國時期國家之間關係的歷史後指出：「中國當前也面臨崛起的問題，外界的遏制不可避免，因而中國外交的關鍵是要避免突破當前國際規範的底線，以降低遏制的力度，分化遏制同盟。當然，這些措施僅限於謀略層面。中國不可過於側重謀略或武力，而應吸取秦亡的教訓，立國立德，走王道之路，實現『興滅國、繼絕世、舉逸民，天下之民歸心焉』。」[914]

中國歷代與國際間的關係及規範變遷：從「文明標準」到「新文明標準」
第六章　中國的崛起與國際規範的變遷

實際上，近年來，中國主流媒體、領導人已經一再明確表示中國願意成為「文明國家」世界一員並承擔相應責任。2007年中共十七大前夕，《人民日報》發表評論員文章，明確表示中國屬於「文明國家」一員：「中國堅持獨立自主的和平外交政策，在和平共處五項原則基礎上同世界各國和睦相處，有效地捍衛了國家的主權、安全和利益，維護了國家發展的重要戰略機遇期，在國際舞臺上樹立了和平、民主、文明、進步的形象。」該文進一步指出，中國作為「國際社會的重要一員」，努力承擔國際義務與責任。[915]2007年10月，胡錦濤在中國共產黨第十七次全國代表大會上的報告中指出，「當代中國同世界的關係發生了歷史性變化，中國的前途命運日益緊密地同世界的前途命運聯繫在一起」，「中國發展離不開世界，世界繁榮穩定也離不開中國」。[916]楊潔篪明確表示中國是「國際社會負責任的大國」，始終以認真負責的態度來處理國際事務。[917]他還表示：「隨著中國自身力量的增強，我們當然會承擔更多的國際責任，同世界各國人民一起來推進和平和發展事業。」[918]中國國務院新聞辦公室於2011年9月6日發佈的《中國的和平發展》白皮書明確提出，中國要「做和平發展的實踐者、共同發展的推動者、多邊貿易體制的維護者、全球經濟治理的參與者」。[919]2013年5月20日，中國總理李克強在印度報紙上發表文章，強調「中國是現行國際秩序和國際體系的受益者和維護者」。[920]中國前國務委員戴秉國在2016年出版的回憶錄中明確指出：「中國是現行國際體系中成長起來的大國，對現行體系沒有敵意，不是『挑戰者』『造反派』。中國是有明顯二元現象的大國。近代史上找不到像中國這樣GDP總量居世界第二，但人均GDP卻排在世界100位開外的大國。中國發展任務之重之艱難，前無古人。中國沒有意願、沒有能力，也沒有時間爭奪美國的霸權地位或者所謂『勢力範圍』。中國越發展，越需要同美國加強合作，越需要與美國共同走一條相互尊重、和諧共處、合作共贏的新型大國關係之路。」[921]

與此同時，中國學者、政府領導人等在強調維護中國國家主權重要性的同時，也承認民主、人權等規範的重要性。近年來，一些中國學者公開表達了「民主是個好東西」「人權不是西方的專利，而是所有人的要求」等觀點。[922]2007年10月，胡錦濤在中共十七大報告中提到要健全民主制度。[923]2011

第四節　崛起的中國與未來的國際秩序

年1月19日，胡錦濤在美國華盛頓回答記者有關中國人權的問題時指出：「中國堅定不移地保護和推進人權，中國人權事業取得了舉世公認的成就。中國承認和尊重人權的普遍性原則，但同時認為人權普遍性原則必須與各國國情相結合。對中國這樣一個人口眾多、又處於改革中的發展中國家來說，中國經濟社會發展還面臨很多挑戰，發展人權事業還有很多事情要做。」他還表示：「中國將進一步提高人民生活水平，推進民主法治建設，也願意與各國就人權問題開展交流對話，相互借鑑有益的做法。中美在人權問題上有分歧，但中方願意與美方在相互尊重、互不干涉內政的基礎上，就人權問題開展交流對話，以加深瞭解、擴大共識、減少分歧。」[924]2012年11月8日，胡錦濤在中共十八大報告中闡述全面建成小康社會和全面深化改革開放目標的時候，特別提到了擴大民主與尊重人權問題：「人民民主不斷擴大，民主制度更加完善，民主形式更加豐富，人民積極性、主動性、創造性進一步發揮，依法治國基本方略全面落實，法治政府基本建成，司法公信力不斷提高，人權得到切實尊重和保障。」[925]溫家寶也在2007年初指出：「科學、民主、法制、自由、人權，並非資本主義國家所獨有，而是人類在漫長的歷史進程中共同追求的價值觀和共同創造的文明成果。只是在不同的歷史階段、不同的國家，它的實現形式和途徑各不相同，沒有統一的模式，這種世界文明的多樣性是不以人們的主觀意志為轉移的客觀存在。」[926]

　　也有不少學者提到在中國建設不同於西方民主模式的、中國式民主的可能性問題。馬丁·雅克指出：「民主不應是抽象的概念，不能脫離歷史和文化，也不是放之四海而皆準。因為，如果缺乏相應的環境，民主不但不會奏效，甚至還會帶來災難。民主必須自己慢慢地成長，而不應是強加的……不同的社會所處的環境和發展水平各有差異，都有各自的輕重緩急，因此，民主也應放在恰當的歷史和發展大環境中來考量。」[927]他進一步指出：「在中國，任何民主政治制度都必將會體現中國人生活中無處不在的傳統價值觀和信仰。換句話說，民主中國將不可避免地帶有明顯的儒家文化特點。」[928]徐中約認為，未來在中國將會產生不同於西方民主的中式民主制度：「透過改革，一種中國式、有節制的民主政體將應運而生。如果它是某種類似1919年五四運動以來學者和政治家們所追求的那種政體——中西文化精華的結

合，完全現代化的同時又具有鮮明的中國特色——它一定會為大多數中國人所接受」。[929]而新加坡前總理、內閣資政李光耀則堅定否認了中國成為一個西方式民主國家的可能性。他寫道：「中國不會成為一個自由的西方式民主國家，否則就會崩潰。對此，我相當肯定，中國的知識分子也明白這一點。如果你認為中國會出現某種形式的革命以實現西方式民主，那你就錯了。」[930]錢乘旦強調指出：「我們不能照搬西方民主，必須根據自己的國情，立足於中國大地和中華民族傳統文化土壤，一點一點摸索，建立起社會主義的新型民主。而這將是長期而艱巨的努力，必須法治先行，在制度上進行長期的探索。」[931]當然，也有學者傾向於認為，民主和科學是舶來品，中國的傳統思想沒有、也產不出民主和科學來。要在中國確立民主與科學，必須徹底批判中國的傳統思想。[932]

第二，中國堅持世界多元化的原則，不應該、也絕不可能一味迎合別人的要求和迫於外來的壓力而無原則地改變自己以適應西方所主導的國際規範變遷，而要努力保持自身的文化特色與政治特色。

中國作為一個歷史悠久的大國，保持自身的特色至關重要。全球化進程的發展與深入，並不能從根本上改變世界是多元的這一現實。李光耀在論及世界多樣性時指出：「任何一個政權、任何一個宗教、任何一種思想都無法征服世界，或者按照自己的設想重塑世界。世界的多樣化特徵太明顯了，不同的種族、文化、宗教、語言及歷史要求各國透過不同的道路實現民主和自由市場。」[933]在一個多種文化共存的世界中，中國會繼續堅持世界多元化、國際關係民主化的原則。正如2007年10月14日的《人民日報》評論員文章所指出的：「在國際事務中，中國致力於推動各國平等參與國際事務，促進國際關係民主化；推動各國共享經濟全球化和科技進步的成果，促進互利共贏；推動不同文明加強交流理解，倡導世界多樣性。」[934]2013年9月25日，王毅在聯合國千年發展目標特別會議開幕式上的發言中指出：「推進發展議程，需要尊重各國國情。各國歷史、文化、發展階段都不同，決定了發展道路的不同。『條條大路通羅馬』，沒必要大家都走一條道，別人走的道可以作為借鑑，但並不一定適合自己去走。無論是中國夢、美國夢、歐洲夢、非洲夢，對幸福生活的追求是相似的，但方式方法各有千秋，不能講誰優誰

劣,更不能強迫別人做自己的夢。國際社會應該尊重多樣化的現實,挖掘多樣化的潛力,在包容互鑒中實現各國的發展目標。」[935]這實際上也就是中國提出的「和諧世界」思想的要旨。正如葉自成所指出的:「中國『和諧世界』的理念,正是基於對『文明多樣性是人類社會的基本特徵,也是人類文明進步的重要動力』這個客觀規律的尊重、『為人類社會發展創造光明的未來』而提出的。」[936]在我看來,中國的「和諧世界」思想屬於「多元和平」(pluralistic peace)理念,其核心是承認文化多元、發展模式多樣。未來的國際社會到底建立在單一文化,還是多元文化的基礎之上呢?我認為,其結果取決於多元和平理念與民主和平理念之間的較量。中國理應表明和堅持自己的國際秩序理念。具體來說,中國應該一方面不挑戰西方所倡導的民主、人權等規範,另一方面又應該看到民主、人權等概念的含義是發展、變化的,各國對民主、人權的理解不完全一致,中國有充足的理由探索具有自身特色的推進民主制度建設、保障人權的道路。正如李安山所指出的:「我們說,一種概念的運用並無專利。西方人可以用,我們也可以用,如『民主』『人權』等概念。然而,重要的是,我們應該賦予這些概念以符合自身條件和價值觀的內容。」[937]這意味著,中國認為「文明」是多元的,「標準」也是複數的。

第三,中國也應該積極參加國際規則的調整、修正與創建,以影響國際規範的變遷。

為了讓國際規範具有真正的普遍性,包括中國在內的廣大非西方國家理應積極參與國際規範的建構、修正與調整,從而影響國際規範的變遷,以維護自身的利益。中國政府在這方面已經表明了自己的立場,也有學者表達了類似的聲音。2007年底,楊潔篪在《求是》上撰文說,中國要「積極參與國際規則的調整」。[938]陳德銘也在2009年9月的一次訪談中指出:「客觀上看,WTO的許多規則是在發達國家主導下制定的。我們加入WTO後,就要參與規則的制定,從更高的層面維護中國和廣大發展中國家的利益。」[939]2011年的國務院白皮書明確指出:「中國以積極姿態參與國際體系變革和國際規則制定,參與全球性問題治理,支持發展中國家發展,維護世界和平穩定。」[940]張宇燕則提出,現行國際規則大多具有「非中性」的特徵,中國要「透過雙邊與多邊合作,繼承、改進、整合、創新現有國際規則體系,即讓國際

中國歷代與國際間的關係及規範變遷：從「文明標準」到「新文明標準」
第六章　中國的崛起與國際規範的變遷

制度趨於中性，甚至更有針對性地維護發展中國家的利益，實現全人類的共同繁榮與發展」。[941]

值得注意的是，中國領導人多次提及中國應該積極參與全球經濟治理。2010 年 10 月召開的中國共產黨第十七屆中央委員會第五次全體會議，就明確提出中國要「積極參與全球經濟治理……推動國際經濟體系改革，促進國際經濟秩序朝著更加公平合理的方向發展」。[942]2014 年 12 月 5 日，中共中央政治局就加快自由貿易區建設進行第十九次集體學習。中共中央總書記習近平在主持學習時強調，加快實施自由貿易區戰略，是適應經濟全球化新趨勢的客觀要求，是全面深化改革、構建開放型經濟新體制的必然選擇，也是中國積極運籌對外關係、實現對外戰略目標的重要手段。我們要加快實施自由貿易區戰略，發揮自由貿易區對貿易投資的促進作用，更好幫助中國企業開拓國際市場，為中國經濟發展注入新動力、增添新活力、拓展新空間。加快實施自由貿易區戰略，是中國積極參與國際經貿規則制定、爭取全球經濟治理制度性權力的重要平臺，我們不能當旁觀者、跟隨者，而是要做參與者、引領者，善於透過自由貿易區建設增強中國國際競爭力，在國際規則制定中發出更多中國聲音、注入更多中國元素，維護和拓展中國發展利益。[943]2015 年 10 月 12 日，中共中央政治局圍繞全球治理格局和治理體制進行了專題集體學習，習近平總書記強調要推動全球治理體制向著更加公正合理方向發展。[944]

值得指出的是，自從 2009 年以來，中國主動嘗試創建新的多邊國際制度來實現自己的國家利益，比如參與創建金磚國家銀行、主導創建亞洲基礎設施投資銀行等，都被認為是透過替代性多邊制度安排挑戰既有多邊制度的行為，或者「競爭的多邊主義」行為。[945] 也有中國學者認為，在諸如應對氣候變化，提供國際發展援助，牽頭成立亞洲基礎設施投資銀行和金磚國家銀行，以「一路一帶」倡議帶動亞非歐沿線國家的發展等方面，中國已經展現出令人矚目的國際影響力，成為國際規則的一個重要塑造者。[946] 此外，隨著中共十八大提出建設海洋強國的目標，有中國學者提出中國要參與重要海洋規則的塑造，以維護重要海洋利益。[947]

第四節　崛起的中國與未來的國際秩序

作為安理會常任理事國之一，中國一直支持聯合國改革，強調安理會改革應優先增加發展中國家，特別是非洲國家的代表，讓更多中小國家有機會進入安理會，參與決策。[948]在氣候變化問題上，中國聯合一些發展中國家堅持「共同但有區別的責任」原則。比如，在2012年11月多哈氣候變化會議前夕，中國邀請巴西、印度和南非三國的環境部長協調談判立場並發表了聯合聲明，在多哈會議期間結為一個強有力的發展中國家談判集團，有效地反擊發達國家的施壓。[949]2013年5月20日，中國總理李克強在印度報紙發表文章，在指出「中國是現行國際秩序和國際體系的受益者和維護者」的同時，也表明中國「願同印度等廣大國家共同推進國際體系的改革」。[950]這些事例足以表明中國作為國際社會中正在崛起的非西方大國，希望參與國際社會規則的調整、影響國際規範變遷的意願。與此同時，我們也應該清醒地認識到，迄今為止，西方國家主導國際規範建構、變遷的局面沒有發生根本性變化，非西方國家影響國際規範建構、變遷的能力還很弱。因此，正在崛起的中國尚屬於發展中國家，在國際權力結構中的地位還不夠強大，在影響國際規範建構、變遷的過程中要量力而行，切不可操之過急，以免給自己帶來麻煩。此外，對於中國來說，為未來國際社會提供具有廣泛吸引力的規範與原則，是中國影響國際規範變遷的至關重要的方面。

自從中國加入現代國際社會以來，中國一直是國際規範的接受者，而非制定者。那麼，隨著中國國際地位的提高，未來是否可能出現中國主導國際規範變遷的局面呢？中國學者對此問題有不同的認識。一部分學者強調，實力的提高必將使得中國成為國際規範的制定者。閻學通指出：「到2023年，中國將成為與美國同一級別的超級大國，因此中國除了需要有巨大的物質力量來建立國際新秩序外，還需要以新思想來指導建設新型國際規範以穩定那個新秩序。」[951]他還認為，在2025—2050年，隨著中國綜合實力超越美國，中國對國際規範演化的影響將超過美國，特別是在國際經濟規範領域。[952]閻學通領導的清華大學當代國際關係研究院外交改革課題組在其研究報告中明確提出：「要營造能夠接受中國崛起的國際輿論氛圍，中國就需要向國際社會提出比西方社會更具普遍意義的價值觀，如公平、正義、文明等，強化中國在世界上的軟實力，提升中國文化的親和力。中國還需要更積極主動地

中國歷代與國際間的關係及規範變遷：從「文明標準」到「新文明標準」
第六章　中國的崛起與國際規範的變遷

介入國際事務並提出主張和建議，參與國際安全規則的制定，在更多的國際事務中具有話語權，體現中國的存在。」[953] 閻學通還認為，體現中國傳統文化的仁、義、禮的公正、正義、文明是分別高於平等、民主、自由的三個普遍價值，是中國應該在國際社會推廣的價值觀。[954] 其實，早在 1996 年，俞正樑教授就提出，中國傳統文化強調的仁、義、禮、智、信等觀念可以相應地為國家行為準則提供規範。[955] 楊倩如也指出：「隨著民族復興和綜合實力的提升，中國的角色必將逐漸由國際關係的參與者、後進者轉而成為國際體系的重構者和區域關係的主導者。傳統對外關係的制度和理論遺產不僅將在未來的中國對外戰略中發揮重要作用，更應在未來國際體系的構建和國際規範的制訂中發揮積極的作用。」[956] 針對中國與有關國家在南中國海問題上的爭端，吳士存等明確指出：「中國已經開始透過全球通用的『法言法語』的方式來影響和重塑國際輿論並積極構建合理的國際新規則。」[957]

但是，也有一部分中國學者表達了比較謹慎的態度。比如王慶新認為：「即使將來某一天中國的經濟規模超過美國，中國在西方國家主導的國際社會中還是一個孤立的少數派，不可能改變國際主流社會的文化價值觀和力量均衡。」[958] 所以，他認為，一個崛起的中國「需要與主流國際社會的很多價值觀進行溝通與融合，至少是相當部分的認同與融合。當然，中國不可能也不必全部認同西方的價值觀，因為中國文化傳統中的很多價值觀，特別是儒家的仁義禮智信思想，有很多是與西方的基督教價值觀相通的。為了構建和諧世界，崛起的中國在發展自己實力的同時，在弘揚自己文化傳統中具有普遍意義的核心價值的同時，有必要也有責任在文化價值層面與西方世界作更多的溝通與融合」。[959] 陶堅指出，雖然改革開放 40 年來，中國極大增強了實力，改變了國際力量對比態勢，但是將現有秩序完全推倒重來，從未進入過中國戰略決策者的理性選擇視野，中國只是在從「適應性融入」邁向「建設性塑造」國際體系。[960] 張睿壯也認為，新秩序應以現有秩序為基礎，對其進行改革和完善，而不是拆廟重建。[961] 秦亞青的一段話也表達了類似的觀點：「在相當長的一段時期內，國際體系仍然是一個以西方為主導的國際體系，包括理念和制度設計。隨著中國的迅速發展，隨著更多的新興國家參與國際體系，中國的影響會越來越大，國際體系也會越來越異彩紛呈。但西

方主導的基本態勢仍然不會改變，支撐這一體系的基本理念和規則也不會改變。對於中國來說，還是需要透過自己的合作性實踐活動，更加積極地參與國際體系的變革進程，穩紮穩打，徐圖改革，推動國際體系更趨穩定與平衡，促進國際秩序朝著更加公平合理的方向發展。」[962] 我贊同此種觀點。

總之，正在崛起的中國如何應對西方主導的國際規範的變遷，是今天以及可以預見的將來，中國與國際社會關係中的一個核心問題。中國正在崛起，國際規範也在發生變遷。中國的崛起包括兩個層面的含義，即中國在世界上實力地位的大大提高，以及中國被承認為大國俱樂部成員之一併參與世界新秩序的塑造。其中，中國崛起的第二個層面涉及中國與國際社會關係的核心問題，即一個正在崛起的中國如何對待長期以來主要由西方國家所主導的國際規範建構與變遷這一社會事實。在西方話語中，國際規範正在發生從強調主權原則的「文明標準」到強調民主、人權等原則的「新文明標準」的變遷過程。而依據「新文明標準」，中國很容易被視為西方在國際社會中面對的一個「問題國家」或「潛在問題國家」，其在國際社會中的合法性不斷受到質疑。中國應對國際規範變遷之策，在很大程度上將影響中國與國際社會的關係。我認為，中國一方面要適應，而不是挑戰國際規範的變遷，另一方面也應該堅持世界多元化原則，並且積極參與國際規範的修訂和創建，努力影響國際規範變遷過程。

中國歷代與國際間的關係及規範變遷：從「文明標準」到「新文明標準」
結論

結論

　　本書的結論部分將回到本書導論中提出的問題，即近代以來至今，中國與西方主導的國際社會是否總存在不和諧或緊張的關係？其原因何在？

　　經過對中國與國際社會關係歷史演進的整理，我認為，近代以來至今，中國與西方主導的國際社會的確一直存在著不和諧或緊張關係，儘管不同的歷史時期其程度有所不同，既有嚴重對抗的階段，也有關係相對較好的時候。在晚清，隨著西方殖民主義擴展，中國主導的東亞國際社會與發源於歐洲的主權國家所組成的現代國際社會之間發生碰撞，最終導致了1840—1842年的鴉片戰爭。中國從1842年中英鴉片戰爭結束、被迫打開國門，到1943年徹底擺脫半殖民地狀態、被承認為國際社會中的一個具有完全主權權利的國家，前後歷經了整整一百年的時間，它比近鄰日本、泰國等非西方國家加入國際社會的過程都要漫長得多、艱難得多。在這一百年裡，中國不斷面對來自西方列強以及脫亞入歐的日本的入侵、擴張與壓迫，被迫簽訂一系列喪權辱國的不平等條約，被排擠於現代國際社會之外，或者以半獨立、半文明國家的身份處於現代國際社會的邊緣。第二次世界大戰結束後不久，隨著中華人民共和國的建立及其推行革命外交，中國又長期處於在國際社會中被孤立或者疏遠的狀態。20世紀70年代末的改革開放以來，中國開始了一個不斷主動融入國際社會的歷史進程，中國與國際社會的關係得到了很大的發展。但即便如此，在過去的40年間，中國在國際社會中的合法性實際上一直受到質疑，特別是在人權、民主等問題上，中國一面對對來自一些國家（主要是西方發達國家）的批評或指責。尤其是在中國快速崛起的21世紀初，中國與國際社會中的主導國家之間的關係在某些問題領域再次處於某種緊張狀態。總的來看，近代以來，中國與國際社會關係的歷史演進並非表現為一個簡單的直線型的、進步的過程，而是比較曲折、複雜的，既有進步，也有後退，不同程度的緊張關係一直是存在的，而且未來中國與國際社會的關係也有很大的不可預測性。

中國歷代與國際間的關係及規範變遷：從「文明標準」到「新文明標準」
結論

　　原因何在？中國與現代國際社會的關係無疑屬於雙向互動關係（包括衝擊—反應關係）的範疇，因此二者之間關係的好壞一定是取決於雙方的行為或政策，當雙方的行為或政策相向而行的時候，二者之間的關係就比較好，而當雙方的行為或政策反向而行的時候，二者之間的關係就比較緊張。從西方主導的現代國際社會一方來看，近代以來西方列強（包括明治維新之後的日本）憑藉強大的現代工業和軍事力量，以及高效的政治組織能力，以殖民主義擴張的方式，衝擊以中國為中心的東亞國際社會或朝貢體系，並導致其逐漸走向瓦解，中國及其周邊的絕大部分國家（泰國和阿富汗是例外），先後被強加給不平等條約或被兼併，從而淪為西方列強的殖民地或半殖民地，被排擠於現代國際社會之外或者處於現代國際社會的邊緣。西方列強長期以來不僅不承認、不給予中國平等地位，而且還以瓜分勢力範圍、軍事干涉和侵略行動進一步損害中國的主權權利，導致中國經歷了難以忘卻的「百年國恥」。中國也為爭取成為一個國際社會中的擁有平等地位的國家而進行了不懈努力，並取得部分成功。在第二次世界大戰末期以及戰後最初幾年，中國終於被承認為國際社會中一個擁有平等地位的成員，並且還成為聯合國安理會五大常任理事國之一，擠身世界大國的行列。但是，在1949年中華人民共和國成立之後，西方主要國家及其盟友，又以意識形態為由，長期對中華人民共和國實施孤立與封鎖，中國與國際社會的關係再次變得緊張起來，中國介入了其周邊地區多個武裝衝突或者危機之中。20世紀70年代末開始的改革開放，開啟了一個中國主動融入國際社會的新的歷史進程，中國與國際社會的關係有了很大的改善，中國在諸多方面融入國際社會之中，儘管中國在某些問題上或某些領域中與國際社會的關係有時依然緊張。進入21世紀，面對綜合實力不斷提高、進一步融入國際社會的中國，西方主要國家都產生了不同程度的焦慮感，中國仍然被視為國際社會中一個比較另類的非西方大國，「中國威脅論」有一定市場。西方國家擔心崛起後的中國會衝擊現存國際秩序，可能源於對中國的此種認知。而從中國一方來看，在處理與西方主導的現代國際社會關係上，可能由於歷史上形成的「天朝上國」的優越感，加上近代以來形成的「受害者意識」，中國在主動改變自己的觀念與行為、融入現代國際社會的過程中，總是顯得比很多非西方國家（尤其是日本）要

216

第四節　崛起的中國與未來的國際秩序

慢一拍，遇到的困難也要大很多。中國是一個歷史悠久的非西方大國，它曾經在較長的歷史時期裡，在東亞地區國際社會中居於主導地位、是當時的國際規範和文明標準的制定者。正因為如此，有西方學者認為，中國由於歷史悠久、傳統深厚，總是懷有天下中心主義的情懷，它始終是一個文明國家，而不是一個民族國家，難以在民族國家構成的國際社會中找到自己的位置。過去中國把外部世界看作非我族類，中國現在被外部世界看作非我族類。與此同時，「百年國恥」所導致的受害者意識在中國人心中也是根深蒂固的，從而導致其對外部世界總是懷有不信任感，影響中國與國際社會的關係。值得指出的是，我雖然認為歷史上形成的「天朝上國」和「受害者意識」對中國對外行為的影響很大，但是也認為這種意識並非完全左右中國對外決策，中國的對外關係還是有很多的自主選擇餘地的。實際上，近代以來，中國政府在處理與現代國際社會關係的問題上，所採取的對策實際上很不一樣，也一直是在發生變動的，其所導致的結果也截然不同。也就是說，「歷史記憶」並不是導致中國與國際社會關係演進過程中總是存在緊張關係的唯一重要因素。實際上，在處理與現代國際社會關係上，中國的政策選擇所起的作用也很大，中國應該在國際社會中成為一個什麼樣的國家，或者身份認同問題，實際上在很大程度上屬於國內政治範疇。

近代以來，中國與國際社會一直存在著不同程度的不和諧或緊張關係，集中體現在中國與國際規範變遷的關聯性上面。國際規範是國際舞臺上的行為規則或遊戲規則，也是國家組成的國際社會的行為標準。國際規範經歷了從地區國際規範到全球國際規範的變化，國際規範的內涵也始終處於變化和發展過程之中。自從近代以來，西方一直主導著現代主權國家國際社會中國際規範的變遷，並且充當國際規範和文明標準的制定者和裁定者。國際規範的變遷主要是由西方國家所構建的社會事實。直到今天，發源於歐洲的、由主權國家所組成的國際社會依然存在，西方也會繼續維持其在國際社會中的主導地位，儘管其主導的方式在發生變化。值得指出的是，國際社會中的行為規範或文明標準雖然發源於西方，但已經具有一定程度上的普遍性，其中某些要素，比如主權原則，已經為所有國家所認可。正在形成的新國際規範或新文明標準，也為不少非西方國家所認同與支持。作為一個非西方國家和

217

中國歷代與國際間的關係及規範變遷：從「文明標準」到「新文明標準」
結論

主權國家國際社會的後來者，中國接受現代國際規範以及適應國際規範變遷的過程比較漫長和艱難。在應對西方主導的國際規範變遷方面，作為非西方國家的中國是否總是落後一拍，從而導致中國始終落後於國際社會的發展？正如有學者所指出的，變遷的國際規範像一個移動的靶子，中國總是處於向這個靶子瞄準但又沒有擊中的境地。

迄今為止，中國與現代國際社會關係的歷史演進過程表明，中國是現代國際社會的後來者，國際規範及其變遷體現出國際社會中的權力關係，西方國家始終是規範的主要制定者、修訂者以及裁定者，儘管非西方國家的聲音在增強。在這樣一種社會之中，中國抵制國際規範，必然導致自己被孤立，中國的發展必將受到影響。因此，接受國際規範和適應其變遷符合中國的國家利益。正所謂改變自己，影響世界。中國必須跟上現代的步伐，堅持主動融入國際社會的政策，承擔相應的國際責任，並且適應國際規範的變遷。與此同時，中國的歷史傳統和政治現實，也使得中國難以一味迎合西方的要求和壓力而無原則地改變自己以適應西方所主導的國際規範的變遷，而會努力保持自身的文化特色與政治特色。但是，跟上現代的步伐與保持傳統之間始終存在著張力。這決定著中國在未來會在某些問題上在國際社會中繼續承受較大的壓力，甚至中國在國際社會中的合法性也會不斷受到質疑。另外，作為一個正在崛起的新興大國，隨著中國實力地位的增強，中國必然會積極參加國際規範的制定與修訂，從而以自身的力量影響國際規範的變遷。實際上，中國崛起為世界大國的重要標誌是參與國際規範的制定和修訂。然而，中國在朝著這個方向邁進的時候必然會遇到很大的阻力，也需要高度的政治智慧來應對。未來的國際規範，應該繼續建立在一個單一或共同文化基礎之上，還是產生於多元文化共識之中？作為一個正在崛起的非西方國家，中國應該同其他非西方國家，特別是非西方大國一道，強調多元文化的重要性。然而，作為一個崛起中的非西方大國，中國要想全面參與現有國際規範的制定與塑造，還需要克服很多困難。其主要困難在於中國在國際社會中的形象與合法性問題，中國為此還要付出長期和艱苦的努力。

主要參考文獻

一、中文著作

1.（美）喬萬尼·阿里吉、（日）濱下武志、（美）馬克·塞爾登主編，馬援譯：《東亞的復興：以 500 年、150 年和 50 年為視角》，北京：社會科學文獻出版社 2006 年版。

2.（美）伊麗莎白·埃克諾米、（美）米歇爾·奧克森伯格主編，華宏勛等譯：《中國參與世界》，北京：新華出版社 2001 年版。

3.（英）S.A.M. 艾茲赫德著，姜智芹譯：《世界歷史中的中國》，上海：上海人民出版社 2009 年版。

4.（美）本尼迪克特·安德森著，吳叡人譯，《想像的共同體》，上海：上海世紀出版集團 2003 年版。

5.（法）達里奧·巴蒂斯特拉著，潘志平譯：《國際關係理論》（修訂增補本），北京：社會科學文獻出版社 2010 年版。

6.（美）邁克爾·巴尼特、（美）瑪莎·芬尼莫爾著，薄燕譯：《為世界定規則：全球政治中的國際組織》，上海：上海人民出版社 2009 年版。

7. 白桂梅著：《國際法》（第二版），北京：北京大學出版社 2010 年版。

8.（韓）白永瑞著：《思想東亞：朝鮮半島視角的歷史與實踐》，北京：三聯書店 2011 年版。

9.（日）濱下武志著，朱蔭貴、歐陽菲譯：《近代中國的國際契機：朝貢貿易體系與近代亞洲經濟圈》，北京：中國社會科學出版社 1999 年版。

10.（法）讓·博丹著，（美）朱利安·H. 富蘭克林編，李衛海等譯：《主權論》，北京：北京大學出版社 2008 年版。

11.（英）卡爾·波拉尼著，黃樹民譯：《巨變：當代政治與經濟的起源》，北京：社會科學文獻出版社 2017 年版。

12. （英）卡爾·波普爾著，陸衡、鄭一明等譯：《開放社會及其敵人》（第一卷、第二卷），北京：中國社會科學出版社 2016 年版。

13. （美）戴維·波普諾著，李強等譯：《社會學》（第十版），北京：中國人民大學出版社 1999 年版。

14. （英）赫德利·布爾著，張小明譯：《無政府社會：世界政治中的秩序研究》，上海：上海世紀出版集團 2015 年版。

15. 陳廷湘、周鼎著：《天下世界國家：近代中國對外觀念演變史論》，上海：上海三聯書店 2008 年版。

16. 陳樂民著：《在中西之間：自述與回憶》，北京：三聯書店 2014 年版。

17. 陳琪、劉豐主編：《中國崛起與世界秩序》，北京：社會科學文獻出版社 2011 年版。

18. 陳永祥著：《宋子文與美援外交》，北京：世界知識出版社 2004 年版。

19. 陳忠經著：《國際戰略問題》，北京：時事出版社 1987 年版。

20. （日）川島真著，田建國譯：《中國近代外交的形成》，北京：北京大學出版社 2012 年版。

21. （美）羅伯特·達爾著，李柏光、林猛譯：《論民主》，北京：商務印書館 1999 年版。

22. （美）羅伯特達爾著，曹海軍、佟德志譯：《民主及其批評者》，長春：吉林人民出版社 2006 年版。

23. 戴秉國著：《戰略對話——戴秉國回憶錄》，北京：人民出版社、世界知識出版社 2016 年版。

24. 戴逸著：《18 世紀的中國與世界》導言卷，瀋陽：遼海出版社 1999 年版。

25. （英）方德萬著，胡允桓譯：《中國的民族主義和戰爭（1925—1945）》，北京：三聯書店 2007 年版。

26.（美）瑪莎·費麗莫著，袁正清譯：《國際社會中的國家利益》，杭州：浙江人民出版社 2001 年版。

27.（美）費正清等編，中國社會科學院歷史研究所編譯室譯：《劍橋中國晚清史（1800—1911）》，北京：中國社會科學出版社 1985 年版。

28.（美）費正清、（美）賴肖爾著，陳仲丹等譯：《中國：傳統與變革》，南京：江蘇人民出版社 1992 年版。

29.（美）費正清等編，劉敬坤等譯：《劍橋中華民國史 1912—1949》，北京：中國社會科學出版社 1994 年版。

30.（美）費正清著，劉尊棋譯：《偉大的中國革命 1800—1985》，北京：世界知識出版社 2000 年版。

31.（美）費正清著，張理京譯：《美國與中國》（第四版），北京：世界知識出版社 2000 年版。

32.（美）費正清著，傅光明譯：《觀察中國》，北京：世界知識出版社 2001 年版。

33.（美）費正清編，杜繼東譯：《中國的世界秩序：傳統中國的對外關係》，北京：社會科學出版社 2010 年版。

34.（美）瑪莎·芬尼莫爾著，袁正清譯：《干涉的目的：武力使用信念的變化》，上海：上海世紀出版集團 2009 年版。

35.（美）邁克爾·巴尼特、（美）瑪莎·芬尼莫爾著，薄燕譯：《為世界定規則：全球政治中的國際組織》，上海：上海人民出版社 2009 年版。

36. 馮友蘭著：《中國哲學史》上、下冊，重慶：重慶出版社 2009 年版。

37.（美）傅高義著，谷英、張柯、丹柳譯：《日本第一：對美國的啟示》，上海：上海譯文出版社 2016 年版。

38.（日）福澤諭吉著，北京編譯社譯：《文明論概略》，北京：九州出版社 2008 年版。

39. （英）厄內斯特·蓋爾納著，韓紅譯：《民族與民族主義》，北京：中央編譯出版社 2002 年版。

40. 干春松：《重回王道：儒家與世界秩序》，武漢：華中師範大學出版社 2012 年版。

41. （美）朱迪斯·戈爾茨坦、（美）羅伯特·基歐漢編，劉東國、於軍譯：《觀念與外交政策：信念、制度與政治變遷》，北京：北京大學出版社 2005 年版。

42. 顧維鈞著：《顧維鈞回憶錄》（第一分冊），北京：中華書局 1983 年版。

43. 顧維鈞著：《外人在華之地位》，長春：吉林出版集團有限責任公司 2010 年版。

44. 顧準著：《顧準文集》，貴陽：貴州人民出版社 1994 年版。

45. 郭嵩燾著：《郭嵩燾日記》，長沙：湖南人民出版社 1981 年版。

46. 韓念龍主編：《當代中國外交》，北京：中國社會科學出版社 1988 年版。

47. 何方著：《論和平與發展時代》，北京：世界知識出版社 2000 年版。

48. （美）何偉亞著，鄧常春譯：《懷柔遠人：馬戛爾尼使華的中英禮儀衝突》，北京：社會科學文獻出版社 2002 年版。

49. 何新華著：《最後的天朝：清代朝貢制度研究》，北京：人民出版社 2012 年版。

50. （英）戴維·赫爾德等著，楊雪冬等譯：《全球大變革：全球化時代的政治、經濟與文化》，北京：社會科學文獻出版社 2001 年版。

51. （美）塞繆爾·亨廷頓著，劉軍寧譯：《第三波——20 世紀後期民主化浪潮》，上海：上海人民出版社 1998 年版。

52. 洪嵐著：《南京國民政府的國聯外交》，北京：中國社會科學出版社 2010 年版。

53. 胡滌非著：《民族主義與近代中國政治變遷》，北京：知識產權出版社 2009 年版。

54. 黃華著：《親歷與見聞——黃華回憶錄》，北京：世界知識出版社 2007 年版。

55.（英）埃裡克·霍布斯鮑姆著，李金梅譯：《民族與民族主義》，上海：上海世紀出版集團 2000 年版。

56. 暨愛民著：《民族國家的建構——20 世紀上半期中國民族主義思潮研究》，北京：社會科學文獻出版社 2013 年版。

57.（美）亨利·季辛吉著，胡利平等譯：《論中國》，北京：中信出版社 2012 年版。

58.（美）亨利·季辛吉著，胡利平等譯：《世界秩序》，北京：中信出版集團 2015 年版。

59. 賈烈英著：《構建和平：從歐洲協調到聯合國》，北京：時事出版社 2013 年版。

60. 賈慶國主編：《全球治理與大國責任》，北京：新華出版社 2010 年版。

61. 賈慶國主編：《全球治理與中國作用》，北京：新華出版社 2011 年版。

62. 賈慶國主編：《相互建構：崛起中的中國與世界》，北京：新華出版社 2013 年版。

63. 賈慶國主編：《全球治理：保護的責任》，北京：新華出版社 2014 年版。

64. 蔣夢麟著：《西潮·新潮》，長沙：岳麓書社 2000 年版。

65. 蔣廷黻著：《中國近代史》，鄭州：中州古籍出版社 2015 年版。

66. 蔣廷黻著：《國士無雙——蔣廷黻回憶錄》，北京：新星出版社 2016 年版。

67.（加）江憶恩著，朱中博、郭樹勇譯：《文化現實主義：中國歷史上的戰略文化與大戰略》，北京：人民出版社 2015 年版。

68. 金光耀、欒景河主編：《民族主義與近代外交》，上海：上海古籍出版社 2014 年版。

69.（美）柯文著，林同齊譯：《在中國發現歷史——中國中心觀在美國的興起》，北京：中華書局 1989 年版。

70.（美）彼得·卡贊斯坦、（美）羅伯特·基歐漢、（美）斯蒂芬·克拉斯納主編，秦亞青等譯：《世界政治理論的探索與爭鳴》，上海：上海世紀出版集團 2006 年版。

71.（美）彼得·卡贊斯坦主編，宋偉、劉鐵娃譯：《國家安全的文化：世界政治中的規範與認同》，北京：北京大學出版社 2009 年版。

72.（美）彼得·卡贊斯坦主編，秦亞青等譯：《世界政治中的文明：多元多維的視角》，上海：上海世紀出版集團 2012 年版。

73.（美）康燦雄著，陳昌煦譯：《西方之前的東亞：朝貢貿易五百年》，北京：社會科學文獻出版社 2016 年版。

74.（美）戴維·萊克著，高婉妮譯：《國際關係中的等級制》，上海：上海世紀出版集團 2012 年版。

75. 雷頤著：《李鴻章與晚清四十年》，太原：山西出版集團、山西人民出版社 2008 年版。

76.（意）利瑪竇、（比）金尼閣著，何高濟等譯：《利瑪竇中國札記》，北京：中華書局 1983 年版。

77. 李慎明主編：《中國民眾的國際觀》（第三輯），北京：中國社會科學出版社 2012 年版。

78. 李鐵城主編：《聯合國的歷程》，北京：北京語言學院出版社 1993 年版。

79. 李鐵城著：《聯合國五十年》（第二版增訂本），北京：中國書籍出版社 1996 年版。

80. 李鐵城主編：《世紀之交的聯合國》，北京：人民出版社 2002 年版。

81. 李鐵城主編：《聯合國裡的中國人 1945—2003》上、下冊，北京：人民出版社 2004 年版。

82. 李鐵城、錢文榮主編：《聯合國框架下的中美關係》，北京：人民出版社 2006 年版。

83. 李鐵城主編：《走近聯合國》，北京：人民出版社 2008 年版。

84. 李鐵城、鄧秀杰編著：《聯合國簡明教程》，北京：北京大學出版社 2015 年版。

85. 李巍著：《制度之戰：戰略競爭時代的中美關係》，北京：社會科學文獻出版社 2017 年版。

86. 李文杰著：《中國近代外交官群體的形成（1861—1911）》，北京：三聯書店 2017 年版。

87. 李揚帆著：《走出晚清——涉外人物及中國的世界觀念研究》，北京：北京大學出版社 2005 年版。

88. 李揚帆著：《湧動的天下：中國世界觀變遷史論（1500—1911）》，北京：知識產權出版社 2012 年版。

89 李越然著：《中蘇外交親歷記》，北京：世界知識出版社 2001 年版。

90. 李雲泉著：《朝貢制度史論——中國古代對外關係體制研究》，北京：新華出版社 2004 年版。

91. 李兆祥著：《近代中國的外交轉型研究》，北京：中國社會科學出版社 2008 年版。

92. 李肇星著：《說不盡的外交——我的快樂記憶》，北京：中信出版社 2014 年版。

93. 凌青著：《從延安到聯合國——凌青外交生涯》，福州：福建人民出版社 2008 年版。

94. 林永亮著：《東亞主權觀念：生成方式與秩序意涵》，北京：社會科學文獻出版社 2015 年版。

95. （美）約瑟夫·R. 列文森著，鄭大華譯：《儒教中國及其現代命運》，北京：中國社會科學出版社 2000 年版。

96. 劉德斌主編：《國際關係史》，北京：高等教育出版社 2004 年版。

97. 劉禾著，楊立華等譯：《帝國的話語政治：從近代中西衝突看現代世界秩序的形成》（修訂譯本），北京：三聯書店 2014 年版。

98. 劉鐵娃主編：《保護的責任：國際規範建構中的中國視角》，北京：北京大學出版社 2015 年版。

99. 劉曉著：《出使蘇聯八年》，北京：中共黨史資料出版社 1986 年版。

100. 劉志雲著：《當代國際法的發展：一種從國際關係理論視角的分析》，北京：法律出版社 2010 年版。

101. 閆小波著：《近代中國民主觀念之生成與流變：一項觀念史的考察》，南京：江蘇人民出版社 2012 年版。

102. 樓宇烈著：《中國的品格》，海口：南海出版公司 2009 年版。

103. 羅志田著：《激變時代的文化與政治：從新文化運動到北伐》，北京：北京大學出版社 2006 年版。

104. （英）馬戛爾尼著，劉半農譯：《1793 乾隆英使覲見記》，天津：天津人民出版社 2006 年版。

105. （英）喬治·馬戛爾尼、（英）約翰·巴羅著，何高濟、何毓寧譯：《馬戛爾尼使團使華觀感》，北京：商務印書館 2013 年版。

106. （美）馬士著，張匯文等譯：《中華帝國對外關係史》，上海：上海書店出版社 2000 年版。

107. （美）麥克法誇爾、（美）費正清編，謝亮生等譯：《劍橋中華人民共和國史》，北京：中國社會科學出版社 1998 年版。

108. 茅海建著：《天朝的崩潰：鴉片戰爭再研究》，北京：三聯書店 1995 年版。

109. （英）詹姆斯·梅奧爾著，王光忠譯：《民族主義與國際社會》，北京：中央編譯出版社 2009 年版。

110. 牛軍編著：《中華人民共和國對外關係史概論（1949—2000）》，北京：北京大學出版社 2010 年版。

111. 牛軍主編：《歷史的回聲：二戰與現代東亞秩序》，北京：人民出版社 2015 年版。

112. （澳）潘成鑫著，張旗譯：《國際政治中的知識、慾望與權力：中國崛起的西方敘事》，北京：社會科學文獻出版社 2016 年版。

113. 裴堅章主編：《中華人民共和國外交史》，北京：世界知識出版社 1994 年版。

114. （法）佩雷菲特著，王國卿等譯：《停滯的帝國：兩個世界的撞擊》，北京：三聯書店 2013 年版。

115. 錢其琛著：《外交十記》，北京：世界知識出版社 2003 年版。

116. 秦亞青等主編：《國際體系與中國外交》，北京：世界知識出版社 2009 年版。

117. （美）布魯斯·瓊斯、（美）卡洛斯·帕斯誇爾、（美）斯蒂芬·約翰·斯特德曼著，秦亞青等譯：《權力與責任：構建跨國威脅時代的國際秩序》，北京：世界知識出版社 2009 年版。

118. 曲星著：《中國外交 50 年》，南京：江蘇人民出版社 2000 年版。

119. （韓）金容九著，權赫秀譯：《世界觀衝突的國際政治學——東洋之禮與西洋公法》，北京：中國社會科學出版社 2013 年版。

120. （美）保羅·芮恩施著，李抱宏等譯：《一個美國外交官使華記——1913—1919 年美國駐華公使回憶錄》，北京：商務印書館 1982 年版。

121. 容閎著，石霓譯註：《容閎自傳——我在中國和美國的生活》，上海：百家出版社 2003 年版。

122. 施肇基、金問泗著：《施肇基早年回憶錄·外交工作的回憶》，北京：中華書局 2016 年版。

123. 師哲回憶，李海文整理：《在歷史巨人身邊——師哲回憶錄》，北京：中央文獻出版社 1991 年版。

124. 宋海嘯著：《中國外交決策模式》，北京：時事出版社 2016 年版。

125. （美）斯塔夫裡阿諾斯著，吳象嬰、梁赤民譯：《全球通史：1500 年以後的世界》，上海：上海社會科學院出版社 1992 年版。

126. 唐家璇著：《勁風煦雨》，北京：世界知識出版社 2009 年版。

127. 唐士其著：《西方政治思想史》（修訂版），北京：北京大學出版社 2008 年版。

128. 陶堅、林宏宇主編：《中國崛起與國際體系》，北京：世界知識出版社 2012 年版。

129. （美）查爾斯·蒂利著，魏洪鐘譯：《民主》，上海：上海世紀出版集團 2009 年版。

130. 萬明著：《中國融入世界的步履：明與清前期海外政策比較研究》，北京：社會科學文獻出版社 2000 年版。

131. 王炳南著：《中美會談九年回顧》，北京：世界知識出版社 1985 年版。

132. 王滬寧著：《國家主權》，北京：人民出版社 1987 年版。

133. 王建朗著：《中國廢除不平等條約的歷程》，南昌：江西人民出版社 2000 年版。

134. 王杰主編：《國際機制論》，北京：新華出版社 2002 年版。

135. 王立誠著：《中國近代外交制度史》，蘭州：甘肅人民出版社 1991 年版。

136. 王立新著：《躊躇的霸權：美國崛起後的身份困惑與秩序追求（1913—1945）》，北京：中國社會科學出版社 2015 年版。

137. 王邵坊著：《中國外交史：鴉片戰爭至辛亥革命時期 1840—1911》，鄭州：河南人民出版社 1988 年版。

138. 王繩祖主編：《國際關係史》上冊，武漢：武漢大學出版社 1983 年版。

139. 王韜著：《漫遊隨錄·扶桑游記》，長沙：湖南人民出版社 1982 年版。

140. 王學東著：《氣候變化問題的國際博弈與各國政策研究》，北京：時事出版社 2014 年版。

141. 王逸舟主編：《磨合中的建構：中國與國際組織關係的多視角透視》，北京：中國發展出版社 2003 年版。

142. 王逸舟、譚秀英主編：《中國外交六十年（1949—2009）》，北京：中國社會科學出版 2009 年版。

143. 王正毅著：《世界體系論與中國》，北京：商務印書館 2000 年版。

144. 汪東興著：《汪東興日記》，北京：中國社會科學出版社 1993 年版。

145. （美）汪榮祖著：《走向世界的挫折——郭嵩燾與道鹹同光時代》，長沙：岳麓書社 2000 年版。

146. （美）魏斐德著，梅靜譯：《中華帝國的衰落》，北京：民主與建設出版社 2017 年版。

147. 魏玲著：《規範、網絡化與地區主義：第二軌道進程研究》，上海：上海人民出版社 2010 年版。

148. （英）R.J. 文森特著，凌迪、黃列、朱曉青譯：《人權與國際關係》，北京：知識出版社 1998 年版。

149. 吳東之主編：《中國外交史：中華民國時期 1911—1949》，鄭州：河南人民出版社 1990 年版。

150. 吳志攀、李玉主編：《東亞的價值》，北京：北京大學出版社 2010 年版。

151. 伍修權著：《在外交部八年的經歷 1950.1—1958.10》，北京：世界知識出版社 1983 年版。

152. 伍修權著：《回憶與懷念》，北京：中共中央黨校出版社 1991 年版。

153.（美）徐國琦著，馬建標譯：《中國與大戰：尋求新的國家認同與國際化》，上海：上海三聯書店 2008 年版。

154.（美）徐中約著，計秋楓、朱慶葆譯：《中國近代史：1600—2000 中國的奮鬥》，北京：世界圖書出版公司 2008 年版。

155. 田曾佩主編：《改革開放以來的中國外交》，北京：世界知識出版社 1993 年版。

156. 謝俊美著：《東亞世界與近代中國》，上海：上海人民出版社 2011 年版。

157. 謝益顯主編：《中國外交史：中華人民共和國時期 1949—1979》，鄭州：河南人民出版社 1988 年版。

158. 謝益顯主編：《中國外交史：中華人民共和國時期 1979—1994》，鄭州：河南人民出版社 1995 年版。

159.（美）熊玠著，余遜達、張鐵軍譯：《無政府狀態與世界秩序》，杭州：浙江人民出版社 2001 年版。

160. 熊向暉著：《我的情報與外交生涯》，北京：中共黨史出版社 1999 年版。

161. 熊月之著：《西學東漸與晚清社會》（修訂版），北京：中國人民大學出版社 2011 年版。

162. 許紀霖著：《家國天下——現代中國的個人、國家與世界認同》，上海：上海人民出版社 2017 年版。

163.（美）許田波著，徐進譯：《戰爭與國家形成：春秋戰國與近代早期歐洲之比較》，上海：上海世紀出版集團 2009 年版。

164.薛福成著：《出使英法意比四國日記》，長沙：岳麓書社 1985 年版。

165.（英）馬丁·雅克著，張莉、劉曲譯：《當中國統治世界：中國的崛起和西方世界的衰落》，中信出版社 2010 年版。

166.閻明復著：《閻明復回憶錄》（第一卷、第二卷），北京：人民出版社 2015 年版。

167.閻學通著：《歷史的慣性：未來十年的中國與世界》，北京：中信出版社 2013 年版。

168.顏惠慶著，吳建雍等譯：《顏惠慶自傳：一位民國元老的歷史記憶》，北京：商務印書館 2003 年版。

169.楊凡逸著：《折衝內外：唐紹儀與近代中國的政治外交 1882—1938》，北京：東方出版社 2016 年版。

170.楊公素著：《滄桑百年——楊公素回憶錄》，香港：中國文藝出版社 2011 年版。

171.楊潔勉著：《體系改組與規範重建——中國參與解決全球性問題對策研究》，上海：上海人民出版社 2012 年版。

172.俞祖華著：《民族主義與中華民族精神的現代轉型》，北京：社會科學文獻出版社 2012 年版。

173.袁明主編：《國際關係史》，北京：北京大學出版社 1994 年版。

174.臧運祜著：《20 世紀的中國與世界》，北京：北京大學出版社 2010 年版。

175.張鵬著：《中國對外關係展開中的地方參與研究》，上海：上海世紀出版集團 2015 年版。

176. 張小明著：《國際社會英國學派：歷史、理論與中國觀》，北京：人民出版社 2010 年版。

177. 張蘊嶺著：《尋求中國與世界的良性互動》，北京：中國社會科學出版社 2013 年版。

178. 張忠紱編著：《中華民國外交史（1911—1921）》，北京：華文出版社 2012 年版。

179. 趙可金著：《當代中國外交制度的轉型與定位》，北京：時事出版社 2012 年版。

180. 趙龍躍編著：《制度性權力：國際規則重構與中國策略》，北京：人民出版社 2016 年版。

181. 趙汀陽著：《天下體系——世界制度哲學導論》，南京：江蘇教育出版社 2005 年版。

182. 趙汀陽著：《壞世界研究：作為第一哲學的政治哲學》，北京：中國人民大學出版社 2009 年版。

183. 趙汀陽著：《天下的當代性：世界秩序的實踐與想像》，北京：中信出版集團 2016 年版。

184. 鄭必堅著：《論中國和平崛起發展新道路》，北京：中共中央黨校出版社 2005 年版。

185. 鄭大華、鄒小站主編：《中國近代史上的民族主義》，北京：社會科學文獻出版社 2007 年版。

186. 鄭啟榮、牛仲軍主編：《中國多邊外交》，北京：世界知識出版社 2012 年版。

187. 中華人民共和國外交部、中央文獻研究室編：《周恩來外交文選》，北京：中央文獻出版社 1990 年版。

188. 中華人民共和國外交部、中央文獻研究室編：《毛澤東外交文選》，北京：中央文獻出版社、世界知識出版社 1994 年版。

189. 鐘飛騰著：《發展型安全：中國崛起與秩序重構》，北京：中國社會科學出版社 2017 年版。

190. 鐘叔河著：《走向世界：近代知識分子考察西方的歷史》，北京：中華書局 1985 年版。

191. 周方銀、高程主編：《東亞秩序：觀念、制度與戰略》，北京：社會科學文獻出版社 2012 年版。

192. 周明之著，雷頤譯：《胡適與中國現代知識分子的選擇》，南寧：廣西師範大學出版社 2005 年版。

193. 周文重著：《鬥而不破：中美博弈與世界再平衡》，北京：中信出版集團 2017 年版。

二、英文著作：

1. David Armstrong，Revolution and World Order：The Revolutionary State in Interna-tional Society（Oxford：Oxford University Press，1993）.

2. Alex J.Bellamy，ed.，International Society and Its Critics（New York：Oxford University Press，2005）.

3. Alex J.Bellamy，Responsibility to Protect：The Global Efforts to End Mass Atrocities（Cambridge，UK：Polity Press，2009）.

4. Ken Booth and Nicholas J.Wheeler，The Security Dilemma：Fear，Cooperation and Trust in World Politics（Basingstoke：Palgrave Macmillan，2008）.

5. Chris Brown，International Relations Theory：New Normative Approaches（New York：Columbia University Press，1992）.

6.Chris Brown with Kirsten Ainley，Understanding International Relations，3rd ed.（Basingstoke：Palgrave Macmillan，2005）.

7.Hedley Bull and Adam Watson，eds.，The Expansion of International Society（Oxford：Oxford University Press，1984）.

8.Hedly Bull，The Anarchical Society：A Study of Order in World Politics，4th ed.（Basingstoke：Palgrave Macmillan，2012）.

9.Scott Burchill，Andrew Linklater，Richard Devetak，Jack Donnelly，Matthew Paterson，Christian Reus-Smit and Jacqui True，Theories of International Relations，3rd ed.（Basingstoke：Palgrave Macmillan，2005）.

10.Barry Buzan and Richard Little，International Systems in World History：Remaking the Study of International Relations（Oxford：Oxford University Press，2000）.

11.Barry Buzan and Rosemary Foot，eds.，Does China Matter?A Reassessment：Essays in Memory of Gerald Segal（London：Routledge，2004）.

12.Barry Buzan，From International to World Society?English School Theory and the Social Structure of Globalization（Cambridge：Cambridge University Press，2004）.

13.Allen Carlson，Unifying China，Integrating with the World：Securing Chinese ; Sovereignty in the Reform Era（Stanford，CA：Stanford University Press，2005）.

14.Gerald Chan，China's Compliance in Global Affairs：Trade，Arms Control，Envi-ronmental Protection，Human Rights（Singapore：World Scientific Publishing Co.Pte.Ltd.，2006）.

15.Titus C.Chen and Dingding Chen，eds.，International Engagement in China's Human Rights（London and New York：Routledge，2016）.

16.Thomas J.Christensen，The China Challenge：Shaping the Choices of A Rising Power（New York：W.W.Norton&Company，2015）.

17.Ian Clark，Legitimacy in International Society（New York：Oxford University Press，2005）.

18.Ian Clark，International Legitimacy and World Society（Oxford：Oxford University Press，2007）.

19.Francis M.Deng，et al，Sovereignty as Responsibility：Confict Management in Africa（Washington，DC：Brookings Institution，1996）.

20.Tim Dunne，Inventing International Society（London：Macmillan，in association with St.Antony's College，Oxford，1998）.

21.Tim Dunne and Nicholas J.Wheeler，eds.，Human Rights in Global Politics（Cam-bridge，Cambridge University Press，1999）.

22.Jeffrey L.Dunoff，Steven R.Ratner，David Wippman，eds.，International Law：Norms，Actors，Process，4th ed.（New York：Wolters Kluwer，2015）.

23.Gareth Evans，The Responsibility to Protect：Ending Mass Atrocity Once and for All（Washington，DC：Brookings Institution，2008）.

24. John K., Fairbank, China Perceived: Images and Policies in Chinese-American Rela-tions (New York: Alfred A. Knopf, Inc., 1974).

25. John King Fairbank and Merle Goldman, China: A New History, enlarged edition (Massachusetts, Cambridge: The Belknap Press of Harvard University Press, 1998).

26. Martha Finnemore, National Interests in International Society (Ithaca: Cornell University Press, 1996).

27. Martha Finnemore, The Purpose of Intervention: Changing Beliefs about the Use of Force (Ithaca: Cornell University Press, 2003).

28. Rosemary Foot and Andrew Walter, China, the United States, and Global Order (Cambridge: Cambridge University Press, 2010).

29. Judith Goldstein and Robert O. Keohane, eds., Ideas and Foreign Policy (Ithaca: Cornell University Press, 1993).

30. Gerrit W. Gong, The Standard of 『Civilization'in International Society (Oxford: Clarendon Press, 1984).

31. David Held, Global Covenant: The Social Democratic Alternative to the Washington Consensus (Cambridge: Polity Press, 2004).

32. Andrew Hurrell, On Global Order: Power, Values, and the Constitution of Interna-tional Society (Oxford: Oxford University Press, 2007).

33. Robert Jackson, The Global Covenant: Human Conduct in a World of State (Oxford: Oxford University Press, 2000).

34. Alan James，Sovereign Statehood：The Basis of International Society（London：Allen&Unwin，1986）.

35. Peter Katzenstein，ed.，The Culture of National Security：Norms，Identities，and World Politics（New York：Columbia University Press，1996）.

36. Peter J.Katzenstein，Robert O.Keohane，and Stephen D.Krasner，eds.，Exploration and Contestation in the Study of World Politics（Cambridge：The MIT Press，1999）.

37. David C.Kang，China Rising：Peace，Power，and Order in East Asia（New York：Columbia University Press，2007）.

38. Edward Keene，Beyond the Anarchical Society：Grotius，Colonialism and Order in World Politics（Cambridge：Cambridge University Press，2002）.

39. Robert Keohane，International Institutions and State Power：Essays on International Relations Theory（Boulder，CO.：Westview Press，1989）

40. Robert Keohane，After Hegemony：Cooperation and Discord in the World Political Economy（Princeton，N.J.：Princeton University Press，1984）.

41. Audie Klotz，Norms in International Relations：The Struggle against Apartheid（Ithaca：Cornell University Press，1995）.

42. Friedrich Kratochwil，Rules，Norms，and Decisions：On the Conditions of Practical and Legal Reasoning in International Relations and Domestic Affairs（Cambridge：Cambridge University Press，1989）.

43. Richard Ned Lebow, A Cultural Theory of International Relations (Cambridge: Cambridge University Press, 2008).

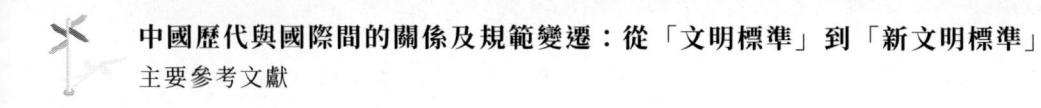

44. Jeffrey W. Legro, Rethinking the World: Great Powers Strategies and International Order (Ithaca: Cornell University Press, 2005).

45. Andrew Linklater and Hidemi Suganami, The English School of International Rela-tions: A Contemporary Reassessment (Cambridge: Cambridge University Press, 2006).

46. Richard Little, The Balance of Power in International Relations: Metaphors, Myths and Models (Cambridge: Cambridge University Press, 2007).

47. Charles Manning, The Nature of International Society, Reissue with a New Preface (London and Basingstoke: The Macmillan Press Ltd., 1975).

48. Makau Mutua, Human Rights Standards: Hegemony, Law, and Politics (Albany, NY: State University of New York Press, 2016).

49. Cornelia Navari, ed., Theorising International Society: English School Methods (Basingstoke: Palgrave Macmillan, 2009).

50. Karl Popper, The Poverty of Historicism (London and New York: Routledge, 2002).

51. Thomas Risse, Stephen C. Ropp, and Kathryn Sikkink, eds., The Power of Human Rights: International Norms and Domestic Changes (Cambridge: Cambridge University Press, 1999).

52.B.A.Roberson，ed.，International Society and the Development of International Relations Theory（London：Continuum，1998）.

53.David Shambaugh，China Goes Global：The Partial Power（Oxford：Oxford University Press，2013）.

54.Richard J.Smith，Chinese Maps：Images of「All Under Heaven」（New York：Oxford ；University Press，1996）.

55.Geoffrey Stern，The Structure of International Society：An Introduction to the Study of International Relations，2nd ed.（London：Continuum，2000）.

56.Shogo Suzuki，Civilization and Empire：China and Japan's Encounter with European International Society（London and New York：Routledge，2009）.

57.Shogo Suzuki，Yongjin Zhang and Joel Quirk，eds.，International Orders in the Early Modern World：Before the Rise of the West（New York and London：Routledge，2014）.

58.Ssu-yu Teng and John K.Fairbank，China's Response to the West：A Documentary Survey，1839-1923（Cambridge，Massachusetts：Harvard University Press，1979）.

59.Ward Thomas，The Ethics of Destruction：Norms and Force in International Rela-tions（Ithaca，NY：Cornell University Press，2001）.

60.Charles Tilly，Democracy（Cambridge：Cambridge University Press，2007）.

61.Brunello Vigezzi, The British Committee on the Theory of International Politics (1954-1985): The Rediscovery of History (Milan: Edizioni Unicopli, 2005).

62.R.J.Vincent, Human Rights and International Relations (Cambridge: Cambridge University Press, 1986).

63.Michael Walzer, Just and Unjust Wars, 3rd ed. (New York: Basic Books, 2000).

64.Adam Watson, The Evolution of International Society: A Comparative Historical Analysis (London: Routledge, 1992).

65.Adam Watson, Hegemony&History (London and New York: Routledge, 2007).

66.Arne Odd Westad, Restless Empire: China and the World Since 1750 (London: Bodley Head, 2012).

67.Nicholas Wheeler, Saving Strangers: Humanitarian Intervention in International Society (Oxford: Oxford University Press, 2000).

68.Anje Wiener, The Invisible Constitution of Politics: Contested Norms and Interna-tional Encounters (Cambridge: Cambridge University Press, 2008).

69.Martin Wight and Herbert Butterfield eds., Diplomatic Investigations:Essays in the Theory of International Politics (London: George Allen&Unwin, 1966).

70.Martin Wight, Systems of States (London: Leicester University Press, in association with London School of Economics and Political Sciences, 1977).

71.Martin Wight，International Theory：The Three Traditions（London：Leicester University Press，1991）.

72.Linda Wittor，Democracy as an International Organization of States and Right of the People（New York：Peter Lang，2016）.

73.Yongjin Zhang，China in the International System，1918-1920：The Middle Kingdom at the Periphery（Basingstoke：Macmillan in association with St.Antony's College，Oxford，1991）.

74.Yongjin Zhang，China in International Society since 1949：Alienation and Beyond（Basingstoke：Macmillan Press，Ltd.，in association with St.Antony's College，Oxford，1998）.

中國歷代與國際間的關係及規範變遷：從「文明標準」到「新文明標準」
主要參考文獻

第四節　崛起的中國與未來的國際秩序

[1]「近代」是英文單詞「modernity」的中譯文，與「現代」的含義實際上是一樣的，只是不同的翻譯而已。但是在中文語境裡，有一些學者對「近代」與「現代」進行了區分，比如在1949年以後出版的大多數中文國際關係史教科書中，近代國際關係史被描述為開始於1648年的《威斯特伐利亞和約》，而現代國際關係史開始於1917年的十月革命。與此同時，中國的近代史通常被認為開始於1840年的中英鴉片戰爭，中國的現代史開始於1919年的五四運動。在本書中，「近代」和「現代」是混用的，開始於1648年。

[2] 張小明著：《國際關係英國學派——歷史、理論與中國觀》，北京：人民出版社2010年版。

[3]Xiaoming Zhang，「China in the Conception of International Society：The English School』s Engagements with China，」Review of International Studies，Vol.37，No.2（2011），pp.763-786.

[4] 張小明：《中國的崛起與國際規範的變遷》，《外交評論》2011年第1期，第34—47頁；張小明：《東亞共同體建設：歷史模式與秩序觀念》，《世界經濟與政治論壇》2011年第1期，第37—47頁；張小明：《詮釋中國與現代國際社會關係的一種分析框架》，《世界經濟與政治》2013年第7期，第23—47頁；Xiaoming Zhang，「A Rising China and the Normative Changes in International Society，」East Asia，Vol.28，No.3（2011），pp.235-246；Xiaoming Zhang，「Multipolarity and Multilateralism as International Norms：The Chinese and European Perspectives，」in Zhongqi Pan，ed.，Conceptual Gaps in China-EU Relations（Basingstoke，Hampshire：Palgrave Macmillan，2012），pp.173-186；Xiaoming Zhang，「China Dream：A New Chinese Way in International Society?」in David Kerr，ed.，China』s Many Dreams：Comparative Perspectives on China』s Search for National Rejuvenation（Palgrave Macmillan，2015），pp.226-245；張小明：《非西方國家的興起與國際社會的變遷》，《國際關係研究》2015年第2期，第5—7頁；張小明：《從G20杭州峰會看中國與國際社會關係的變化》，《浙江社會科學》2016年第10期，第4—7頁。

[5]Hedley Bull and Adam Watson，eds.，The Expansion of International Society（Oxford：Oxford University Press，1984）.

[6]Gerrit W.Gong，The Standard of『Civilization』in International Society（Oxford：Clarendon Press，1984）.

[7]R.J.Vincent，Human Rights and International Relations（Cambridge：Cambridge University Press，1986）.

[8]Yongjin Zhang，China in the International System，1918-1920：The Middle Kingdom at the Periphery（Basingstoke：Macmillan in association with St.Antony』s College，Oxford，1991）.

[9]Adam Watson，The Evolution of International Society：A Comparative Historical Analysis（London：Routledge，1992）.

[10]David Armstrong，Revolution and World Order：The Revolutionary State in International Society（Oxford：Oxford University Press，1993）.

[11]Yongjin Zhang，China in International Society since 1949：Alienation and Beyond（Basingstoke：Macmilian Press，Ltd.，in association with St.Antony』s College，Oxford，1998）.

[12]Barry Buzan and Rosemary Foot，eds.，Does China Matter?A Reassessment：Essays in Memory of Gerald Segal（London：Routledge，2004）.

[13]Ian Clark，Legitimacy in International Society（New York：Oxford University Press，2005）.

[14]Ian Clark，International Legitimacy and World Society（Oxford：Oxford University Press，2007）.

[15]Shogo Suzuki，Civilization and Empire：China and Japan』s Encounter with European International Society（London and New York：Routledge，2009）.

[16]Shogo Suzuki，Yongjin Zhang and Joel Quirk，eds.，International Orders in the Early Modern World：Before the Rise of the West（New York and London：Routledge，2014）.

[17]Alexander Wendt，「The Agent-Structure Problem in International Relations Theory，」International Organization，Vol.41，1987，pp.335-370；David Dessler，「What』s at the Stake in the Agent-Structure Debate?」International Organization，Vol.43，1989，pp.441-473；Fredrich Kratochwil，Rules，Norms，and Decisions：On the conditions of practical and legal reasoning in international relations and domestic affairs（Cambridge：Cambridge University Press，1989）；Nicholas Onuf，World of Our Making（Columbia：University of South Carolina Press，

1989）；Alexander Wendt，「Anarchy Is What States Made of It：The Social Construction of Power Politics，」International Organization，Vol.46，1992，pp.391-425；Martha Finnemoer，National Interest in International Society（Ithaca：Cornell University Press，1996）；Peter Katzenstein，ed.，The Culture of National Security（New York：Columbia University Press，1996）；（美）亞歷山大·溫特著，秦亞青等譯：《國際政治的社會理論》，上海：上海人民出版社2000年版；Martha Finnemore，The Purpose of Intervention：Changing Beliefs about the Use of Force（Ithaca：Cornell University Press，2003）.

[18]Ssu-yu Teng and John K.Fairbank，China』s Response to the West：A Documentary Survey，1839-1923（Cambridge，Massachusetts：Harvard University Press，1979）.該書初版出版於1954年。

[19]John K.Fairbank，China Perceived：Images and Policies in Chinese-American Relations（New York：Alfred A.Knopf，Inc.，1974）.

[20]（美）費正清等編，中國社會科學院歷史研究所編譯室譯：《劍橋中國晚清史1800—1911年》，北京：中國社會科學出版社1985年版。

[21]（美）費正清、（美）賴肖爾著，陳仲丹等譯：《中國：傳統與變革》，南京：江蘇人民出版社1992年版。

[22]（美）費正清等編，劉敬坤等譯：《劍橋中華民國史1912—1949年》，北京：中國社會科學出版社1994年版。

[23]（美）麥克法誇爾、（美）費正清編，謝亮生等譯：《劍橋中華人民共和國史》，北京：中國社會科學出版社1998年版。

[24]John King Fairbank and Merle Goldman，China：A New History，enlarged edition（Massachusetts，Cambridge：The Belknap Press of Harvard University Press，1998）.

[25]（美）費正清著，劉尊棋譯：《偉大的中國革命1800—1985》，北京：世界知識出版社2000年版。

[26]（美）費正清著，張理京譯：《美國與中國》（第四版），北京：世界知識出版社2000年版。

[27]（美）費正清著，傅光明譯：《觀察中國》，北京：世界知識出版社2001年版。

[28]（美）費正清編，杜繼東譯：《中國的世界秩序：傳統中國的對外關係》，北京：中國社會科學出版社2010年版。

[29]（美）馬士著，張匯文等譯：《中華帝國對外關係史》，上海：上海書店出版社2000年版。該書的中文版初版於1963年，由商務印書館出版。

[30]（美）柯文著，林同齊譯：《在中國發現歷史——中國中心觀在美國的興起》，北京：中華書局1989年版。

[31]（日）濱下武志著，朱蔭貴譯：《近代中國的國際契機：朝貢貿易體系與近代亞洲經濟圈》，北京：中國社會科學出版社1999年版。

[32]（美）汪榮祖著：《走向世界的挫折——郭嵩燾與道鹹同光時代》，長沙：岳麓書社2000年版。

[33]（美）伊麗莎白·埃克諾米、（美）米歇爾·奧克森伯格主編，華宏勛等譯：《中國參與世界》，北京：新華出版社2001年版。

[34]（美）何偉亞著，鄧常春譯：《懷柔遠人》，北京：社會科學文獻出版社2002年版。

[35]David C.Kang，China Rising：Peace，Power and Order in East Asia（New York：Columbia University Press，2007）.

[36]（美）徐中約著，計秋楓、朱慶葆譯：《中國近代史：1600—2000 中國的奮鬥》，北京：世界圖書出版公司2008年版。

[37]（美）徐國琦著，馬建標譯：《中國與大戰：尋求新的國家認同與國際化》，上海：上海三聯書店2008年版。

[38]Yong Deng，China』s Struggle for Status：The Realignment of International Relations（Cambridge：Cambridge University Press，2008）.

[39]（英）馬丁·雅克著，張莉、劉曲譯：《當中國統治世界：中國的崛起和西方世界的衰落》，北京：中信出版社2010年版。

[40]（日）川島真著，田建國譯：《中國近代外交的形成》，北京：北京大學出版社2012年版。

[41]Arne Odd Westad， Restless Empire：China and the World Since 1750（London：Bodley Head，2012）.

[42]（法）佩雷菲特著，王國卿等譯：《停滯的帝國：兩個世界的撞擊》，北京：三聯書店2013年版。

[43]David Shambaugh， China Goes Global：The Partial Power（Oxford：Oxford University Press，2013）.

[44]（韓）金容九著，權赫秀譯：《世界觀衝突的國際政治學——東洋之禮與西洋公法》，北京：中國社會科學出版社2013年版。

第四節　崛起的中國與未來的國際秩序

[45]（美）夏偉、魯樂漢著，潘勛譯：《富強之路——從慈禧開始的長征》，新北：八旗文化、遠足文化事業股份有限公司 2014 年版。

[46]Thomas J.Christensen，The China Challenge：Shaping the Choices of A Rising Power（New York：W.W.Norton & Company，2015）.

[47]（美）魏斐德著，梅靜譯：《中華帝國的衰落》，北京：民主與建設出版社 2017 年版。

[48] 鐘叔河著：《走向世界：近代知識分子考察西方的歷史》，北京：中華書局 1985 年版。

[49] 王立誠著：《中國近代外交制度史》，蘭州：甘肅人民出版社 1991 年版。

[50] 茅海建著：《天朝的崩潰：鴉片戰爭再研究》，北京：三聯書店 1995 年版。

[51] 戴逸著：《18 世紀的中國與世界》（導言卷），瀋陽：遼海出版社 1999 年版。

[52] 萬明著：《中國融入世界的步履：明與清前期海外政策比較研究》，北京：社會科學文獻出版社 2000 年版。

[53] 王建朗著：《中國廢除不平等條約的歷程》，南昌：江西人民出版社 2000 年版。

[54] 蔣夢麟著：《西潮·新潮》，長沙：岳麓書社 2000 年版。

[55] 李雲泉著：《朝貢制度史論——中國古代對外關係體制研究》，北京：新華出版社 2004 年版。

[56] 陳永祥著：《宋子文與美援外交》，北京：世界知識出版社 2004 年版。

[57] 陳廷湘、周鼎著：《天下·世界·國家：近代中國對外觀念演變史論》，上海：上海三聯書店 2008 年版。

[58] 雷頤著：《李鴻章與晚清四十年》，太原：山西出版集團、山西人民出版社 2008 年版。

[59] 李兆祥著：《近代中國的外交轉型研究》，北京：中國社會科學出版社 2008 年版。

[60] 臧運祜著：《20 世紀的中國與世界》，北京：北京大學出版社 2010 年版。

[61] 謝俊美著：《東亞世界與近代中國》，上海：上海人民出版社 2011 年版。

[62] 蔣廷黻著：《中國近代史》，鄭州：中州古籍出版社 2015 年版。

[63] 李文杰著：《中國近代外交官群體的形成（1861—1911）》，北京：三聯書店 2017 年版。

[64] 王逸舟主編：《磨合中的建構：中國與國際組織關係的多視角透視》，北京：中國發展出版社 2003 年版。

中國歷代與國際間的關係及規範變遷：從「文明標準」到「新文明標準」
目錄

[65] 李揚帆著：《走出晚清——涉外人物及中國的世界觀念之研究》，北京：北京大學出版社 2005 年版。

[66] 秦亞青等主編：《國際體系與中國外交》，北京：世界知識出版社 2009 年版。

[67] 王逸舟、譚秀英主編：《中國外交六十年（1949—2009）》，北京：中國社會科學出版 2009 年版。

[68] 陳琪、劉豐主編：《中國崛起與世界秩序》，北京：社會科學文獻出版社 2011 年版。

[69] 趙可金著：《當代中國外交制度的轉型與定位》，北京：時事出版社 2012 年版。

[70] 李揚帆著：《湧動的天下：中國世界觀變遷史論（1500—1911）》，北京：知識產權出版社 2012 年版。

[71] 張蘊嶺著：《尋求中國與世界的良性互動》，北京：中國社會科學出版社 2013 年版。

[72] 閻學通著：《歷史的慣性：未來十年的中國與世界》，北京：中信出版社 2013 年版。

[73] 韓念龍主編：《當代中國外交》，北京：中國社會科學出版社 1988 年版。

[74] 王邵坊著：《中國外交史：鴉片戰爭至辛亥革命時期：1840—1911》，鄭州：河南人民出版社 1988 年版。

[75] 謝益顯主編：《中國外交史：中華人民共和國時期 1949—1979》，鄭州：河南人民出版社 1988 年版。

[76] 吳東之主編：《中國外交史：中華民國時期 1911—1949》，鄭州：河南人民出版社 1990 年版。

[77] 田曾佩主編：《改革開放以來的中國外交》，北京：世界知識出版社 1993 年版。

[78] 裴堅章主編：《中華人民共和國外交史》，北京：世界知識出版社 1994 年版。

[79] 謝益顯主編：《中國外交史：中華人民共和國時期 1979—1994》，鄭州：河南人民出版社 1995 年版。

[80] 曲星著：《中國外交 50 年》，南京：江蘇人民出版社 2000 年版。

[81] 牛軍編著：《中華人民共和國對外關係史概論（1949—2000）》，北京：北京大學出版社 2010 年版。

[82] 張忠紱編著：《中華民國外交史（1911—1921）》，北京：華文出版社 2012 年版。

[83]（美）保羅·芮恩施著，李抱宏等譯：《一個美國外交官使華記：1913—1919 年美國駐華公使回憶錄》，北京：商務印書館 1982 年版。

[84] 顧維鈞著：《顧維鈞回憶錄》（第一分冊），北京：中華書局 1983 年版。

第四節　崛起的中國與未來的國際秩序

[85] 伍修權著：《在外交部八年的經歷：1950.1—1958.10》，北京：世界知識出版社 1983 年版。

[86] 王炳南著：《中美會談九年回顧》，北京：世界知識出版社 1985 年版。

[87] 劉曉著：《出使蘇聯八年》，北京：中共黨史資料出版社 1986 年版。

[88] 中華人民共和國外交部、中央文獻研究室編：《周恩來外交文選》，北京：中央文獻出版社 1990 年版。

[89] 師哲回憶，李海文整理：《在歷史巨人身邊——師哲回憶錄》，北京：中央文獻出版社 1991 年版。

[90] 伍修權著：《回憶與懷念》，北京：中共中央黨校出版社 1991 年版。

[91] 汪東興著：《汪東興日記》，北京：中國社會科學出版社 1993 年版。

[92] 中華人民共和國外交部、中央文獻研究室編：《毛澤東外交文選》，北京：中央文獻出版社、世界知識出版社 1994 年版。

[93] 熊向暉著：《我的情報與外交生涯》，北京：中共黨史出版社 1999 年版。

[94] 容閎著，石霓譯註：《容閎自傳——我在中國和美國的生活》，上海：百家出版社 2003 年版。

[95] 顏惠慶著，吳建雍等譯：《顏惠慶自傳：一位民國元老的歷史記憶》，北京：商務印書館 2003 年版。

[96] 錢其琛著：《外交十記》，北京：世界知識出版社 2003 年版。

[97] （英）馬戛爾尼著，劉半農譯：《1793 乾隆英使觀見記》，天津：天津人民出版社 2006 年版。

[98] 黃華著：《親歷與見聞——黃華回憶錄》，北京：世界知識出版社 2007 年版。

[99] 凌青著：《從延安到聯合國——凌青外交生涯》，福州：福建人民出版社 2008 年版。

[100] 唐家璇著：《勁風煦雨》，北京：世界知識出版社 2009 年版。

[101] 楊公素著：《滄桑百年——楊公素回憶錄》，香港：中國文藝出版社 2011 年版。

[102] （英）喬治·馬戛爾尼、（英）約翰·巴羅著，何高濟、何毓寧譯：《馬戛爾尼使團使華觀感》，北京：商務印書館 2013 年版。

[103] 施肇基、金問泗著：《施肇基早年回憶錄·外交工作的回憶》，北京：中華書局 2016 年版。

[104] 蔣廷黻著：《國士無雙——蔣廷黻回憶錄》，北京：新星出版社 2016 年版。

[105]（英）詹姆斯·梅奧爾著，王光忠譯，石賢澤校：《民族主義與國際社會》，北京：中央編譯出版社 2009 年版，第 179 頁。

[106]（英）詹姆斯·梅奧爾著：《民族主義與國際社會》，第 2 頁。

[107] 同上，第 172 頁。

[108] 王立新著：《躊躇的霸權：美國崛起後的身份困惑與秩序追求（1913—1945）》，北京：中國社會科學出版社 2015 年版，第 53 頁。

[109]Alex J.Bellamy, ed., International Society and Its Critics（New York：Oxford University Press, 2005）, p.66.

[110]Otto Gierke, Natural Law and the Theory of Society 1500 to 1800, trans.Ernest Barker（Boston：Beacon Press, 1957）, p.85. 載（英）赫德利·布爾著，張小明譯：《無政府社會：世界政治中的秩序研究》（第四版），上海：上海世紀出版集團 2015 年版，第 28 頁。

[111] 張小明著：《國際關係英國學派：歷史、理論與中國觀》，第 137—147 頁。

[112]Charles Manning, The Nature of International Society, reissue with a new preface（London and Basingstoke：The Macmillan Press Ltd., 1975）; Martin Wight, International Theory：The Three Traditions（London：Leicester University Press, 1991）, pp.7-8, 30-31, 139-144; Martin Wight,「Why Is There No International Theory?」in Martin Wight and Herbert Butterfield, eds., Diplomatic Investigations：Essays in the Theory of International Politics（London：George Allen & Unwin, 1966）, p.18; Hedley Bull, Anarchical Society:A Study of Order in World Politics（London：Macmillan, 1977）; Alan James, Sovereign Statehood：The Basis of International Society（London：Allen & Unwin, 1986）.

[113]Hedley Bull,「Notes on the Modern International System,」British Committee on the Theory of International Politics Cambridge Meeting July 1967, Martin Wight Papers, File 253, LSE Archives.

[114]「Letter from Adam Watson to Hedley Bull,」British Committee on the Theory of International Politics, 6-9 October 1967, Martin Wight Papers, File 253, LSE Archives.

[115]Tim Dunne, Inventing International Society（London：Macmillan, in association with St.Antony』s College, Oxford, 1998）, pp.126-127.

[116]（英）赫德利·布爾著：《無政府社會：世界政治中的秩序研究》（第四版），第 15—16 頁。

[117]Hedley Bull and Adam Watson，eds.，The Expansion of International Society (Oxford：Oxford University Press，1984)，p.1.

[118]Martin Wight，Systems of States (London：Leicester University Press，in association with London School of Economics and Political Sciences，1977)；Martin Wight，International Theory：The Three Traditions (London：Leicester University Press，1991).

[119]Brunello Vigezzi，The British Committee on the Theory of International Politics (1954-1985)：The Rediscovery of History (Milan：Edizioni Unicopli，2005)，p.5；Andrew Linklater and Hidemi Suganami，The English School of International Relations：A Contemporary Reassessment (Cambridge：Cambridge University Press，2006)，p.53.

[120]Adam Watson，Hegemony & History (London and New York：Routledge，2007)，pp.32-33.

[121]Alex J.Bellamy，ed.，International Society and Its Critics，pp.47-49.

[122] 其實，中國學者也普遍接受近代主權國家的出現是國際社會形成的必要社會條件的說法，大部分國際關係史教科書以及國際法教科書都是以1648年的威斯特伐利亞和會為敘事和分析起點的。比如王繩祖主編：《國際關係史》（上冊），武漢：武漢大學出版社1983年版；袁明主編：《國際關係史》，北京：北京大學出版社1994年版；白桂梅著：《國際法》（第二版），北京：北京大學出版社2010年版。

[123]Ian Clark，Legitimacy in International Society (New York：Oxford University Press，2005).

[124]David Armstrong，Revolution and World Order：The Revolutionary State in International Society (Oxford：Oxford University Press，1993)，p.14.

[125]Geoffrey Stern，The Structure of International Society：An Introduction to the Study of International Relations，2 nd ed. (London：Continuum，2000)，p.58.

[126]Alex J.Bellamy，ed.，International Society and Its Critics，p.47.

[127]Adam Watson，Hegemony & History，p.81；Barry Buzan，From International to World Society?English School Theory and the Social Structure of Globalization (Cambridge：Cambridge University Press，2004)，p.16；Barry Buzan and Richard Little，International Systems in World History：Remaking the Study of International Relations (Oxford：Oxford University Press，2000)；Edward Keene，Beyond the Anarchical

Society：Grotius， Colonialism and Order in World Politics（Cambridge：Cambridge University Press，2002）；Shogo Suzuki， Civilization and Empire：China and Japan』s Encounter with European International Society （London and New York：Routledge，2009）；Shogo Suzuki，Yongjin Zhang and Joel Quirk， eds.，International Orders in the Early Modern World：Before the Rise of the West（New York and London：Routledge，2014）.

[128]Barry Buzan， From International to World Society?English School Theory and the Social Structure of Globalization，p.96.

[129]Adam Watson， Hegemony & History，p.93.

[130] 劉德斌主編：《國際關係史》，北京：高等教育出版社 2004 年版。

[131]（美）彼得·卡贊斯坦主編，宋偉、劉鐵娃譯：《國家安全的文化：世界政治中的規範與認同》，北京：北京大學出版社 2009 年版，第 56 頁。

[132]（美）瑪莎·費麗莫著，袁正清譯：《國際社會中的國家利益》，杭州：浙江人民出版社 2001 年版，第 29 頁。

[133] 林永亮著：《東亞主權觀念：生成方式與秩序意涵》，北京：社會科學文獻出版社 2015 年版，第 66 頁。

[134]（美）戴維·波普諾著，李強等譯：《社會學》，北京：中國人民大學出版社 1999 年版，第 70 頁。

[135] 林永亮著：《東亞主權觀念：生成方式與秩序意涵》，第 7 頁。

[136]（英）卡爾·波普爾著，陸衡等譯：《開放社會及其敵人》（第一卷），北京：中國社會科學出版社 2016 年版，第 124 頁。

[137] 劉興華：《國際規範、團體認同與國內制度改革——以中國加入 FATF 為例》，《當代亞太》2012 年第 4 期，第 12 頁。

[138]Cho Young-nam，「South Korea-China Relations and Norm Conflicts，」Korea Focus， Vol.18，No.3（Autumn 2010），p.116.

[139]Andrew Hurrell，「Foreword to the Fourth Edition，」Hedly Bull， The Anarchical Society：A Study of Order in World Politics，4th ed.（Basingstoke：Palgrave Macmillan，2012），p.xix.

[140]Friedrich Kratochwil， Rules， Norms and Decisions：On the Conditions of Practical and Legal Reasoning in International Relations and Domestic Affairs（Cambridge：Cambridge University Press，1989），p.10.

[141]Robert Keohane，After Hegemony：Cooperation and Discord in the World Political Economy（Princeton，N.J.：Princeton University Press，1984），p.58.

[142]參見（英）赫德利·布爾著：《無政府社會：世界政治中的秩序研究》（第四版）。

[143]Shogo Suzuki，Yongjin Zhang and Joel Quirk，eds.，International Orders in the Early Modern World：Before the Rise of the West.

[144]Robert Keohane，International Institutions and State Power：Essays on International Relations Theory（Boulder，CO.：Westview Press，1989），p.163.

[145]（英）詹姆斯·梅奧爾著：《民族主義與國際社會》，第 13 頁。

[146] 劉志雲主編：《國際關係與國際法學刊》（第 1 卷），廈門：廈門大學出版社 2011 年版，第 7 頁。

[147]（美）約瑟夫·奈著，王吉美譯：《權力大未來》，北京：中信出版社 2012 年版，第 17 頁。

[148]Hedley Bull，「International Society and Anarchy（Introductory Talk）」，July 22，1961，Bull Papers，Bodlein Library，Oxford University，and Martin Wight Papers，File 253，LSE Archives；Hedley Bull Papers，No.8，Bodleian Library，Oxford University.

[149]（英）赫德利·布爾著：《無政府社會：世界政治中的秩序研究》（第四版），第 60 頁。

[150] 同上，第 61—62 頁。

[151]（英）赫德利·布爾著：《無政府社會：世界政治中的秩序研究》（第四版），第 63—66、89—192 頁。

[152]（英）詹姆斯·梅奧爾著：《民族主義與國際社會》，第 173 頁。

[153]Robert Jackson，The Global Covenant：Human Conduct in a World of State（Oxford：Oxford University Press，2000），pp.10-25.

[154]Tim Dunne and Nicholas J.Wheeler，eds.，Human Rights in Global Politics（Cambridge，Cambridge University Press，1999），「Introduction，」pp.1-28；Tim Dunne，「Fundamental Human Rights Crisis after 9/11，」International Politics，Vol.44（2007），p.273.

[155]Barry Buzan，From International to World Society?English School Theory and the Social Structure of Globalization（Cambridge，Cambridge University Press，2004），pp.161-163.

[156]（英）巴裡·布讚：《英國學派及其當下發展》,《國際政治研究》2007 年第 2 期, 第 106—112 頁；Barry Buzan, From International to World Society?English School Theory and the Social Structure of Globalization, pp.161-204.

[157]Wang Hongying and James Rosenau,「China and Global Governance,」Asian Perspective, Vol.33, No.3（2009）, p.6.

[158]（法）達里奧·巴蒂斯特拉著,潘志平譯：《國際關係理論》（修訂增補本）, 北京：社會科學文獻出版社 2010 年版,第 408 頁。

[159]（英）詹寧斯·瓦茨修訂,王鐵崖等譯：《奧本海國際法》（第 1 卷第 1 分冊）, 北京：中國大百科全書出版社 1995 年版,第 3 頁。

[160] 白桂梅著：《國際法》（第二版）,第 1 頁。

[161]（美）戴維·波普諾著：《社會學》（第十版）,第 71 頁。

[162]Laura Valentini and Tiziana Torresi,「Introduction-International law and global justice：a happy marriage,」Review of International Studies, Vol.37, No.5,（2011）, p.2036.

[163]Hedley Bull, The Anarchical Society：a Study of Order in World Politics, 4th ed.（Basingstoke, Hampshire：Palgrave Macmillan, 2012）, p.122.

[164] 白桂梅著：《國際法》（第二版）,第 32—64 頁。

[165]Robert O.Keohane,「International Institutions：Can Interdependence Work?」Foreign Policy（Issue 10, Spring 1998）, p.85.

[166] 白桂梅著：《國際法》（第二版）,第 5 頁。

[167] 劉志雲著：《當代國際法的發展：一種從國際關係理論視角的分析》,北京：法律出版社 2010 年版,第 118 頁。

[168]（美）邁克爾·巴尼特、（美）瑪莎·芬尼莫爾著,薄燕譯：《為世界定規則：全球政治中的國際組織》,上海：上海人民出版社 2009 年版,第 2 頁。

[169] 同上,第 9 頁。

[170]（美）邁克爾·巴尼特、（美）瑪莎·芬尼莫爾著：《為世界定規則：全球政治中的國際組織》,第 43 頁。

[171] 同上,第 46—47 頁。

[172]Hedley Bull and Adam Watson, eds., The Expansion of International Society（Oxford：Oxford University Press, 1984）；Gerrit Gong, The Standard of「Civilization」in International Society（Oxford：Clarendon

Press,1984);Ian Clark, Legitimacy in International Society(New York:Oxford University Press,2005).

[173]Shogo Suzuki, Yongjin Zhang and Joel Quirk, eds., International Orders in the Early Modern World, p.8.

[174]（美）瑪莎·芬尼莫爾、（美）凱瑟琳·斯金克：《國際規範的動力與政治變革》，載（美）彼得·卡贊斯坦、（美）羅伯特·基歐漢、（美）斯蒂芬·克拉斯納主編，秦亞青等譯：《世界政治理論的探索與爭鳴》，上海：上海世紀出版集團2006年版，第295—552頁。

[175]Jeffrey Checkel,「Norms, Institutions, and National Identity in Contemporary Europe,」International Studies Quarterly, Vol.43（1999）pp.83-114；Amitav Acharya,「How Ideas Spread:Whose Norms Matter?Norm Location and Institutional Change in Asian Regionalism,」International Organization, Vol.58（Sping 2004）, pp.239-275.

[176] 林民旺、朱立群：《國際規範的國內化：國內結構的影響及傳播機制》，《當代亞太》2011年第1期，第136—160頁。

[177] 劉志雲主編：《國際關係與國際法學刊》（第1卷），第45頁。

[178]John G.Ikenberry and Charles A.Kupchan,「Socialization and Hegemonic Power,」International Organization, Vol.44, No.3（1990）, p.289.

[179]Joseph S.Nye, Jr., David A.Welch, Understanding Global Conflict and Cooperation:An Introduction to Theory and History, 10 th edition（New York:Pearson Education, Inc., 2017）, p.351.

[180] 劉志雲主編：《國際關係與國際法學刊》（第1卷），第166頁。

[181]（美）彼得·卡贊斯坦等主編：《世界政治理論的探索與爭鳴》，第309頁。

[182]Richard Rosecrance,「The Partial Diffusion of Power,」International Studies Review, Vol.16, Issue（2014）, pp.199-205；David Zweig, and Feng Yang,「Overseas Students, Returnees, and the Diffusion of International Norms into Post-Mao China,」International Studies Review, Vol.16, Issue 2（2014）, pp.252-263.

[183]（美）彼得·卡贊斯坦主編：《國家安全的文化：世界政治中的規範與認同》，第30頁。

[184]Gerald Chan，China』s Compliance in Global Affairs：Trade，Arms Control，Environmental Protection，Human Rights（Singapore：World Scientific Publishing Co.Pte.Ltd.，2006），p.43.

[185]Makau Mutua，Human Rights Standards：Hegemony，Law，and Politics（Albany，NY：State University of New York Press，2016），p.1-2.

[186]Martha Finnemore and Kathryn Sikkinnk，「International Norms Dynamics and Political Change，」International Organization，Vol.52，No.4（Autumn 1998），pp.887-917.

[187]Barry Buzan，「Approaches to Studying Regional International Society，」working paper for International Academic Workshop：Beyond History：Reconciliation，Cooperation and Social Integration in Northeast Asia，3 December 2011，Hangzhou，China.

[188]G.John Ikenberry and Charles A.Kupchan，「Socialization and Hegemonic Power，」International Organization，Vol.44，No.3（Summer 1990），p.290.

[189]（美）本杰明·科恩著，楊毅、鐘飛騰譯：《國際政治經濟學：學科思想史》，上海：上海世紀出版集團 2010 年版，第 81 頁。

[190]（美）本杰明·科恩著：《國際政治經濟學：學科思想史》，第 81 頁。

[191]Stephen D.Krasner，「International Political Economy：Abiding Discord，」Review of International Political Economy，Vol.1，No.1（Spring 1999），p.16.

[192]（瑞典）彼得·瓦倫斯騰主編，劉毅譯：《和平研究：理論與實踐》，北京：北京大學出版社 2014 年版，第 77 頁。

[193]閻學通：《國際領導與國際規範的演化》，《國際政治科學》2011 年第 1 期，第 1—28 頁。

[194]王立新著：《躊躇的霸權：美國崛起後的身份困惑與秩序追求（1913—1945）》，北京：中國社會科學出版社 2015 年版，第 10 頁。

[195]Ward Thomas，The Ethics of Destruction：Norms and Force in International Relations（Ithaca，NY：Cornell University Press，2001），p.3、p.9.

[196]（美）戴維·波普諾著：《社會學》（第十版），第 90 頁。

[197]S.Krasner,「Structural Causes and Regime Consequences：Regime and Intervening Variables,」International Organization, Vol.36,No.2（1982）,pp.185-205.

[198] 值得注意的是，有學者把「規範」「原則」「規則」「標準」這幾個概念並列使用，由此可以看出它們之間的關聯性。Rosemary Foot and Andrew Walter, China, the United States, and Global Order（Cambridge：Cambridge University Press,2010）,p.2,6.

[199] 主權概念源於歐洲已經成為一種共識，但是，也有學者質疑主權概念首先發源於歐洲國家之間的衝突、後來擴展到非歐洲國家的那種觀點。參見劉禾著，楊立華等譯：《帝國的話語政治：從近代中西衝突看現代世界秩序的形成》（修訂譯本），北京：三聯書店 2014 年版，第 33—34 頁。

[200]（英）詹姆斯·梅奧爾著：《民族主義與國際社會》，第 55 頁。

[201]（日）福澤諭吉著，北京編譯社譯：《文明論概略》，北京：九州出版社 2008 年版，第 17 頁。

[202]（日）福澤諭吉著：《文明論概略》，第 21 頁。

[203]Hedley Bull,「A Proposal for a Study,」October 1978, reprinted in Brunello Vigezzi, The British Committee on the Theory of International Politics（1954-1985）：The Rediscovery of History（Milan：Edizioni Unicopli,2005）,pp.425-428.

[204] 有學者指出，實際上奧斯曼帝國在文化和族群上是「半個歐洲的」。Robert Jackson, The Global Covenant：Human Conduct in a World of States（Oxford：Oxford University Press,2000）,p.12.

[205]Hedley Bull,「The Emergence of A Universal International Society,」in Hedley Bull and Adam Watson, eds., The Expansion of International Society, pp.117-126.

[206]「Gerrit Gong to Zhang Xiaoming,」email message, Feb.25,2008.

[207]Gerrit Gong, The Standard of「Civilization」in International Society（Oxford：Clarendon Press,1984）,「Foreword」by Hedley Bull, pp.vii-x, and p.24.

[208] 白桂梅著：《國際法》（第二版），第 32、47 頁。

[209]Gerrit Gong, The Standard of「Civilization」in International Society, pp.24-35.

[210]Ibid., p.98.

[211]Barry Buzan,「The『Standard of Civilization』as an English School Concept,」Millennium,Vol.42,No.3（2014）,pp.576-594.

[212]王滬寧著：《國家主權》，北京：人民出版社1987年版；唐士其：《主權原則的確立及其在當代世界的意義》，《國際政治研究》2002年第2期，第15—27頁；趙可金、倪世雄：《主權制度的歷史考察及其未來重構》，《教學與研究》2005年第10期，第41—49頁。

[213]Barry Buzan and Lene Hansen,The Evolution of International Security Studies（Cambridge,UK：Cambridge University Press,2009）,p.24.

[214]（法）讓·博丹著，（美）朱利安·H.富蘭克林編，李衛海等譯：《主權論》，北京：北京大學出版社2008年版，第25頁。

[215]（美）亨利季辛吉著，胡利平等譯：《世界秩序》，北京：中信出版集團2015年版，第23頁。

[216]（美）彼得·卡贊斯坦主編：《國家安全的文化：世界政治中的規範與認同》，第442頁。

[217]（英）詹姆斯·梅奧爾著：《民族主義與國際社會》，第131—132頁。

[218]（英）詹姆斯·梅奧爾著：《民族主義與國際社會》，第60—61頁。

[219]Allen Carlson,Unifying China,Integrating with the World：Securing Chinese Sovereignty in the Reform Era（Stanford,CA：Stanford University Press,2005）,pp.6-7.

[220]Ibid.,p.8.

[221]Ibid.,p.10.

[222]Ibid.,pp.11-20.

[223]（英）詹姆斯·梅奧爾著：《民族主義與國際社會》，第179頁。

[224]Gerrit Gong,The Standard of「Civilization」in International Society,p.66.

[225]Hedley Bull,「Foreword,」Gerrit Gong,The Standard of「Civilization」in International Society,pp.vii-viii.

[226]Edward Keene,Beyond the Anarchical Society：Grotius,Colonialism and Order in World Politics（Cambridge：Cambridge University Press,2002）.

[227]（美）彼得·卡贊斯坦主編，秦亞青等譯：《世界政治中的文明：多元多維的視角》，上海：上海世紀出版集團2012年版，第1頁。

第四節　崛起的中國與未來的國際秩序

[228] 同上,第 2 頁。

[229]Barry Buzan,「The『Standard of Civilization』as an English School Concept,」Millennium, Vol.42, No.3, 2014, pp.576-594.

[230]Gerrit Gong, The Standard of「Civilization」in International Society, pp.90-93.

[231]John Vincent, Human Rights and International Relations, p.130.

[232] 牛軍主編:《歷史的回聲:二戰與現代東亞秩序》,北京:人民出版社 2015 年版,第 42 頁。

[233]Jack Donnely,「Human Rights：A new standard of civilization?」International Affairs, Vol.74, No.1（1998）, pp.1-24;本書作者 2008 年 3 月 4 日在倫敦經濟學院對巴裡·布贊教授的採訪。

[234]Robert Jackson and George Sorenson, Introduction to International Relations：Theories and Approaches, 3 rd edition（Oxford：Oxford University Press, 2007）, p.7.

[235] 參見（英）赫德利·布爾著:《無政府社會——世界政治中的秩序研究》（第四版）。

[236]Robert Jackson and George Sorenson, Introduction to International Relations：Theories and Approaches, 3 rd edition, pp.157-159.

[237]Ibid., p.3.

[238]Tim Dunne,「Fundamental Human Rights Crisis after 9/11,」International Politics, Vol.44（2007）, pp.269-286.

[239]I.Carlson and R.Ramphal, Our Global Neighbourhood（Oxford：Oxford University Press, 1995）, pp.46-57.

[240]Nicholas Wheeler, Saving Strangers：Humanitarian Intervention in International Society（Oxford：Oxford University Press, 2000）, p.1.

[241]Brahma Chellaney,「Bridgebuilder on the Ganges：India』s ascent in a rapidly changing global order,」Hitoshi Tanaka,「Renewal or Irrelevance：Asia』s ascendance and the case for systemic reform of global governance,」International Politik, Fall 2008, pp.34-41;International Politik, Fall 2008, pp.82-87;「Korea Institute at Australian National University：Focal Point of Korean Students in Australia,」Korea Foundation Newsletter, Vol.17, No.10（2008）, pp.2-3.

[242]Barry Buzan，「The『Standard of Civilization』as an English School Concept，」Millennium，Vol.42，No.3（2014），pp.576-594.

[243]Andrew Hurrell，「Foreword to the Fourth Edition，」Hedly Bull，The Anarchical Society：A Study of Order in World Politics，4 th ed.（Basingstoke，Hampshire：Palgrave Macmillan，2012），p.viii.

[244] 對於「主權」在國際關係中的重要地位，劉禾認為：「一般說來，國家的概念撇開主權是無法想像的。不過，這一老生常談究竟揭示了一些什麼道理？它向我們秘而不宣的思想又是什麼？在我們這個時代，國家的疆域和族群身份仍然在不斷地聚散分合，當代帝國也經常以民族國家的面目出現在世人面前，為此，即使是負載普世價值的個人，如今企圖要完全擺脫主權想像的陰影，恐怕也是困難重重。這一切，使得我們不能不進一步思考有關人的尊嚴的種種現代論述，這些論述本身有沒有罩著一層主權想像的神秘面紗？我們還要問：人的尊嚴究竟是相對什麼而言？尤其在今天的世界，為什麼喪失主權往往意味著尊嚴的泯滅？為什麼尊嚴的復得往往意味著主權的重申？」參見劉禾著：《帝國的話語政治：從近代中西衝突看現代世界秩序的形成》（修訂譯本），第1頁。

[245]Scott Burchill，Andrew Linklater，Richard Devetak，Jack Donnelly，Matthew Paterson，Christian Reus-Smit and Jacqui True，Theories of International Relations，3 rd ed.（Basingstoke，Hampshire：Palgrave Macmillan，2005），p.109.

[246]Joern-Carsten Gottwald，Niall Duggan，「Diversity，Pragmatism，and Convergence：China，the European Union and the Issue of Sovereignty，」draft paper for International Symposium「Conceptual Gaps in China-EU Relations」，Fudan University，Shanghai，January 19-20，2011.

[247]Andrew Hurrell，「Foreword to the Fourth Edition，」Hedly Bull，The Anarchical Society：A Study of Order in World Politics，4 th ed.，p.xi.

[248]Francis M.Deng，et al，Sovereignty as Responsibility：Conflict Management in Africa（Washington，DC：Brookings Institution，1996），p.211.

[249]（美）布魯斯·瓊斯、（美）卡洛斯·帕斯誇爾、（美）斯蒂芬·約翰·斯特德曼著，秦亞青等譯：《權力與責任：構建跨國威脅時代的國際秩序》，北京：世界知識出版社2009年版，第8—13頁。

[250]同上，第14頁。

[251]楊澤偉著：《國際法析論》（第三版），北京：中國人民大學出版社2012年版，第78頁。

[252]Report of the International Commission on Intervention and State Sovereignty, The Responsibility to Protect (Ottawa, Canada: International Development Research Center, 2001); Gareth Evans, The Responsibility to Protect: Ending Mass Atrocity Once and for All (Washington, DC: Brookings Institution, 2008).

[253]Report of the Secretary-General』s High-Level Panel on Threats, Challenges, and Change, A More Secure World: Our Shared Responsibility (New York: United Nations, 2004); http://www.un.org/chinese/secureworld/ch9.htm

[254]http://www.un.org/summit2005/documents.html

[255]Ibid.

[256]（美）布魯斯·瓊斯、（美）卡洛斯·帕斯誇爾、（美）斯蒂芬·約翰·斯特德曼著：《權力與責任：構建跨國威脅時代的國際秩序》，第11頁。

[257]Alex J.Bellamy, Responsibility to Protect: The Global Efforts to End Mass Atrocities (Cambridge, UK: Polity Press, 2009),「Introduction,」p.2.

[258]劉鐵娃主編：《保護的責任：國際規範建構中的中國視角》，北京：北京大學出版社2015年版，第2頁。

[259]Alex J.Bellamy, Responsibility to Protect: The Global Efforts to End Mass Atrocities, p.3.

[260]（美）布魯斯·瓊斯、（美）卡洛斯·帕斯誇爾、（美）斯蒂芬·約翰·斯特德曼著：《權力與責任：構建跨國威脅時代的國際秩序》，第175頁。

[261]Ivo H.Daalder and James G.Stavridis,「NATO』s Victory in Libya: The Right Way to Run an Intervention,」Foreign Affairs, Vol.91, No.2 (March/April 2012), pp.2-7.

[262]（美）布魯斯·瓊斯、（美）卡洛斯·帕斯誇爾、（美）斯蒂芬·約翰·斯特德曼著：《權力與責任：構建跨國威脅時代的國際秩序》，第13頁。

[263]Richard N.Haass,「Unraveling: How to Respond to a Disordered World,」Foreign Affairs, Vol.93, No.6 (November/December 2014), pp.70-79.

[264]楊澤偉著：《國際法析論》（第三版），第218—220頁。

[265] 同上，第 211 頁。

[266] 楊澤偉著：《國際法析論》（第三版），第 212 頁。

[267]（美）熊玠著，余遜達、張鐵軍譯：《無政府狀態與世界秩序》，杭州：浙江人民出版社 2001 年版，第 155 頁。

[268] 楊澤偉著：《國際法析論》（第三版），第 216 頁。

[269] 同上，第 212 頁。

[270]（美）瑪莎·芬尼莫爾著，袁正清等譯：《干涉的目的：武力使用信念的變化》，上海：上海世紀出版集團 2009 年版，第 123 頁。

[271] 楊澤偉著：《國際法析論》（第三版），第 47 頁。

[272]Makau Mutua, Human Rights Standards: Hegemony, Law, and Politics（Albany, NY: State University of New York Press, 2016）, p.73.

[273] 徐以驊：《〈宗教與當代國際關係論叢〉序》，載塗怡超著：《美國基督教福音派及其對國際關係的影響》，上海：上海人民出版社 2010 年版，《序言》第 5 頁。

[274]John Vincent, Human Rights and International Relations（Cambridge: Cambridge University Press, 1986）, p.130.

[275]Tim Dunne and Nicholas J.Wheeler, eds., Human Rights in Global Politics,「Introduction,」pp.1-28; Tim Dunne,「Fundamental Human Rights Crisis after 9/11,」International Politics, Vol.44（2007）, p.273.

[276] 楊澤偉著：《國際法析論》（第三版），第 216—217 頁。

[277]Linda Wittor, Democracy as an International Organization of States and Right of the People（New York: Peter Lang, 2016）.

[278] 楊澤偉著：《國際法析論》（第三版），第 48—49 頁。

[279] 同上，第 49—50 頁。

[280]（美）塞繆爾·亨廷頓著，劉軍寧譯：《第三波：20 世紀後期的民主化浪潮》，上海：上海人民出版社 1998 年版，《作者序言》第 5 頁。

[281]（美）查爾斯蒂利著，魏洪鐘譯：《民主》，上海：上海世紀出版集團 2009 年版，第 12 頁。

[282] 同上，第 17 頁。

[283] 錢乘旦：《關於「民主」：歷史與現實》。http://www.pku.org.cn/?p=12448

[284]（美）羅伯特·A. 達爾著，曹海軍、佟德志譯：《民主及其批評者》，長春：吉林人民出版社 2006 年版，第 13 頁。

[285] 閆小波著：《近代中國民主觀念之生成與流變：一項觀念史的考察》，南京：江蘇人民出版社 2012 年版，第 12—13 頁。

[286]（美）查爾斯·蒂利著：《民主》，第 27 頁。

[287] 同上，第 186 頁。

[288]（美）亨利·季辛吉著：《世界秩序》，第 335—338 頁。

[289]（美）查爾斯·蒂利著：《民主》，第 186 頁。

[290]（美）布魯斯·瓊斯、（美）卡洛斯·帕斯誇爾、（美）斯蒂芬·約翰·斯特德曼著：《權力與責任：構建跨國威脅時代的國際秩序》，第 272 頁。

[291] 同上，第 274 頁。

[292] 同上，第 14、18、269 頁。

[293]（美）布魯斯·瓊斯、（美）卡洛斯·帕斯誇爾、（美）斯蒂芬·約翰·斯特德曼著：《權力與責任：構建跨國威脅時代的國際秩序》，第 235 頁。

[294]（美）羅伯特·斯卡拉皮諾著，劉春梅、胡菁菁譯：《從萊文沃思到拉薩：經歷大變革年代》，北京：北京大學出版社 2010 年版，第 233—234 頁。

[295] 同上，第 234 頁。

[296] 楊澤偉著：《國際法析論》（第三版），第 50 頁。

[297] 楊澤偉著：《國際法析論》（第三版），第 108 頁。

[298]（美）布魯斯·瓊斯、（美）卡洛斯·帕斯誇爾、（美）斯蒂芬·約翰·斯特德曼著：《權力與責任：構建跨國威脅時代的國際秩序》，第 86 頁。

[299]（英）巴裡·布贊、（英）理查德·利特爾著，劉德斌主譯：《世界歷史中的國際體系——國際關係研究的再構建》，北京：高等教育出版社 2004 年版，第 163—212 頁；Shogo Suzuki, Yongjin Zhang and Joel Quirk, eds., International Orders in the Early Modern World, pp.1-8.

[300] 馬丁·懷特把「國際體系」和「國際社會」兩個概念相混用，他所說的「國際體系」實際上就是「國際社會」。參見張小明著：《國際關係英國學派：歷史、理論與中國觀》，第 37—56 頁。

[301] Martin Wight, Systems of States (London: Leicester University Press in association with London School of Economics and Political Science, 1977), pp.22-29.

[302] Martin Wight, Systems of States, p.29-33.

中國歷代與國際間的關係及規範變遷：從「文明標準」到「新文明標準」
目錄

[303]（美）L.S. 斯塔夫裡阿諾斯，吳象嬰、梁赤民譯：《全球通史：1500 年以後的世界》，上海：上海社會科學院出版社 1992 年版，第 1—112 頁。

[304] 尚會鵬：《論古代南亞國際體系——「大法體系」的特點及原理》，《國際政治研究》2015 年第 5 期，第 9—27 頁。

[305]Martin Wight，Systems of States，pp.21-45；Hedley Bull and Adam Watson，eds.，The Expansion of International Society (Oxford：Clarendon Press，1984)，pp.1-7；Kenneth N.Waltz，「Reflections on Theory of International Politics：A Response to My Critics，」in Robert O.Keohane，ed.，Neorealism and Its Critics (New York：Columbia University Press，1986)，pp.329-330；Barry Buzan and Richard Little，International Systems in World History：Remaking the Study of International Relations (Oxford：Oxford University Press，2000)，pp.20-21；（美）許田波著，徐進譯：《戰爭與國家形成：春秋戰國與近代早期歐洲之比較》，上海：上海世紀出版集團 2009 年版，第 1—40 頁。

[306]（英）赫德利·布爾著：《無政府社會：世界政治中的秩序研究》（第四版），第 17 頁。

[307]Yongjin Zhang，「System，Empire and State in Chinese International Relations，」Review of International Studies，Vol.27 (2001)，pp.43-63；Shogo Suzuki，Civilization and Empire：China and Japan』s Encounter with European International Society (London and New York：Routledge，2009)，pp.34-55.

[308] 張勇進、巴裡·布讚：《作為國際社會的朝貢體系》，《國際政治科學》2012 年第 3 期，第 30 頁。

[309]（美）費正清編：《中國的世界秩序：傳統中國的對外關係》，第 1 頁。

[310] 同上，第 294—304 頁。

[311] 趙汀陽著：《天下體系：世界制度哲學導論》，南京：江蘇教育出版社 2005 年版，第 110—160 頁。

[312] 李揚帆：《「中華帝國」的概念及其世界秩序：被誤讀的天下秩序》，《國際政治研究》2015 年第 5 期，第 29 頁。

[313]Richard J.Smith，Chinese Maps：Images of「All Under Heaven」(New York：Oxford University Press，1996).

[314] 許紀霖著：《家國天下——現代中國的個人、國家與世界認同》，上海：上海人民出版社 2017 年版，第 10—37 頁。

[315] （韓）金容九著：《世界觀衝突的國際政治學——東洋之禮與西洋公法》，第35頁。

[316] 趙汀陽：《從世界問題開始的天下政治》，載周方銀、高程主編：《東亞秩序：觀念、制度與戰略》，北京：社會科學文獻出版社2012年版，第45頁。

[317] 趙汀陽著：《天下的當代性：世界秩序的實踐與想像》，北京：中信出版集團2016年版，第49—74頁。

[318] 周方銀、高程主編：《東亞秩序：觀念、制度與戰略》，第46—49頁。

[319] （美）費正清編：《中國的世界秩序：傳統中國的對外關係》，第19頁。

[320] 馮友蘭著：《中國哲學史》（上），重慶：重慶出版社2009年版，第63頁。

[321] 同上，第66、68頁。

[322] （美）鄧爾麟著，藍樺譯：《錢穆與七房橋世界》，北京：社會科學文獻出版社1995年版，第7頁。

[323] 樓宇烈著：《中國的品格》，海口：南海出版公司2009年版，第177頁。

[324] 王慶新：《春秋華夏天下秩序的啟示》，《國際政治科學》2011年第1期，第61頁。

[325] 馮友蘭著：《中國哲學史》（上），第279頁。

[326] 吳志攀、李玉主編：《東亞的價值》，北京：北京大學出版社2010年版，第114頁。

[327] （韓）金容九著：《世界觀衝突的國際政治學——東洋之禮與西洋公法》，第3、38頁。

[328] （美）費正清編：《中國的世界秩序：傳統中國的對外關係》，第1—11頁。

[329] （美）亨利·季辛吉著：《世界秩序》，第276頁。

[330] （美）亨利·季辛吉著，胡利平等譯：《論中國》，北京：中信出版社2012年版，第12頁。

[331] 吳志攀、李玉主編：《東亞的價值》，第105頁。

[332] 同上，第137—138頁。

[333] （韓）金容九著：《世界觀衝突的國際政治學——東洋之禮與西洋公法》，第37—39頁。

[334] 茅海建著：《天朝的崩潰：鴉片戰爭再研究》（第二版），第5頁；閭小波著：《近代中國民主觀念之生成與流變：一項觀念史的考察》，第58—59頁。

[335] 何芳川：《「華夷秩序」論》，《北京大學學報》1998年第6期，第30—45頁。

[336] （美）亨利·季辛吉著：《論中國》，《序》第 VI 頁。

[337] （美）亨利·季辛吉著：《世界秩序》，第 476 頁。

[338] （美）費正清編：《中國的世界秩序：傳統中國的對外關係》，第 18 頁。

[339] 莊國土：《略論朝貢制度的虛幻：以古代中國與東南亞的朝貢關係為例》，《南洋問題研究》2005 年第 3 期，第 1 頁。

[340] （美）費正清編：《中國的世界秩序：傳統中國的對外關係》，第 23—24 頁。

[341] 茅海建著：《天朝的崩潰：鴉片戰爭再研究》（第二版），第 6 頁。

[342] （英）喬治·馬戛爾尼、（英）約翰·巴羅著，何高濟、何毓寧譯：《馬戛爾尼使團使華觀感》，北京：商務印書館 2013 年版，第 6 頁。

[343] 同上，第 151 頁。

[344] 周方銀、高程主編：《東亞秩序：觀念、制度與戰略》，第 57—58 頁。

[345] 趙汀陽著：《天下的當代性：世界秩序的實踐與想像》，第 77 頁。

[346] 劉禾著：《帝國的話語政治：從近代中西衝突看現代世界秩序的形成》（修訂譯本），第 38—97 頁。

[347] Shogo Suzuki，Civilization and Empire：China and Japan』s Encounter with European International Society (London and New York：Routledge，2009)，pp.9-10.

[348] 李雲泉著：《朝貢制度史論——中國古代對外關係體制研究》，《緒論》第 3 頁。

[349] 張啟雄：《中華世界秩序原理的緣起：近代中國外交紛爭中的古典文化價值》，載吳志攀、李玉主編：《東亞的價值》，第 105—146 頁。

[350] （韓）白永瑞著：《思想東亞：朝鮮半島視角的歷史與實踐》，北京：三聯書店 2011 年版，第 140 頁。

[351] 同上，第 140 頁。

[352] 王賡武：《國際秩序的構建：歷史、現在和未來——當今世界秩序是好的秩序嗎？》，《外交評論》2015 年第 6 期，第 11—14 頁。

[353] 李揚帆：《「中華帝國」的概念及其世界秩序：被誤讀的天下秩序》。

[354] 李揚帆著：《湧動的天下：中國世界觀變遷史論（1500—1911）》，第 106 頁。

[355] 李揚帆：《「中華帝國」的概念及其世界秩序：被誤讀的天下秩序》。

[356] 李雲泉著：《朝貢制度史論——中國古代對外關係體制研究》，第 1—13 頁。

[357] 何芳川：《「華夷秩序」論》。

[358] 李雲泉著：《朝貢制度史論——中國古代對外關係體制研究》，第 6 頁。

第四節　崛起的中國與未來的國際秩序

[359]（美）費正清編：《中國的世界秩序：傳統中國的對外關係》，第 2 頁。
[360] 同上。
[361] 同上，第 7—8 頁。
[362] 謝俊美著：《東亞世界與近代中國》，第 140—146 頁。
[363] 崔丕著：《東北亞國際關係史研究》，長春：東北師範大學出版社 1992 年版，第 28—29 頁。
[364] 張鋒：《解構朝貢體系》，載周方銀、高程主編：《東亞秩序：觀念、制度與戰略》，第 85—113 頁；萬明：《重新思考朝貢體系》，第 114—129 頁。
[365]Hedley Bull，Anarchical Society：A Study of Order in World Politics，2nd edition（London：Macmillan，1995），p.11.
[366] 秦亞青著：《霸權體系與國際衝突》，上海：上海人民出版社 1999 年版，第 103—105 頁。
[367] 何芳川：《「華夷秩序」論》。
[368] 崔丕著：《東北亞國際關係史研究》，第 29 頁。
[369]（日）信夫清三郎編，天津社會科學院日本問題研究所譯：《日本外交史》（上），北京：商務印書館 1980 年版，第 29—30 頁。
[370] 余定邦：《中緬關係史》，北京：光明日報出版社 2000 年版，第 192 頁。
[371] 李雲泉著：《朝貢制度史論——中國古代對外關係體制研究》，第 70—71 頁。
[372] 戴逸著：《18 世紀的中國與世界》導言卷，瀋陽：遼海出版社 1999 年版，第 101 頁。也有韓國學者承認，中國同其藩屬國之間的貿易常常以朝貢和賞賜的形式進行，雖然是朝貢，其實對受賜方十分有利。參見具千書：《參雞湯——滋補的源泉》，《高麗亞那》2000 年夏季號，第 68—71 頁。
[373] 梁志明等著：《古代東南亞歷史與文化研究》，北京：崑崙出版社 2006 年版，第 98、102—110 頁。
[374]（美）費正清編：《中國的世界秩序：傳統中國的對外關係》，第 56 頁。
[375]（美）彼得·卡贊斯坦主編：《世界政治中的文明：多元多維的視角》，第 103 頁。
[376]（日）川島真著：《中國近代外交的形成》，第 23—24 頁。
[377] 戴可來：《略論古代中國和越南之間的宗藩關係》，《中國邊疆史地研究》2004 年第 2 期，第 115—120 頁。
[378] 文莊著：《中越關係兩千年》，北京：社會科學文獻出版社 2013 年版，第 51 頁。

[379] 劉禾：《帝國的話語政治：從近代中西衝突看現代世界秩序的形成》，第 123—124 頁。

[380]（美）費正清編：《中國的世界秩序：傳統中國的對外關係》，第 105—153 頁。

[381] 中日韓三國共同歷史編纂委員會著：《超越國境的東亞近現代史》（上），北京：社會科學文獻出版社 2013 年版，第 6 頁。

[382] 謝必震、胡新著：《中琉關係史料與研究》，北京：海洋出版社 2010 年版，第 5、26 頁。

[383] David C.Kang，「Authority and Legitimacy in International Relations：Evidence from Korean and Japanese Relations in Pre-Modern East Asia，」The Chinese Journal of International Politics，Vol.5，No.1（Spring 2012），pp.55-71.

[384] 中日韓三國共同歷史編纂委員會著：《超越國境的東亞近現代史》（上），第 17 頁。

[385]（美）費正清編：《中國的世界秩序：傳統中國的對外關係》，第 152 頁。

[386] 同上，第 154 頁。

[387]（美）費正清編：《中國的世界秩序：傳統中國的對外關係》，第 58 頁。

[388] 同上，第 29—57 頁。

[389] 吳志攀、李玉主編：《東亞的價值》，第 111 頁。

[390]（美）費正清編：《中國的世界秩序：傳統中國的對外關係》，第 58—80 頁。

[391] 同上，第 81—104 頁。

[392]（美）費正清編：《中國的世界秩序：傳統中國的對外關係》，第 148—149 頁。

[393] 謝必震、胡新著：《中琉關係史料與研究》，第 31 頁。

[394] 同上，第 295 頁。

[395] 張勇進、巴裡·布讚：《作為國際社會的朝貢體系》。

[396]（美）彼得·卡贊斯坦主編：《世界政治中的文明：多元多維的視角》，第 119 頁。

[397]（美）彼得·卡贊斯坦主編：《世界政治中的文明：多元多維的視角》，第 120—121 頁。

[398]（美）費正清編：《中國的世界秩序：傳統中國的對外關係》，第 136 頁。

[399] 同上，第 150 頁。

[400] 同上，第 9 頁。

[401]Gerrit Gong，The Standard of「Civilization」in International Society，pp.130-136.

[402]（美）亨利·季辛吉著：《世界秩序》，第 279 頁。

[403]（美）亨利·季辛吉著：《論中國》，第 27—49 頁。

[404] 張勇進、巴裡·布讚：《作為國際社會的朝貢體系》；Barry Buzan，「Approaches to Studying Regional International Society，」working paper for International Academic Workshop：Beyond History：Reconciliation，Cooperation and Social Integration in Northeast Asia，3 December 2011，Zhejiang University，Hangzhou，China；David C.Kang，「Authority and Legitimacy in International Relations：Evidence from Korean and Japanese Relations in Pre-Modern East Asia，」The Chinese Journal of International Politics，Vol.5，No.1（Spring 2012），p.56。

[405]（美）費正清著：《美國與中國》，第 156—147 頁。

[406]（日）濱下武志著：《近代中國的國際契機——朝貢貿易體系與近代亞洲貿易圈》，第 30 頁。

[407] 梁志明就認為，古代中國與絕大多數週邊國家之間的「宗藩關係」，並不是一種國際監護，而是平等的雙邊關係，因為中國對周邊國家採取了政治上不干涉的政策。參見梁志明等著：《古代東南亞歷史與文化研究》，第 98 頁。

[408] 茅海建著：《天朝的崩潰：鴉片戰爭再研究》（第二版），第 482 頁。

[409]（英）S.A.M. 艾茲赫德著，姜智芹譯：《世界歷史中的中國》，上海：上海人民出版社 2009 年版，第 5 頁。

[410]（美）戴維·萊克著，高婉妮譯：《國際關係中的等級制》，上海：上海世紀出版集團 2012 年版，《中文版序言》《英文版序言》《導論》。

[411]（美）約瑟夫·R. 列文森著，鄭大華譯：《儒教中國及其現代命運》，北京：中國社會科學出版社 2000 年版，第 87 頁。

[412] 楊倩如：《雙重視野下的古代東亞國際體系研究——在中外關係史與國際政治學之間》，《當代亞太》2013 年第 2 期，第 48 頁。

[413] 李揚帆著：《湧動的天下：中國世界觀變遷史論（1500—1911）》，第 797 頁。

[414] 趙汀陽著：《天下體系：世界制度哲學導論》，第 3 頁。

[415] 趙汀陽著：《天下的當代性：世界秩序的實踐與想像》，第 69 頁。

[416] 常宇鑫：《迎接挑戰，回歸中華秩序原理——訪近代史研究學者張啟雄》，《北京大學校報》2014 年 11 月 17 日。

[417] 參見干春松：《重回王道：儒家與世界秩序》，武漢：華中師範大學出版社 2012 年版。

[418] 許紀霖著：《家國天下——現代中國的個人、國家與世界認同》，第 441 頁。

[419] 趙汀陽著：《天下的當代性：世界秩序的實踐與想像》，第 69—70 頁。

[420] 王慶新：《儒家王道理想、天下主義與現代國際秩序的未來》，《外交評論》2016 年第 3 期，第 73—99 頁。

[421] 有學者把當時的國際體系稱為「西方殖民化國際社會」。參見（英）巴裡·布贊：《全球性變革與國際秩序的演進》，《外交評論》2015 年第 6 期，第 16 頁。

[422] 馮友蘭著：《中國哲學史》（下），第 353 頁。

[423] （美）亨利·季辛吉著：《論中國》，第 54 頁。

[424] 張忠紱編著：《中華民國外交史（1911—1921）》，第 1 頁。

[425] 劉利民著：《不平等條約與中國近代領水主權問題研究》，長沙：湖南人民出版社 2010 年版，載李育民著：《中外條約與近代中國研究叢書》，《總序》第 1 頁。

[426] （韓）金容九著：《世界觀衝突的國際政治學——東洋之禮與西洋公法》，第 55 頁。

[427] 李兆祥著：《近代中國的外交轉型研究》，第 33 頁。

[428] 張小明著：《美國與東亞關係導論》，北京：北京大學出版社 2011 年版，第 20—22 頁。

[429] 崔丕著：《東北亞國際關係史研究》，第 29 頁。

[430] Gordon H.Chang，Fateful Ties：A History of America』s Preoccupation with China（Cambridge， Massachusetts：Harvard University Press，2015），p.14.

[431] 《大清皇帝為開口貿易給英國國王的敕諭》，載中國第一歷史檔案館編：《英使馬戛爾尼訪華檔案史料彙編》，北京：國際文化出版公司 1996 年版，第 172—175 頁。

[432] 同上，第 213—214 頁。

[433] （美）馬士宓亨利著，姚曾廙譯：《遠東國際關係史》，上海：上海書店 1998 年版，第 11 頁。

[434] 參見（韓）金容九著：《世界觀衝突的國際政治學：東洋之禮與西洋公法》。

[435] （法）佩雷菲特著：《停滯的帝國：兩個世界的撞擊》，第 2 頁。

[436]Yongjin Zhang,「Curious and exotic encounters：Europeans as supplicants in the Chinese Imperium,1513-1793,」in Shogo Suzuki,Yongjin Zhang and Joel Quirk,eds.,International Orders in the Early Modern World：Before the Rise of the West（New York and London：Routledge,2014),pp.55-75.

[437]Gordon H.Chang,Fateful Ties：A History of America』s Preoccupation with China,pp.36-38.

[438]王鐵崖編：《中外舊約章彙編》（第一冊），北京：三聯書店1957年版，第54頁。

[439]（美）魏斐德著：《中華帝國的衰落》，第140頁。

[440]Yongjin Zhang,China in the International System,1918-1920：The Middle Kingdom at the Periphery（Basingstoke：Macmillan in association with St.Antony』s College,Oxford,1991),p.16；Shogo Suzuki,Civilization and Empire：China and Japan』s Encounter with European International Society（London and New York：Routledge,2009),p.58.

[441]徐國楨：《中國外交失敗史（1840—1928）》，北京：知識產權出版社2015年版，第27頁。

[442]臧運祜著：《20世紀的中國與世界》，第9頁。

[443]（美）傅高義著，谷英、張柯、丹柳譯：《日本第一：對美國的啟示》，上海：上海譯文出版社2016年版，第211頁。

[444]（英）巴裡·布讚：《全球性變革與國際秩序的演進》。

[445]中日韓三國共同歷史編纂委員會著：《超越國境的東亞近現代史》（上），北京：中國社會科學文獻出版社2013年版，第41—42頁。

[446]劉杰、（日）川島真編，韋平和、徐麗媛等譯：《對立與共存的歷史認識——日中關係150年》，北京：社會科學文獻出版社2015年版，第55—59頁。

[447]Shogo Suzuki,Civilization and Empire：China and Japan』s Encounter with European International Society（London and New York：Routledge,2009).

[448]（美）亨利·季辛吉著：《論中國》，第51頁。

[449]Ssu-yu Teng and John K.Fairbank,China』s Response to the West：A Documentary Survey,1839-1923（Cambridge,Massachusetts：Harvard University Press,1979),p.119.

[450]（日）村田忠禧著，韋平和等譯：《日中領土爭端的起源：從歷史檔案看釣魚島問題》，北京：社會科學文獻出版社 2013 年版，第 124 頁。

[451] 同上，第 117—149 頁。

[452] 蔣廷黻著：《中國近代史》，第 82 頁。

[453] 中日韓三國共同歷史編纂委員會著：《超越國境的東亞近現代史》（上），第 78 頁。

[454]Barry Buzan，「Approaches to Studying Regional International Society，」working paper for International Academic Workshop：Beyond History：Reconciliation，Cooperation and Social Integration in Northeast Asia，3 December 2011，Hangzhou，China.

[455]（美）費正清編：《中國的世界秩序：傳統中國的對外關係》，第 4 頁。

[456]（美）亨利·季辛吉著：《論中國》，第 50 頁。

[457]Brantly Womack，「Asymmetry and China』s Tributary System，」The Chinese Journal of International Politics，Vol.5，No.1（Spring 2012），p.44.

[458] 蔣廷黻著：《中國近代史》，第 7 頁。

[459] 徐國楨著：《中國外交失敗史（1840—1928）》，第 10—19 頁。

[460] 謝俊美著：《東亞世界與近代中國》，第 172 頁。

[461] 李兆祥著：《近代中國的外交轉型研究》，王建朗《序》第 2 頁。

[462]（美）費正清編：《中國的世界秩序：傳統中國的對外關係》，第 277 頁。

[463]（美）費正清編：《中國的世界秩序：傳統中國的對外關係》，第 278 頁。

[464]Ssu-yu Teng and John K.Fairbank，China』s Response to the West：A Documentary Survey，1839-1923，p.197.

[465]（美）費正清編：《中國的世界秩序：傳統中國的對外關係》，第 301 頁。

[466]（美）亨利·季辛吉著：《論中國》，第 49 頁。

[467]（美）費正清編：《中國的世界秩序：傳統中國的對外關係》，第 283—288 頁。

[468]（美）費正清編《中國的世界秩序：傳統中國的對外關係》，第 280 頁。

[469] 同上，第 280—281 頁。

[470]（日）川島真著：《中國近代外交的形成》，第 7 頁。

[471] 茅海建著：《天朝的崩潰：鴉片戰爭再研究》（第二版），第 497 頁。

[472] 雷頤著：《李鴻章與晚清四十年》，第 100 頁。

[473] 閭小波著：《近代中國民主觀念之生成與流變：一項觀念史的考察》，第 14 頁。

第四節　崛起的中國與未來的國際秩序

[474] 李兆祥著：《近代中國的外交轉型研究》，第 4 頁。

[475] 中日韓三國共同歷史編纂委員會著：《超越國境的東亞近現代史》（上），第 30 頁。

[476] 李兆祥著：《近代中國的外交轉型研究》，第 132 頁。

[477]1911 年（宣統三年）辛亥革命之後，南京臨時政府成立，其後在南京設立了外交部。1912 年（民國元年），在清帝退位和中華民國政府遷都北京之後，北京政府的外務部改為外交部，形成了基本上符合國際外交通例的近代化的中國外交制度，儘管中國的半殖民地本質沒有發生根本性變化。其後發展為中華民國南京國民政府外交部、中華人民共和國外交部。

[478] 李兆祥著：《近代中國的外交轉型研究》，第 202 頁。

[479] 鐘叔河著：《走向世界：近代知識分子考察西方的歷史》，第 73—86 頁。

[480] 王立誠著：《近代中外關係史治要》，上海：上海人民出版社 2012 年版，第 36—48 頁。

[481]Ssu-yu Teng and John K.Fairbank，China』s Response to the West：A Documentary Survey，1839-1923，pp.97-108.

[482] 謝俊美著：《東亞世界與近代中國》，第 67 頁。

[483] 梁伯華著：《近代中國外交的巨變——外交制度與中外關係的研究》，臺北：臺商務印書館 1990 年版，第 55 頁。

[484] 李文杰著：《中國近代外交官群體的形成（1861—1911）》，第 397—407 頁。

[485]（日）川島真著：《中國近代外交的形成》，第 106 頁。

[486] 高克著：《外交家與戰爭——顧維鈞的外交理念及外交技巧》，上海：上海人民出版社 2016 年版，唐振常所作《序》第 2 頁。

[487] 王鐵崖：《中國與國際法——歷史與當代》，載《中國國際法年刊》（1991 年），北京：中國對外翻譯出版公司 1992 年版，第 22 頁。

[488] 林學忠著：《從萬國公法到公法外交：晚清國際法的傳入、詮釋與應用》，上海：上海古籍出版社 2009 年版，第 249—253 頁；熊月之著：《西學東漸與晚清社會》（修訂版），北京：中國人民大學出版社 2011 年版，第 178 頁。

[489]（美）惠頓著，（美）丁韙良譯，何勤華點校：《萬國公法》，北京：中國政法大學出版社 2003 年版；王文兵著：《丁韙良與中國》，北京：外語教學與研究出版社 2008 年版。

[490] 楊澤偉著：《國際法析論》（第三版），第 506 頁。

[491] 楊澤偉著：《國際法析論》（第三版）第 522—523 頁。

[492] 同上，第 523—524 頁。

[493] 田濤著：《國際法輸入與晚清中國》，濟南：濟南出版社 2001 年版，第 141 頁。

[494] 楊澤偉著：《國際法析論》（第三版），第 514—515 頁。

[495]（日）川島真著：《中國近代外交的形成》，第 66 頁。

[496] 同上，第 15 頁。

[497]（日）川島真著：《中國近代外交的形成》，第 192—193 頁。

[498] 同上，第 198—229 頁。

[499] 楊澤偉著：《國際法析論》（第三版），第 512—513 頁。

[500]（日）川島真著：《中國近代外交的形成》，第 282 頁。

[501] 李育民著：《近代中國的條約制度》，長沙：湖南師範大學出版社 1995 年，第 455 頁。

[502]1916 年，袁世凱死後，黎元洪和馮國璋先後擔任總統，段祺瑞任總理。——本書作者注。

[503]（美）徐國琦著：《中國與大戰：尋求新的國家認同與國際化》，第 121—158 頁；蔣廷黻著：《國士無雙——蔣廷黻回憶錄》，第 64—72 頁。

[504] 李學通、古為明編著：《中國德奧戰俘營》，福州：海峽出版集團、福建教育出版社 2010 年版。

[505]（美）徐國琦著：《中國與大戰：尋求新的國家認同與國際化》，第 184—188 頁。

[506]（美）徐國琦著：《中國與大戰：尋求新的國家認同與國際化》，第 285 頁。

[507] 洪嵐著：《南京國民政府的國聯外交》，北京：中國社會科學出版社 2010 年版，第 232 頁；王建朗著：《中國廢除不平等條約的歷程》，第 106 頁。

[508] 羅志田著：《激變時代的文化與政治：從新文化運動到北伐》，北京：北京大學出版社 2006 年版，第 322—323 頁。

[509] 王立誠著：《近代中外關係史治要》，第 111 頁。

[510] 李兆祥著：《近代中國的外交轉型研究》，第 349 頁。

[511] 謝俊美著：《東亞世界與近代中國》，第 273 頁。

[512] 同上，第 132—133 頁。

[513] 參見（美）夏偉、（美）魯樂漢著：《富強之路——從慈禧開始的長征》。

[514] 許紀霖著：《家國天下——現代中國的個人、國家與世界認同》，第 415 頁。

[515] 金光耀、欒景河主編：《民族主義與近代外交》，上海：上海古籍出版社 2014 年版，第 77 頁。

[516]（美）徐國琦著：《中國與大戰：尋求新的國家認同與國際化》，第 54 頁。

[517] 謝俊美著：《東亞世界與近代中國》，第 272 頁。

[518]（美）司徒雷登著，常江譯：《在華五十年》，海口：海南出版社 2010 年版，第 97 頁。

[519]（美）徐國琦著：《中國與大戰：尋求新的國家認同與國際化》，第 19 頁。

[520] 同上，第 23 頁。

[521] 同上，第 24—25 頁。

[522]（美）徐國琦著：《中國與大戰：尋求新的國家認同與國際化》，第 25—28 頁。

[523] 同上，第 58 頁；金光耀、欒景河主編：《民族主義與近代外交》，第 5—6 頁。

[524] 許紀霖著：《家國天下——現代中國的個人、國家與世界認同》，第 74—110 頁。

[525]（美）徐國琦著：《中國與大戰：尋求新的國家認同與國際化》，第 51 頁。

[526] 羅志田著：《激變時代的文化與政治：從新文化運動到北伐》，第 1 頁。

[527] 蔣廷黻著：《國士無雙——蔣廷黻回憶錄》，第 80 頁。

[528] Hedley Bull and Adam Watson，eds.，The Expansion of International Society（Oxford：Oxford University Press，1984），p.123.

[529] 尹新華：《國際公約與晚清中國融入國際社會》，《歷史教學》2012 年第 2 期，第 30 頁。

[530]（日）川島真著：《中國近代外交的形成》，第 68 頁。

[531] 吳志攀、李玉主編：《東亞的價值》，第 161 頁。

[532] 同上，第 163 頁。

[533]（美）徐國琦著：《中國與大戰：尋求新的國家認同與國際化》，第 61 頁。

[534]（日）川島真著：《中國近代外交的形成》，第 68 頁。

[535]（美）徐國琦著：《中國與大戰：尋求新的國家認同與國際化》，第 8 頁。

[536] Yongjin Zhang，China in International Society since 1949：Alienation and Beyond（Basingstoke：Macmilian Press，Ltd.，in association with St.Anthony』s College，Oxford，1998），pp.13-15.

[537] 張忠紱編著：《中華民國外交史（1911—1921）》，第 218—219 頁。

[538] 同上，第 224 頁。

[539] 中日韓三國共同歷史編纂委員會著：《超越國境的東亞近現代史》（上），第 146—147 頁。

[540] 施肇基、金問泗著：《施肇基早年回憶錄、外交工作的回憶》，第 212 頁。

[541] 牛軍主編：《歷史的回聲：二戰遺產與現代東亞秩序》，第 338 頁。

[542] 陳永祥著：《宋子文與美援外交》，第 261 頁。

[543] 牛軍主編：《歷史的回聲：二戰遺產與現代東亞秩序》，第 338 頁。

[544] 同上，第 338—339 頁；陳永祥著：《宋子文與美援外交》，第 262 頁。

[545] 王鐵崖主編：《中外舊約章彙編》（第三卷），北京：三聯書店 1962 年版，第 1250—1260、1263—1269 頁，載牛軍主編：《歷史的回聲：二戰遺產與現代東亞秩序》，第 339 頁。

[546] 牛軍主編：《歷史的回聲：二戰遺產與現代東亞秩序》，第 339—340 頁。

[547] 同上，第 196 頁。

[548] John K.Fairbank，China Perceived：Images and Policies in Chinese-American Relations（New York：Alfred A.Knopf，Inc.，1974），p.126.

[549] 劉利民著：《不平等條約與中國近代領水主權問題研究》，李育民《總序》第 2—3 頁。

[550] （美）陶涵著，林添貴譯：《蔣介石與現代中國》，北京：中信出版社 2012 年版，第 188 頁。

[551] 同上。

[552] （英）巴裡·布讚：《全球性變革與國際秩序的演進》。

[553] 牛軍著：《冷戰與中華人民共和國外交的緣起（1949—1955）》，北京：社會科學文獻出版社 2012 年版，第 2 頁。

[554] Yongjin Zhang，China in International Society since 1949：Alienation and Beyond（Basingstoke：Macmilian Press，Ltd.，in association with St.Anthony』s College，Oxford，1998），pp.17-58.

[555] Alan James，Sovereign Statehood：The Basis of International Society（London：Allen & Unwin，1986），pp.273-274.

[556] 王逸舟、譚秀英主編：《中國外交六十年（1949—2009）》，第 21 頁。

[557] 牛軍認為，中華人民共和國外交是典型的革命外交，是對過去外交的否定：「中華人民共和國對外關係是同中國革命運動聯繫在一起的，而不是同建國前歷屆政府的外交聯繫在一起的；它是基於對此前中國外交的徹底否定和深刻批判，而不是此前中國外交的自動延續或有意繼承。」參見牛軍編著：《中華人民共和國對外關係史概論（1949—2000）》，第 4—5 頁。

[558] 韓念龍主編：《當代中國外交》，第 5 頁。

第四節　崛起的中國與未來的國際秩序

[559] 韓念龍主編：《當代中國外交》，第 5—6 頁。

[560] 中華人民共和國外交部、中央文獻研究室編：《周恩來外交文選》，第 48—49 頁。

[561] 同上，第 50 頁。

[562] 其中英國、挪威和荷蘭在 1950 年初，先後承認中華人民共和國，但由於三國就恢復中國在聯合國的合法席位問題上投棄權票或反對票，直到 1954 年，才與中國建立外交關係，但是英國、荷蘭與中國互設代辦處，屬於「半建交」。

[563] 韓念龍主編：《當代中國外交》，第 477—478 頁。

[564] 同上，第 14—15 頁。

[565] 李鐵城、鄧秀杰編著：《聯合國簡明教程》，北京：北京大學出版社 2015 年版，第 330 頁。

[566] 中華人民共和國外交部、中央文獻研究室編：《毛澤東外交文選》，第 80 頁。

[567] 中華人民共和國外交部、中央文獻研究室編：《周恩來外交文選》，第 16—17 頁。

[568] 凌青著：《從延安到聯合國——凌青外交生涯》，第 68 頁。

[569] 同上，第 70 頁。

[570] 同上，第 65 頁。

[571] 趙可金著：《當代中國外交制度的轉型與定位》，第 106 頁。

[572] 王逸舟、譚秀英主編：《中國外交六十年（1949—2009）》，第 92 頁。

[573] 張清敏：《外交學學科定位、研究對象及近期研究議程》，《國際政治研究》2012 年第 4 期，第 3—22 頁。

[574] 王鐵崖主編：《國際法》，北京：法律出版社 1981 年版，第 319 頁。

[575] 王鐵崖主編：《國際法》，第 323 頁。

[576] 同上，第 345—346、357—358 頁。．

[577] 張植榮著：《中國邊疆與民族問題：當代中國的挑戰及其歷史由來》，北京：北京大學出版社 2005 年版，第 42—82 頁。

[578] 韓念龍主編：《當代中國外交》，第 484—487 頁。

[579] 張小明：《冷戰時期中華人民共和國的四次對外戰略抉擇》，載劉山、薛君度主編：《中國外交新論》，北京：世界知識出版社 1997 年版，第 1—20 頁。

[580] 毛澤東：《論人民民主專政》，載《毛澤東選集》（第四卷），北京：人民出版社 1991 年版，第 1472—1475 頁。

[581] 張小明著：《冷戰及其遺產》，上海：上海人民出版社 1998 年版，第 251—258 頁。

[582] 何春超、張季良主編：《國際關係史資料選編》，北京：法律出版社 1988 年版，第 189—190 頁。

[583] 中華人民共和國外交部、中央文獻研究室編：《周恩來外交文選》，第 6 頁。

[584] 牛軍著：《冷戰與中華人民共和國外交的緣起（1949—1955）》，第 163 頁。

[585] （美）喬納森波拉克：《朝鮮戰爭和中美關係》，載袁明、（美）哈里·哈丁主編：《中美關係史上沉重的一頁》，北京：北京大學出版社 1989 年版，第 308 頁。

[586] （美）孔華潤著，張靜爾譯：《美國對中國的反應——中美關係的歷史剖析》，上海：復旦大學出版社 1989 年版，第 197 頁。

[587] 趙磊著：《建構和平：中國對聯合國外交行為的演進》，北京：九州出版社 2007 年版，第 45—47 頁。

[588] 同上，第 48—49 頁。

[589] 趙磊著：《建構和平：中國對聯合國外交行為的演進》，第 71—87 頁。

[590] 韓念龍主編：《當代中國外交》，第 476—477 頁。

[591] 張小明著：《冷戰及其遺產》，第 295—301 頁。

[592] 韓念龍主編：《當代中國外交》，第 161—162 頁。

[593] 遲愛萍：《毛澤東國際戰略思想的演變》，《黨的文獻》1994 年第 3 期，第 40—50 頁。

[594] 楊公素著：《滄桑百年——楊公素回憶錄》，第 150 頁。

[595] 同上，第 150—151 頁。

[596] 謝益顯著：《當代中國外交思想史》，開封：河南大學出版社 1999 年版，第 244—245 頁。

[597] 楊公素著：《滄桑百年——楊公素回憶錄》，第 159 頁。

[598] 劉金質、張敏秋、張小明著：《當代中韓關係》，北京：中國社會科學出版社 1998 年版，第 43 頁。

[599] 李肇星著：《說不盡的外交——我的快樂記憶》，北京：中信出版社 2014 年版，第 151—152 頁。

[600] Odd Arne Westad，Restless Empire：China and the World since 1750（London：The Bodley Head，2012），p.333、p.363.

[601] 黃華著：《親歷與見聞——黃華回憶錄》，第135—139頁；冀朝鑄著：《從紅牆翻譯到外交官：冀朝鑄口述回憶錄》，太原：山西人民出版社2012年版，第265—282頁。

[602] 王永欽：《1969年：中美關係的轉折點》，《黨的文獻》1995年第6期，第80頁。

[603] 毛澤東：《毛澤東選集》（第四卷），第1193頁。

[604] 牛軍著：《冷戰與中華人民共和國外交的緣起（1949—1955）》，第119—120頁。

[605] 同上，第120—121頁。

[606] 李捷：《世界多極化趨勢與毛澤東的三個世界劃分理論》，載劉山、薛君度主編：《中國外交新論》，第27頁。

[607] 同上。

[608] 李捷：《世界多極化趨勢與毛澤東的三個世界劃分理論》。

[609] Shu Guang Zhang, Beijing's Economic Statecraft during the Cold War, 1949-1991 (Washington, D.C.: Woodrow Wilson Centre Press, and co-published by Johns Hopkins University Press, Baltimore, 2014), p.101.

[610] 袁正清、宋曉芹：《理解和平共處五項原則的傳播：國際規範擴散的視角》，《國際政治研究》2015年第5期，第66—81頁。

[611] 黃華著：《親歷與見聞——黃華回憶錄》，第108—109頁。

[612] 冀朝鑄著：《從紅牆翻譯到外交官：冀朝鑄口述回憶錄》，第40頁；（美）徐中約著，計秋楓、朱慶葆譯：《中國近代史》（第六版），北京：世界圖書出版公司2008年版，第533頁。

[613] 韓念龍主編：《當代中國外交》，第477—479頁。

[614] 中華人民共和國外交部、中央文獻研究室編：《毛澤東外交文選》，第263—274頁。

[615] 中華人民共和國外交部、中央文獻研究室編：《毛澤東外交文選》，第554頁。

[616] Shu Guang Zhang, Beijing's Economic Statecraft during the Cold War, 1949-1991 (Washington, D.C.: Woodrow Wilson Centre Press, and co-published by Johns Hopkins University Press, Baltimore, 2014), pp.253-254.

[617] 劉金質、梁守德、楊淮生主編：《國際政治大辭典》，北京：中國社會科學出版社1994年版，第5頁。

[618] John Spanier，American Foreign Policy since World War II，12 th（Washington，D.C.，Congressional Quarterly，Inc.1991），p.135；W.Scott Thompson，ed.，The Third World：Premises of U.S.Policy，revised edition （San Francisco，California：ICS Press，1983），p.20.

[619] 劉金質、梁守德、楊淮生主編：《國際政治大辭典》，第 5 頁。

[620] 梁守德、劉金質、李石生主編：《世界政治與國際關係》，武漢：湖北人民出版社 1987 年版，第 262—280 頁。

[621] 張小明著：《冷戰及其遺產》，第 222—223 頁。

[622] 劉山、薛君度主編：《中國外交新論》，第 29—30 頁；中華人民共和國外交部、中央文獻研究室編：《毛澤東外交文選》，第 514 頁。

[623] 中華人民共和國外交部、中央文獻研究室編：《毛澤東外交文選》，第 600—601 頁。

[624] 宮力：《劃分三個世界戰略思想的歷史考察》，《黨的文獻》1993 年第 4 期，第 33—38 頁。

[625] 同上。

[626] 劉山、薛君度主編：《中國外交新論》，第 32 頁。

[627] 同上。

[628] Kai Alderson and Andrew Hurrell，eds.，Hedley Bull on International Society（Basingstoke：Macmillan Press，Ltd.，2000），p.170，「Introductory note」.

[629] Hedley Bull，「The Revolt against the West，」in Hedley Bull and Adam Watson，eds.，The Expansion of International Society（Oxford：Oxford University Press，1984），pp.217-228.

[630] Hedley Bull and Adam Watson，eds.，The Expansion of International Society，p.227、p.229、p.257、p.277.

[631] Hedley Bull，Justice in International Relations，the Hager Lectures，reprinted in Kai Alderson and Andrew Hurrell，eds.，Hedley Bull on International Society，p.239.

[632] Hedley Bull，「The Twenty Years』Crisis Thirty Years on，」International Journal，Vol.xxiv，No.4（Autumn 1969），pp.625-638，reprinted in Kai Alderson and Andrew Hurrell，eds.，Hedley Bull on International Society，p.133、135-136.

[633]Coral Bell,「China and the International Order,」in Hedley Bull and Adam Watson, eds., The Expansion of International Society, p.255.

[634]（美）司徒雷登著：《在華五十年》，第 252 頁。

[635]（美）徐中約著：《中國近代史》（第六版），第 735—759 頁。

[636]（美）亨利·季辛吉著：《論中國》，第 195—196 頁。

[637] 中華人民共和國外交部、中央文獻研究室編：《毛澤東外交文選》，第 593 頁。

[638] 韓念龍主編：《當代中國外交》，第 218—222 頁。

[639] 木君：《重大歷史決策——論毛澤東打開中美關係的戰略決策與策略思想》，載裴堅章主編：《毛澤東外交思想研究》，北京：世界知識出版社 1994 年版，第 179 頁。

[640]2009 年 1 月 12—13 日，季辛吉在北京參加中美建交 30 週年學術大會的發言中，就稱自己是「出於地緣政治的需要而開始對中國進行研究的」。美國前總統卡特也說，當 1978 年中美之間就建立外交關係而進行談判的時候，「由於當時正處於冷戰期間，我所關心的其中一個問題就是美中關係正常化對前蘇聯總統布里茲涅夫的負面影響，我擔心他可能會認為（而他確實是這樣認為的）美國和中國聯合起來共同對抗他和蘇聯人民」。參見美國駐華大使館新聞文化處編：《新交流》2009 年夏季刊，第 6—7 頁。

[641]「中國同各國建交日期一覽表」，載韓念龍主編：《當代中國外交》，第 476—483 頁。

[642] 王逸舟、譚秀英主編：《中國外交六十年（1949—2009）》，第 28 頁。

[643]Yongjin Zhang, China in International Society since 1949: Alienation and Beyond (Basingstoke: Macmilian Press, Ltd., in association with St.Anthony』s College, Oxford, 1998), p.76.

[644] 黃華著：《親歷與見聞——黃華回憶錄》，第 166 頁。

[645] 裴堅章主編：《中華人民共和國外交史 1949—1956》，第 366—387 頁。

[646]（美）理查德·尼克森著，裘克安等譯：《尼克森回憶錄》（中冊），北京：商務印書館 1979 年版，第 231 頁。

[647] 李鐵城著：《聯合國五十年》（第二版增訂本），北京：中國書籍出版社 1996 年版，第 416 頁。

[648] 李鐵城主編：《走近聯合國》，北京：人民出版社 2008 年版，第 343 頁。

[649] 李鐵城、錢文榮主編：《聯合國框架下的中美關係》，北京：人民出版社 2006 年版，第 33—35 頁。

[650]G.Chan，China and International Organizations：Participation in Non-governmental Organizations since 1971（Hong Kong：Oxford University Press，1989）.

[651]韓念龍主編：《當代中國外交》，第484—491。

[652]黃華著：《親歷與見聞——黃華回憶錄》，第186頁。

[653]Coral Bell，「China and the International Order，」in Hedley Bull and Adam Watson，eds.，The Expansion of International Society，pp.255-267；Hedley Bull，「Report by Professor Bull，」28 Oct.1973，Hedley Bull Papers，Box 4，File II，Bodleian Library，Oxford University.

[654]Geoffrey Goodwin，「International Institutions and International Order，」in Alan James，ed.，The Bases of International Order：Essays in Honor of C.A.W.Manning（London：Oxford University Press，1973），p.184.

[655]Hedley Bull，Anarchical Society：A Study of Order in World Politics，2nd ed.（London：Macmillan，1995），p.286.

[656]Martin Wight，「The Balance of Power and International Order，」in Alan James，ed.，The Bases of International Order：Essays in Honor of C.A.W.Manning（London：Oxford University Press，1973），p.114.

[657]Barry Buzan，「Approaches to Studying Regional International Society，」working paper for International Academic Workshop：Beyond History：Reconciliation，Cooperation and Social Integration in Northeast Asia，3 December 2011，Zhejiang University，Hangzhou，China.

[658]（美）伊麗莎白·埃克諾米、（美）米歇爾·奧克森伯格主編：《中國參與世界》，《序》第1頁。

[659]David Shambaugh，China Goes Global：The Partial Power（Oxford：Oxford University Press，2013），p.309.

[660]《中國共產黨第十一屆中央委員會第三次全體會議決議》，《人民日報》1978年12月22日。

[661]（美）徐中約著：《中國近代史》（第六版），第563頁。

[662]田曾佩主編：《改革開放以來的中國外交》，第8頁。

[663]http：//news.ifeng.com/shendu/zgxwzk/detail_2013_05/27/25768519_1.shtml

第四節　崛起的中國與未來的國際秩序

[664] 田曾佩主編：《改革開放以來的中國外交》，第 1—7 頁；韓念龍主編：《當代中國外交》，第 337—341 頁。

[665] 牛軍著：《中華人民共和國對外關係史概論（1949—2000）》，第 257—258 頁。

[666] 田曾佩主編：《改革開放以來的中國外交》，第 616 頁。

[667] 同上，第 616—617 頁。

[668] 同上，第 617 頁。

[669] 田曾佩主編：《改革開放以來的中國外交》，第 628—631 頁；張小明著：《中國周邊安全環境分析》，北京：中國國際廣播出版社 2003 年版，第 64—72 頁。

[670] 田曾佩主編：《改革開放以來的中國外交》，第 618 頁。

[671] 數據統計來自《中國參加多邊國際公約情況一覽表（1875—2003）》，中國外交部網站，http://www.fmprc.gov.cn/mfa_chn/ziliao_611306/tytj_611312/tyfg_611314/t4985.shtml

[672] 田曾佩主編：《改革開放以來的中國外交》，第 618—625 頁。

[673] Xue Hanqin，「China and International Law：60 Years in Review，」Chatham House International Law Summary（8 March 2013），載何志鵬、孫璐：《中國的國際法觀念：基於國際關係史的分析》，載劉志雲主編：《國際關係與國際法學刊》，廈門：廈門大學出版社 2015 年版，第 45 頁。

[674] 何志鵬、孫璐：《中國的國際法觀念：基於國際關係史的分析》。

[675] 田曾佩主編：《改革開放以來的中國外交》，第 643—645 頁。

[676] 該統計數據來自《中華人民共和國與各國建立外交關係日期簡表》，中國外交部網站，http://www.fmprc.gov.cn/mfa_chn/ziliao_611306/2193_611376/

[677] 田曾佩主編：《改革開放以來的中國外交》，第 600—614 頁。

[678] 趙可金著：《當代中國外交制度的轉型與定位》，第 430 頁。

[679] 同上，第 286 頁。

[680] 同上，第 291—296 頁。

[681] 趙可金著：《當代中國外交制度的轉型與定位》，第 294—296 頁。

[682] 同上，第 373 頁。

[683] 李鐵城主編：《聯合國裡的中國人（1945—2003）》，北京：人民出版社 2004 年版，《前言》第 11 頁。

[684]（美）伊麗莎白·埃克諾米、（美）米歇爾·奧克森伯格主編：《中國參與世界》，第 50 頁。

[685] 同上，第 48 頁。

[686] 李鐵城主編：《走近聯合國》，第 347—373 頁。

[687] 《中國代表團出席聯合國有關會議文件集（1981.7—12）》，北京：世界知識出版社 1982 年版，第 130 頁。

[688] 趙磊著：《建構和平：中國對聯合國外交行為的演進》，第 192—204 頁；國務院新聞辦公室：《2000 年中國國防》白皮書，2000 年 10 月 16 日。

[689] Barry Buzan, From International to World Society?English School Theory and the Social Structure of Globalization（Cambridge：Cambridge University Press，2004），pp.161-204；（英）巴裡布讚：《英國學派及其當下發展》。

[690] （美）伊麗莎白·埃克諾米、（美）米歇爾·奧克森伯格主編：《中國參與世界》，第 165 頁。

[691] 李肇星著：《說不盡的外交——我的快樂記憶》，第 49 頁。

[692] 王逸舟主編：《磨合中的建構：中國與國際組織關係的多視角透視》，第 193 頁。

[693] （美）伊麗莎白·埃克諾米、（美）米歇爾·奧克森伯格主編：《中國參與世界》，第 173—174 頁。

[694] 同上，第 175 頁。

[695] 同上，第 174 頁。

[696] 同上，第 209 頁。

[697] （美）伊麗莎白·埃克諾米、（美）米歇爾·奧克森伯格主編：《中國參與世界》，第 211 頁。

[698] 牛軍著：《中華人民共和國對外關係史概論（1949—2000）》，第 284 頁。

[699] （美）伊麗莎白·埃克諾米、（美）米歇爾·奧克森伯格主編：《中國參與世界》，第 105—106 頁。

[700] Rosemary Foot and Andrew Walter, China, the United States, and Global Order, p.135.

[701] Ibid., p.143、p.158.

[702] 《人民日報》1993 年 4 月 22 日，第 6 版。

[703] 《光明日報》1998 年 6 月 4 日，第 1 版。

[704] （美）伊麗莎白·埃克諾米、（美）米歇爾·奧克森伯格主編：《中國參與世界》，第 94—131 頁。

[705] 鄧小平著：《鄧小平文選》（第三卷），第 125 頁。

[706] 該數據統計來自《中國參加多邊國際公約情況一覽表（1875—2003）》，中國外交部網站，http：//www.fmprc.gov.cn/mfa_chn/ziliao_611306/tytj_611312/tyfg_611314/t4985.shtml

[707] 董雲虎：《中國人權發展史上的一個重要里程碑——〈中國的人權狀況〉白皮書發表十週年回顧》，《人權》2002 年第 1 期，第 25 頁。

[708]（美）伊麗莎白·埃克諾米、（美）米歇爾·奧克森伯格主編：《中國參與世界》，第 141 頁。

[709] 同上。

[710] 同上。

[711] 同上。

[712]Titus C.Chen and Dingding Chen，eds.，International Engagement in China』s Human Rights（London and New York：Routledge，2016），pp.10-44.

[713] 魏敏：《人權的國際保護與不干涉內政》，《人民日報》1991 年 4 月 26 日；楊澤偉著：《國際法析論》（第三版），第 224—226、229—231 頁。

[714] 宋海嘯著：《中國外交決策模式》，北京：時事出版社 2016 年版，第 18—21 頁。

[715] 林尚立著：《當代中國政治形態研究》，天津：天津人民出版社 2000 年版，第 66 頁。

[716] 李鐵映著：《論民主》，北京：中國人民大學出版社 2007 年版，第 317 頁。

[717] 閆小波著：《近代中國民主觀念之生成與流變：一項觀念史的考察》，第 101 頁。

[718] 同上，第 227 頁。

[719] 毛澤東著：《毛澤東選集》（第三卷），第 1103 頁。

[720] 鄧小平著：《鄧小平文選》（第二卷），北京：人民出版社 1985 年版，第 320—343 頁。

[721] 趙可金著：《當代中國外交制度的轉型與定位》，第 361 頁。

[722] 中央文獻研究室編：《鄧小平年譜（1975—1997）》（上），北京：中央文獻出版社 2004 年版，第 662 頁。

[723] 鄧小平著：《鄧小平文選》（第三卷），第 240 頁。

[724] 田紀雲：《回憶與喬石同志相處的歲月》，《南方週末》2011 年 12 月 8 日，副刊。

[725]（美）瑪莎·芬尼莫爾著：《干涉的目的：武力使用信念的變化》，第 126 頁。

[726]（美）伊麗莎白·埃克諾米、（美）米歇爾·奧克森伯格主編：《中國參與世界》，第 56 頁。

[727] 錢其琛著：《外交十記》，第 186—188 頁。

[728]Rosemary Foot and Andrew Walter，China，the United States，and Global Order，pp.47-48.

[729] 國務院新聞辦公室：《中國的人權狀況》，北京：中央文獻出版社 1991 年版，第 70 頁。

[730] 楊澤偉著：《國際法析論》（第三版），第 228 頁。

[731] 張海濱著：《環境與國際關係：全球環境問題的理性思考》，上海：上海人民出版社 2008 年版，第 5 頁。

[732] 張海濱著：《環境與國際關係：全球環境問題的理性思考》，第 6—8 頁。

[733]（美）伊麗莎白·埃克諾米、（美）米歇爾·奧克森伯格主編：《中國參與世界》，第 300 頁。

[734] 張海濱著：《環境與國際關係：全球環境問題的理性思考》，第 64—95 頁。

[735] 趙可金著：《當代中國外交制度的轉型與定位》，第 352 頁。

[736] 秦亞青等主編：《國際體系與中國外交》，第 5 頁。

[737] 錢其琛著：《外交十記》，第 165 頁。

[738] 牛軍著：《中華人民共和國對外關係史概論（1949—2000）》，第 309 頁。

[739] 李肇星著：《說不盡的外交——我的快樂記憶》，第 227—233 頁。

[740] 鄧小平：《鄧小平文選》（第三卷），第 321 頁。

[741] 牛軍著：《中華人民共和國對外關係史概論（1949—2000）》，第 305—306 頁。

[742] 張海濱著：《環境與國際關係：全球環境問題的理性思考》，第 81—95 頁。

[743]William H.Overholt，The Rise of China：How Economic Reform Is Creating a New Superpower（New York：W.W.Norton & Company，Inc.，1993）. 該書的中文版於 1996 年由中央編譯出版社出版。即（美）威廉·奧弗霍爾特著，達洲譯：《中國的崛起：經濟改革正在如何造就一個新的超級強國》，北京：中央編譯出版社 1996 年版。雖然奧弗霍爾特並非最早使用「中國崛起」的人，但是可能正是他這本書引發了冷戰以後有關「中國崛起」的討論以及「中國崛起」這一概念的流行。據筆者查閱，1941 年、1943 年、1959 年、1962 年、1964 年、1970 年、1989 年出版的許多英文著作中都包含「中國崛起」這個概念。如 Chiang，May-ling Soong，China Shall Rise Again（London：Hurst & Blackett，Ltd.，1941）；William F.Burbidge，Rising China：A Brief History of China

and a Biographical Sketch of Generalissimo and Madame Chiang Kai-Shek（London，1943）；Arthur Doak Barnett，Communist Economic Strategy：The Rise of Mainland China（Washington，DC：National Planning Association，1959）；Victor Purcell，The Rise of Modern China（London：Routledge and Kegan Paul，1962）；Wayne Ayres Wilcox，India，Pakistan and the Rise of China（New York：Walker，1964）；Immanuel C.Y.Hsu，The Rise of Modern China（Oxford：Oxford University Press，1970）；Irwin Millard Heine，China』s Rise to Commercial Maritime Power（New York：Green Wood，1989）.

[744] 閻學通、王在邦、李忠誠、侯若石著：《中國的崛起——國際環境評估》，天津：天津人民出版社1998年版。

[745]Gerald Segal，「Does China Matter?」Foreign Affairs，Vol.78，No.5（1999），pp.24-36.

[746]Samuel S.Kim，「China in World Politics，」in Barry Buzan and Rosemary Foot，eds.，Does China Matter?A Reassessment：Essays in Memory of Gerald Segal（London：Routeledge，2004），p.40.

[747]Niall Ferguson and Moritz Schularick，「『Chimerica』and the Global Asset Market Boom」，International Finance，Vol.10，Issue 3（2007），pp.215-239；Niall Ferguson and Moritz Schularick，「Chimerical?Think Again」，Wall Street Journal，February 5，2007；Fred C.Bergsten，「A Partnership of Equals：How Washington Should Respond to China』s Economic Challenge?」，Foreign Affairs，Vol.87，Issue 4（July 2008），pp.57-69.

[748]（英）馬丁·雅克著：《當中國統治世界：中國的崛起和西方世界的衰落》；（英）尼爾·弗格森著，米拉譯：《西方的衰落》，北京：中信出版社2013年版。

[749] 趙可金：《中國地位與世界角色——探索新外交哲學》，《國際政治研究》2012年第4期，第50頁。

[750]Bonnie S.Glaser and Evan S.Medeiros，「The Changing Ecology of Foreign Policy Making in China：Then Ascension and Demise of the Theory of『Peaceful Rise』」，China Quarterly，Vol.190（June 2007），pp.291-310.

[751]Hooghe，Ingrid，「The Limits of China』s Soft Power in Europe：Beijing』s Public Diplomacy Puzzle，」The Hague，Netherlands Institute of International Relations，Clingendael Diplomacy Papers No.25，2010，p.1

中國歷代與國際間的關係及規範變遷：從「文明標準」到「新文明標準」
目錄

[752]Michael E.Brown，et al.，The Rise of China（Cambridge，Mass.：MIT Press，2000）；Ramgopal Agarwala，The Rise of China：Threat or Opportunity?（New Delhi：Bookwell，2002）；Kokubun Ryosei and Wang Jisi，eds.，The Rise of China and a Changing East Asian Order（Tokyo：Japan Center for International Exchange，2004）；Robert Sutter，China』s Rise in Asia：Promises and Perils（Lanham，MD：Rowman & Littlefield Publishers，2005）；Ted C.Fishman，China Inc：The Relentless Rise of the Next Great Superpower（London：Simon & Schuster，2005）；Harm De Blij，Why Geography Matters：Three Challenges Facing America：Climate Change，the Rise of China，and Global Terrorism（New York，NY：Oxford University Press，2006）；Ian Storey，ASEAN and the Rise of China（London：Routledge，2006）；Daniel C.Lynch，Rising China and Asian Democratization：Socialization to『Global Culture』in the Political Transformations of Thailand，China，and Taiwan（Stanford，Ca.：Stanford University Press，2006）；Brahma Chellaney，Asian Juggernaut：The Rise of China，India and Japan（New Delhi：Harper Collins Publishers，2006）；Edward Friedman，ed.，China』s Rise，Taiwan』s Dilemmas and International Peace（London and New York：Routledge，2006）；Zmark Shalizi，Energy and Emissions：Local and Global Effects of the Rise of China and India（Washington，DC：World Bank，2007）；David C.Kang，China Rising：Peace，Power，and Order in East Asia（New York：Columbia University Press，2007）；Bates Gill，Rising Star：China』s New Security Diplomacy（Washington，DC：Brookings Institution Press，2007）；William W.Keller and Thomas G.Rawski，ed.，China』s Rise and the Balance of Infuence in Asia（Pittsburgh，PA：University of Pittsburgh Press，2007）；V.P.Malik and Jorg Schultz，eds.，The Rise of China：Perspectives from Asia and Europe（New Delhi：Pentagon Press，in association with Observer Research Foundation，2008）；Minqi Li，The Rise of China and the Demise of the Capitalist World Economy （London：Pluto Press，2008）；Rex Li，A Rising China and Security in East Asia：Identity Construction and Security Discourse（London：Routledge，2008）；Sheng Ding，The Dragon』s Hidden Wings：How China Rises with Its Soft Power（Lanham，MD：Lexington Books，2008）；C.Fred Bergsten，et al，China』s Rise：Challenges and Opportunities （Washington，DC：Peterson Institute for International Economics，

2008）；Charles Horner，Rising China and Its Postmodern Fate：Memories of Empire in a New Global Context（Athens，Ga：The University of Georgia Press，2009）；Hsin-Huang，Michael Hsiao and Cheng-yi Lin，Rise of China：Beijing』s Strategies and Implications for the Asia-Pacifc（London：Routledge，2009）；Scott Snyder，China』s Rise and the Two Koreas：Politics，Economics，Security（Boulder，Colo：Lynne Rienner Publishers，2009）.

[753]Brantly Womack，ed.，China』s Rise in Historical Perspective（Lanham，Md.：Rowman & Littlefield Publishers，2010）；Herbert S.Yee，ed.，China』s Rise：Threat or Opportunity?（London：Routledge，2011）；Baogang Guo and Chung-chian Teng，ed.，China』s Quiet Rise：Peace Through Integration（Lanham，Md.：Lexington Books，2011）；Arne Odd Westad，Restless Empire：China and the World Since 1750（London：Bodley Head，2012）；Jeffrey A.Bader，Obama and China』s Rise：An Insider』s Account of America』s Asia Strategy（Washington，DC：Brookings Institution Press，2012）；David Shambaugh，China Goes Global：The Partial Power（Oxford：Oxford University Press，2013）；Gary J.Schmitt，The Rise of China：Essays on the Future Competition（Encounter Books，2013）；Thomas J.Christensen，The China Challenge：Shaping the Choices of A Rising Power（New York：W.W.Norton & Company，2015.

[754]（澳）潘成鑫著，張旗譯：《國際政治中的知識、慾望與權力：中國崛起的西方敘事》，北京：社會科學文獻出版社 2016 年版，《前言》第 1 頁。

[755] 江澤民：《全面建設小康社會開創中國特色社會主義事業新局面——在中國共產黨第十六次全國代表大會上的報告》（2002 年 11 月 8 日）。

[756]http：//news.sina.com.cn/c/2011-02-14/085921950289.shtml.

[757]《中共中央關於全面深化改革若干重大問題的決定》（2013 年 11 月 12 日中國共產黨第十八屆中央委員會第三次全體會議透過），http：//news.xinhuanet.com/politics/2013-11/15/c_118164235.htm

[758] 習近平：《關於〈中共中央關於全面深化改革若干重大問題的決定〉的說明》，http：//news.xinhuanet.com/politics/2013-11/15/c_118164294.htm

[759] 張蘊嶺著：《尋求中國與世界的良性互動》，《前言》第 2—3 頁。

[760]David Shambaugh，China Goes Global：The Partial Power（Oxford：Oxford University Press，2013）.

[761] 閻學通著：《歷史的慣性：未來十年的中國與世界》，第 18 頁。

[762] 李巍著：《制度之戰：戰略競爭時代的中美關係》，北京：社會科學文獻出版社 2017 年版，第 17—18 頁。

[763] http://news.ifeng.com/a/20141218/42748503_0.shtml

[764] 王緝思編著：《大國關係：中美分道揚鑣，還是殊途同歸？》，北京：中信出版社 2015 年版，第 263 頁。

[765] （英）馬丁·雅克著：《當中國統治世界——中國的崛起和西方世界的衰落》，第 38 頁。

[766] 龐中英：《全球治理的「新型」最為重要——新的全球治理如何可能》，《國際安全研究》2013 年第 1 期，第 53 頁。

[767] （英）巴裡·布贊：《全球性變革與國際秩序的演進》。

[768] 同上。

[769] （美）徐中約著：《中國近代史》（第六版），第 596 頁。

[770] 秦亞青等主編：《國際體系與中國外交》，第 6 頁。

[771] 有關國際合法性的討論，可參考 Ian Clark, Legitimacy in International Society (Oxford：Oxford University Press，2005)；Ian Clark, International Legitimacy and World Society (Cambridge：Cambridge University Press，2007)；Hilary Charlesworth, ed., Fault Lines of International Legitimacy (Cambridge：Cambridge University Press，2009).

[772] 國務院新聞辦公室：《中國和平發展》白皮書，2011 年 9 月 6 日，http://www.gov.cn/jrzg/2011-09/06/content_1941204.htm.

[773] 達巍：《構建中美新型大國關係的路徑選擇》，《世界經濟與政治》2013 年第 7 期，第 71 頁。

[774] 黃仁偉：《後起大國與守成大國互動的歷史與現實》，《國際關係研究》2015 年第 1 期，第 13 頁。

[775] 《中華人民共和國與各國建立外交關係日期簡表》，中國外交部網站，http://www.fmprc.gov.cn/mfa_chn/ziliao_611306/2193_611376/

[776] http://news.ifeng.com/a/20160401/48292027_0.shtml

[777] 國務院新聞辦公室：《中國武裝力量的多樣化運用》白皮書（全文），2013 年 4 月 16 日，http://news.ifeng.com/mainland/detail_2013_04/16/24267642_1.shtml

[778] 劉鐵娃：《中美聯合國維和行動比較與合作空間分析》，《國際政治研究》2017 年第 4 期，第 35 頁。

[779] 中華人民共和國外交部政策規劃司編：《中國外交》（2011 年），北京：世界知識出版社 2011 年版，第 232 頁。

[780] 李肇星著：《說不盡的外交——我的快樂記憶》，第 252 頁；呂德勝：《解放軍參加聯合國維和行動成效顯著》，《解放軍報》2010 年 4 月 25 日。

[781] 何銀：《發展和平：聯合國維和建和中的中國方案》，《國際政治研究》2017 年第 4 期，第 14 頁。

[782] 同上。

[783] Rosemary Foot and Andrew Walter，China，the United States，and Global Order（Cambridge：Cambridge University Press，2011），pp.142-143.

[784] Rosemary Foot and Andrew Walter，China，the United States，and Global Order，p.164.

[785] 中華人民共和國外交部政策規劃司編：《中國外交》（2011 年），第 19 頁。

[786] 同上，第 235 頁。

[787] http：//world.people.com.cn/n/2013/1125/c157278-23641176.html

[788] 《習近平同美國總統奧巴馬通電話》，2015 年 7 月 22 日，http：//news.sina.com.cn/o/2015-07-22/050032133025.shtml

[789] 國務院新聞辦公室：《中國和平發展》白皮書，2011 年 9 月 6 日，http：//www.gov.cn/jrzg/2011-09/06/content_1941204.htm.

[790] http：//news.xinhuanet.com/world/2014-05/09/c_1110605193.htm

[791] 秦亞青等主編：《國際體系與中國外交》，第 105 頁。

[792] http：//news.xinhuanet.com/politics/2015-09/27/c_1116687809.htm

[793] 國務院新聞辦公室：《中國武裝力量的多樣化運用》白皮書（全文），2013 年 4 月 16 日，http：//news.ifeng.com/mainland/detail_2013_04/16/24267642_1.shtml

[794] 同上。

[795] 清華大學當代國際關係研究院外交改革課題組閻學通：《打造中國外交改革創新的機制》，《國際政治科學》2014 年第 4 期，第 36—63 頁。

[796] http：//news.ifeng.com/a/20161211/50397820_0.shtml

[797] 中華人民共和國外交部政策規劃司編：《中國外交》（2011 年），第 245 頁。

[798]Cho Young-nam，「South Korea-China Relations and Norm Conflicts，」Korea Focus，Vol.18，No.3（Autumn 2010），p.126.

[799]http://news.xinhuanet.com/world/2010-04/26/c_1255712.htm

[800] 中華人民共和國外交部政策規劃司編：《中國外交》（2011 年），第 245 頁。

[801] 李巍著：《制度之戰：戰略競爭時代的中美關係》，第 90 頁。

[802] 李巍著：《制衡美元：政治領導與貨幣崛起》，上海：上海人民出版社 2015 年版，第 242 頁。

[803] 黃範章：《未來十年中國經濟的走勢》，《中國戰略觀察》2010 年第 3 期，第 7 頁。

[804] 李巍著：《制度之戰：戰略競爭時代的中美關係》，第 91 頁。

[805] 李巍著：《制衡美元：政治領導與貨幣崛起》，第 239 頁。

[806] 秦亞青等主編：《國際體系與中國外交》，第 96 頁。

[807] 中華人民共和國外交部政策規劃司編：《中國外交》（2011 年），第 232 頁。

[808]Michael Schulz，Fredrik Soderbaum，and Joakim Ojendal，eds.，Regionalization in a Globalizing World：A Comparative Perspective of Forms，Actors and Process（London：Zed Books，Ltd.，2001），p.22.

[809]（美）彼得·卡贊斯坦著，秦亞青、魏玲譯：《地區構成的世界：美國帝權中的亞洲和歐洲》，北京：北京大學出版社 2007 年版，第 2 頁。

[810] 張小明著：《美國與東亞導論》，北京：北京大學出版社 2011 年版，第 192—213 頁。

[811]Zhang Xiaoming，「The Rise of China and Community Building in East China，」Asian Perspective，Vol.30，No.3（2006），pp.129-148.

[812]Gilbert Rozman，「Cultural Prerequisites of East Asian Regionalism in the Age of Globalization，」Korea Observer，Vol.37，No.1（Spring 2006），p.168.

[813]Evan S.Medeiros and M.Taylor Fravel，「China』s New Diplomacy，」Foreign Affairs，Vol.82，No.6（2003）；秦亞青、朱立群：《新國際主義與中國外交》，《外交評論》總第 84 期（2005 年 10 月），第 21—27 頁。

[814] 自 2010 年 1 月 1 日始，中國與文萊、印度尼西亞、馬來西亞、菲律賓、新加坡和泰國這六個東盟老成員國共有 90% 的產品實行零關稅，而越南、寮國、柬埔寨和緬甸這四個東盟新成員國將在 2015 年對 90% 的中國產品實現零關稅的目標。參

見陸建人：《中國—東盟自由貿易區建設的經驗與問題》，《中國戰略觀察》2010年第1期，第23—29頁。

[815] 杜尚澤、劉慧：《習近平同印度尼西亞總統蘇西洛舉行會談》，《人民日報》2013年10月3日，第1版。

[816] 周文重著：《鬥而不破：中美博弈與世界再平衡》，北京：中信出版集團2017年版，第58頁。

[817] 李麗輝：《協定簽署：亞投行籌建邁出最關鍵一步》，《人民日報》2015年6月30日，第4版。

[818] 舒建中：《亞洲基礎設施投資銀行與國際金融秩序》，《國際關係研究》2015年第4期，第15—26頁。

[819] http://news.ifeng.com/a/20160116/47099336_0.shtml

[820] 代帆、周聿峨：《東亞地區秩序的未來：東亞還是亞太？》，《南洋問題研究》2006年第1期，第28頁。

[821] 王帆：《中美在東亞地區的戰略分歧與化解》，《外交評論》2015年第5期，第3頁。

[822] 張蘊嶺著：《尋求中國與世界的良性互動》，第69頁。

[823] 王帆：《中美在東亞地區的戰略分歧與化解》。

[824] http://news.ifeng.com/a/20160113/47051290_0.shtml

[825] http://news.ifeng.com/a/20160205/47370240_0.shtml

[826] 秦亞青等主編：《國際體系與中國外交》，第5—7頁。

[827] http://www.gov.cn/ldhd/2012-07/07/content_2178506.htm

[828] Rosemary Foot，Rights beyond Borders：The Global Community and the Struggle over Human Rights in China（Oxford：Oxford University Press，2000）；Rosemary Foot，「Chinese Strategies in a US-hegemonic Global Order：Accommodating and Hedging，」International Affairs，Vol.82，No.1（2006），pp.777-794；Adam Roberts，「The Evolution of International Relations，」Notes for lecture at Royal College of Defense Studies，21 January 2008，p.21.

[829] Robert B.Zoellick，「Whither China：From Membership to Responsibility?」，September 21，2005，http://www.state.gov/s/d/former/zoellick/rem/53682.htm

[830]（英）馬丁·雅克著：《當中國統治世界：中國的崛起和西方世界的衰落》，第118頁。

[831]Yongjin Zhang，China in International Society since 1949：Alienation and Beyond，p.250.

[832]Robert Jackson，The Global Covenant：Human Conduct in a World of States（Oxford：Oxford University Press，2000），p.364.

[833]David Scott，China Stands Up：The PRC and the International System（London：Routledge，2007），pp.4-19，pp.83-85、167-168.

[834]Barry Buzan，「China in International Society：Is『Peaceful Rise』Possible?」The Chinese Journal of International Politics，Vol.3，No.1（2010），pp.5-36.

[835]Walter Russell Mead，「The Return of Geopolitics：The Revenge of the Revisionist Powers，」Foreign Affairs，May/June 2014，http：//www.foreignaffairs.com/articles/141211/walter-russell-mead/th-return-of-geopolitics?cid=emc-feb15promoa-content-012115 & sp_mid=47855989 & sp_rid=eG16aGFuZ0Bwa3UuZWR1LmNuS0

[836]（英）馬丁·雅克著：《當中國統治世界：中國的崛起和西方世界的衰落》，第236頁。

[837]G.John Ikenberry，「The Rise of China and the Future of the West：Can the Liberal System Survive?」Foreign Affairs，Vol.87，No.1（January/February 2008），pp.23-37.

[838]（美）阿倫·弗裡德伯格著，洪漫、張琳、王宇丹譯：《中美亞洲大博弈》，北京：新華出版社2012年版，《序言》第1頁。

[839]陳健：《試論新型大國關係》，《國際問題研究》2012年第6期，第11頁。

[840]（美）理查德·內德·勒博著，陳定定、段嘯林、趙洋譯：《國家為何而戰？》，上海：上海世紀出版集團2014年版，《中文版前言》第II頁。

[841]Andrew Hurrell，「Hegemony，Liberalism and Global Order：What space for would-be great powers?」International Affairs，Vol.82，No.1（2006），pp.545-566；Rosemary Foot，「Chinese Strategies in a US-hegemonic Global Order：Accommodating and hedging，」International Affairs，Vol.82，No.1（2006），pp.77-94.

[842]Jack Donnely，「Human Rights：A new standard of civilization?」International Affairs，Vol.74，No.1（1998），pp.1-24.

[843]I.Carlson and R.Ramphal，Our Global Neighborhood（Oxford：Oxford University Press），1995，pp.46-57；Nicholas Wheeler，Saving Strangers：Humanitarian Intervention in International Society（Oxford：Oxford University Press），2000，p.1；Robert Jackson and George Sorenson，Introduction to International Relations：Theories and Approaches，3rd edition（Oxford：Oxford University Press，2007），pp.157-159；Tim Dunne，「Fundamental Human Rights Crisis after 9/11，」International Politics，Vol.44（2007），pp.269-286；Brahma Chellaney，「Bridgebuilder on the Ganges：India』s ascent in a rapidly changing global order，」Hitoshi Tanaka，「Renewal or Irrelevance：Asia』s ascendance and the case for systemic reform of global governance，」International Politik（Fall 2008），pp.34-41；International Politik（Fall 2008），pp.82-87；「Korea Institute at Australian National University：Focal Point of Korean Students in Australia，」Korea Foundation Newsletter，Vol.17，No.10（2008），pp.2-3.

[844]Yongjin Zhang，「System，Empire and State in Chinese International Relations，」Review of International Studies，Vol.27（2001），p.63.

[845]Andrew Hurrell，「Hegemony，Liberalism and Global Order：What space for would-be great powers?」International Affairs，Vol.82，No.1（2006），pp.1-19.

[846]Andrew Hurrell，On Global Order：Power，Values，and the Constitution of International Society（Oxford：Oxford University，2007），pp.211-212.

[847]G.John Ikenberry，「The Rise of China and the Future of the West：Can the Liberal System Survive?」

[848]Walter Russell Mead，「History Isn』t Dead Yet：Asia and the Return of Geopolitics，」Global Asia，Vol.9，No.3（Fall 2014），pp.20-23.

[849]（美）查爾斯·庫普乾著，洪漫、王棟棟譯：《沒有主宰者的世界：即將到來的全球大轉折》，北京：新華出版社 2012 年版，第 12 頁。

[850] 國務院新聞辦公室：《2012 年中國人權事業的進展》白皮書，2013 年 5 月 14 日，http：//news.xinhuanet.com/politics/2013-05/14/c_115758619.htm

[851]David Scott，China Stands Up：The PRC and the International System，pp.83-98.

[852]http：//news.sina.com.cn/c/2011-05-04/075322402381.shtml

[853]Cho Young-nam，「South Korea-China Relations and Norm Conflicts，」Korea Focus，Vol.18（Autumn 2010），pp.115-128.

[854]http：//news.ifeng.com/a/20141219/42752720_0.shtml

[855]Report of the International Commission on Intervention and State Sovereignty，The Responsibility to Protect（Ottawa，Canada：International Development Research Center，2001）；Gareth Evans，The Responsibility to Protect：Ending Mass Atrocity Once and for All（Washington，DC：Brookings Institution，2008）.

[856]Report of the Secretary-General』s High-Level Panel on Threats，Challenges，and Change，A More Secure World：Our Shared Responsibility（New York：United Nations，2004）.

[857]Kofi Annan on the General Assembly（Fifty-ninth session），「In Larger Freedom：Towards Development，Security and Human Rights for All，」21 March 2005，http：//www.un.org/summit2005/documents.html

[858]http：//www.un.org/summit2005/documents.html

[859]Ibid.

[860]（美）布魯斯·瓊斯、（美）卡洛斯·帕斯誇爾、（美）斯蒂芬·約翰·斯特德曼著：《權力與責任：構建跨國威脅時代的國際秩序》，第11頁。

[861]Alex J.Bellamy，Responsibility to Protect：The Global Efforts to End Mass Atrocities（Cambridge，UK：Polity Press，2009），「Introduction，」p.2.

[862]《王光亞大使在聯大磋商9月首腦會成果文件草案時的發言》（2005年6月21日），中國外交部網站，http：//www.fmprc.gov.cn/123/wjdt/zyjh/t200843.htm

[863]陳拯、朱宇軒：《中國政府與「保護的責任」辯論：基於安理會相關辯論發言的分析》，《當代亞太》2015年第5期，第130—155頁。

[864]Rosemary Foot and Andrew Walter，China，the United States，and Global Order（Cambridge：Cambridge University Press，2011），p.50.

[865]楊澤偉著：《國際法析論》（第三版），第364頁。

[866]李麗：《保護的責任與安理會強制性干預決議——利比亞與敘利亞案例的比較分析》，《戰略決策研究》2017年第1期，第6頁。

[867]陳拯、朱宇軒：《中國政府與「保護的責任」辯論：基於安理會相關辯論發言的分析》。

[868] 同上，第 147—148 頁。

[869] 同上，第 151 頁。

[870]（美）加里·J. 施密特主編，韓凝、黃娟、代兵譯：《中國的崛起：美國未來的競爭與挑戰》，北京：新華出版社 2016 年版，第 29 頁。

[871]Nicholas J.Wheeler，「Introduction：The Political and Moral Limits of Western Military Intervention to Protect Civilians in Danger，」in Colin McInnes and Nicholas J.Wheeler，eds.，Dimensions of Western Military Intervention（London：Frank Cass Publishers，2002），p.4；Tim Dunne and Nicholas J.Wheeler，eds.，Human Rights in Global Politics（Cambridge：Cambridge University Press，1999），p.13..

[872]Adam Roberts，「The Evolution of International Relations，」Notes for lecture at Royal College of Defense Studies，21 January 2008，p.21.

[873]Ibid.

[874] 阮宗澤：《負責任的保護：建立更安全的世界》，《國際問題研究》2012 年第 3 期，第 9—22 頁。

[875]（英）馬丁·雅克著：《當中國統治世界：中國的崛起和西方世界的衰落》，第 172 頁。

[876]《中共中央關於全面深化改革若干重大問題的決定》（2013 年 11 月 12 日中國共產黨第十八屆中央委員會第三次全體會議透過），http：//news.xinhuanet.com/politics/2013-11/15/c_118164235.htm

[877] 習近平：《在慶祝中國人民政治協商會議成立 65 週年大會上的講話》，2014 年 9 月 21 日，http：//news.ifeng.com/a/20140921/42043243_0.shtml

[878]Yun-han Chu，Hsin-hsin Pan & Wen-chin Wu，「Regime Legitimacy in East Asia：Why Non-Democratic States Fare Better than Democracies，」Global Asia，Vol.10，No.3（Fall 2015），pp.98-105.

[879]John K.Fairbank，China Perceived：Images and Policies in Chinese-American Relations（New York：Alfred A.Knopf，Inc.，1974），pp.7-9.

[880]Susan Shirk，How China Opened Its Doors：The Political Success of China』s Trade and Investment Reforms（Washington，DC：The Brookings Institution，1994），pp.76-77；Barry Buzan，「From International System to International Society：Structural Realism and Regime Theory Meet the English School，」International Organization，Vol.47，No.3（1993），pp.327-352；Barry Buzan，「International Society and International

Security，」in R.Fawn and J.Larkins，eds.，International Society after the Cold War：Anarchy and Order Reconsidered（Basingstoke：Macmillan，1996），p.261-287；Yongjin Zhang，China in International Society since 1949：Alienation and Beyond，pp.244-251.

[881]Den Blumenthal，「Blind into Beijing，」The American（An Magazine of Ideas-online at American.com），Dec.20，2007，http：//www.american.com/archive/2007/december-12-07/blind-into-beijing

[882]（美）萊斯特·布朗：《聖誕節是中國製造的》，http：//www.stnn.cc/ed_china/200712/t20071221_697783.html

[883]（英）馬丁·雅克著：《當中國統治世界：中國的崛起和西方世界的衰落》，第267頁。

[884]（美）羅伯特D.卡普蘭著，吳兆禮、毛悅譯：《季風：印度洋與美國權力的未來》，北京：社會科學文獻出版社2013年版，第120頁。

[885]2006年，人權委員會為人權理事會所取代。

[886]http：//www.fmprc.gov.cn/mfa_chn/gjhdq_603914/gj_603916/yz_603918/1206_604930/

[887]（美）查爾斯·蒂利著：《民主》，第51頁。

[888]李莉：《印度偏離不結盟及其動因分析》，《國際政治科學》2017年第1期，第1—35頁。

[889]Martin Wight，Systems of States（London：Leicester University Press in association with London School of Economics and Political Science，1977），p.41.

[890]王小東著：《天命所歸是大國》，南京：江蘇人民出版社、鳳凰出版傳媒集團2008年版，第40頁。

[891]John Pomfret，「Obama welcomes Singh，hails India』s『leadership role』in Asia，」Washington Post，November 25，2009.

[892]（英）馬丁·雅克著：《當中國統治世界：中國的崛起和西方世界的衰落》，第200頁。

[893]同上，第312頁。

[894]（澳）休懷特著,樊犇譯：《中國抉擇：美國為什麼應與中國分享權力》，北京：世界知識出版社2013年版，第74—75頁。

[895]Yongjin Zhang，China in International Society since 1949：Alienation and Beyond，pp.194-243.

[896] 國務院新聞辦公室：《中國和平發展》白皮書，2011年9月6日，http：//www.gov.cn/jrzg/2011-09/06/content_1941204.htm

[897] 同上。

[898]C.Fred Bersten，「A Partnership of Equals：How Washington Should Respond to China』s Economic Challenge，」Foreign Affairs，Vol.87，No.4（July/August 2008），pp.57-69；Donald H.Straszbeim，「China Rising，」World Policy Journal（Fall 2008），pp.157-170.

[899] 趙龍躍編著：《制度性權力：國際規則重構與中國策略》，北京：人民出版社2016年版，第94、109—115頁。

[900]http：//wemedia.ifeng.com/282574493318059/wemedia.shtml

[901]http：//news.xinhuanet.com/local/2013-06/05/c_116033075.htm

[902]WHO，「Global Urban Ambient Air Pollution Database（update 2016），」世衛組織推薦的空氣質量標準（年平均濃度為）：PM10每立方米20微克，PM2.5每立方米10微克。參見徐彤武：《全球衛生：國家實力、現實挑戰與中國發展戰略》，《國際政治研究》2016年第3期，第37頁注10。

[903]http：//news.ifeng.com/shendu/nfzm/detail_2013_06/07/26205127_0.shtml

[904] 有統計認為，2007年，中國已經取代美國成為世界上最大的二氧化碳排放國，參見（英）馬丁·雅克著：《當中國統治世界：中國的崛起和西方世界的衰落》，第140頁。也有統計認為，2009年，中國已經成為全球最大的碳排放國家，參見Lyle J.Goldstein，Meeting China Halfway：How to defuse the emerging US-China rivalry（Washington，D.C.：Georgetown University Press，2015），p.113.

[905]（美）布魯斯·瓊斯、（美）卡洛斯·帕斯誇爾、（美）斯蒂芬·約翰·斯特德曼著：《權力與責任：構建跨國威脅時代的國際秩序》，第94頁。

[906] 新華社：《溫家寶總理在哥本哈根氣候變化會議領導人會議上的講話》（全文），2009年12月19日，http：//news.xinhuanet.com/world/2009-12/19/content_12668033.htm

[907] 余瀟楓主編：《中國非傳統安全研究報告（2012—2013）》，北京：社會科學文獻出版社2013年版，第160頁。

[908]http：//news.xinhuanet.com/politics/2013-06/01/c_115995880.htm

[909] http：//news.ifeng.com/shendu/nfzm/detail_2013_06/07/26205127_0.shtml

[910]《中共中央關於全面深化改革若干重大問題的決定》（2013年11月12日中國共產黨第十八屆中央委員會第三次全體會議透過），http：//news.xinhuanet.com/politics/2013-11/15/c_118164235.htm

[911] 楊澤偉著：《國際法析論》（第三版），第121頁。

[912] 新華網：《詳訊：巴黎氣候變化大會透過全球氣候新協定》，2015年12月13日，http：//news.xinhuanet.com/world/2015-12/13/c_128524201.htm

[913] Adam Watson，「The Practice Outruns the Theory，」in B.A.Roberson，ed.，International Society and the Development of International Relations Theory，revised paperback edition（London：Continuum，2002），p.151.

[914] 漆海霞：《戰國的終結與制衡的失效——對戰國時期合縱連橫的反思》，《當代亞太》2015年第5期，第48頁。

[915] 李文雲：《中國和平友好走向世界》，《人民日報》「喜迎黨的十七大特刊」，2007年10月14日，http：//politics.people.com.cn/GB/1026/6374853.html

[916] 中廣網：《胡錦濤在黨的十七大上的報告》，2007年10月25日，http：//news.xinhuanet.com/politics/2007-10/24/content_6939223.htm

[917] 楊潔篪：《2007年國際形勢和與中國外交工作》，《求是》2008年第1期。

[918] http：//www.xinhuanet.com/2008lh/zb/0312a/

[919] http：//www.gov.cn/jrzg/2011-09/06/content_1941204.htm.

[920] http：//news.xinhuanet.com/world/2013-05/20/c_115836188.htm

[921] 戴秉國著：《戰略對話——戴秉國回憶錄》，北京：人民出版社、世界知識出版社2016年版，第175頁。

[922] 俞可平著：《民主是個好東西》，北京：社科文獻出版社2006年版；俞新天著：《掌握國際關係密鑰：文化、軟實力與中國對外戰略》，上海：上海人民出版社2010年版，第176頁。

[923] 中廣網：《胡錦濤在黨的十七大上的報告》。

[924] http：//news.stnn.cc/guoji/201101/t20110121_1498892.html

[925] 胡錦濤：《堅定不移沿著中國特色社會主義道路前進，為全面建成小康社會而奮鬥——在中國共產黨第十八次全國代表大會上的報告》（2012年11月8日），人民出版社2012年版，第17頁。

第四節　崛起的中國與未來的國際秩序

[926] 溫家寶：《關於社會主義初級階段的歷史任務和中國對外政策的幾個問題》，《人民日報》2007 年 2 月 27 日。

[927]（英）馬丁·雅克著：《當中國統治世界：中國的崛起和西方世界的衰落》，第 173 頁。

[928] 同上，第 179 頁。

[929]（美）徐中約著：《中國近代史》（第六版），第 607 頁。

[930]（美）格雷厄姆·艾利森、（美）羅伯特·布萊克威爾、（美）阿里·溫尼編：《李光耀論中國與世界》，北京：中信出版社 2013 年版，第 16 頁。

[931] 錢乘旦：《關於「民主」：歷史與現實》。

[932] 顧準著：《顧準文集》，貴陽：貴州人民出版社 1994 年版，第 348—353 頁。

[933]（美）格雷厄姆·艾利森、（美）羅伯特·布萊克威爾、（美）阿里·溫尼編：《李光耀論中國與世界》，第 156 頁。

[934] 李文雲：《中國和平友好走向世界》。

[935] http://news.xinhuanet.com/world/2013-09/26/c_117519291.htm

[936] 葉自成、龍泉霖著：《華夏主義——華夏體系 500 年的大智慧》，北京：人民出版社 2013 年版，第 539 頁。

[937] 李安山等著：《非洲夢：探索現代化之路》，南京：江蘇人民出版社 2013 年版，《作者的話》第 3 頁。

[938] 楊潔篪：《2007 年國際形勢和中國外交工作》。

[939] 新華網：《共和國部長訪談錄：商務部部長陳德銘談中華人民共和國 60 年商務》，http://news.xinhuanet.com/politics/2009-09/07/content_12010716_3.htm

[940] 國務院新聞辦公室：《中國和平發展》白皮書，2011 年 9 月 6 日，http://www.gov.cn/jrzg/2011-09/06/content_1941204.htm.

[941] 張宇燕：《多角度理解「一帶一路」戰略構想》，《世界經濟與政治》2016 年第 1 期，第 1 頁。

[942]《中國共產黨第十七屆中央委員會第五次全體會議公報》，《人民日報》2010 年 10 月 19 日。

[943] http://news.xinhuanet.com/fortune/2014-12/06/c_1113546075.htm

[944] 習近平：《推動全球治理體制更加公正更加合理》，http://news.xinhuanet.com/fortune/2015-10/13c_1116812159.htm

[945]（美）羅伯特·基歐漢：《競爭的多邊主義與中國的崛起》，《外交評論》2015年第6期，第20—26頁。

[946] 陳志敏、蘇長和：《做國際規則的共同塑造者》，《外交評論》2015年第6期，第51—56頁。

[947] 胡波：《論中國的重要海洋利益》，《亞太安全與海洋研究》2015年第3期，第14—28頁。

[948] 中華人民共和國外交部政策規劃司編：《中國外交》（2011年），第232頁。

[949] 余瀟楓主編：《中國非傳統安全研究報告（2012—2013）》，第157頁。

[950] http://news.xinhuanet.com/world/2013-05/20/c_115836188.htm

[951] 閻學通著：《歷史的慣性：未來十年的中國與世界》，第186頁。

[952] 閻學通：《國際領導與國際規範的演化》。

[953] 清華大學當代國際關係研究院外交改革課題組閻學通：《打造中國外交改革創新的機制》。

[954] 閻學通著：《世界權力的轉移：政治領導與戰略競爭》，北京：北京大學出版社2015年版，第91—99頁。

[955] 俞正樑：《中華優秀傳統文化與國際政治新秩序》，《學習與探索》1996年第4期，第73—76頁。

[956] 楊倩如：《雙重視野下的古代東亞國際體系研究——在中外關係史與國際政治學之間》。

[957] 吳士存、蔣圍：《中菲南海仲裁案最近發展述評》，《亞太安全與海洋研究》2015年第1期，第27頁。

[958] 王慶新：《春秋華夏天下秩序的啟示》，第84頁。

[959] 同上，第85頁。

[960] 陶堅：《「融入」和「塑造」國際體系是一個長期進程》，《外交評論》2015年第6期，第41—46頁。

[961] 張睿壯：《現行國際秩序與中國》，《外交評論》2015年第6期，第46—50頁。

[962] 秦亞青等主編：《實踐與變革：中國參與國際社會體系進程研究》，北京：世界知識出版社2016年版，《代序》第18頁。

第四節　崛起的中國與未來的國際秩序

國家圖書館出版品預行編目（CIP）資料

中國歷代與國際間的關係及規範變遷：從「文明標準」到「新文明標準」/ 張小明 著. -- 第一版.
-- 臺北市：崧燁文化, 2019.08
　　面；　公分
POD 版
ISBN 978-957-681-843-1(平裝)

1. 國際關係 2. 中國研究

578　　　　　　　　　　　　　　　　　108009005

書　　名：中國歷代與國際間的關係及規範變遷：從「文明標準」到「新文明標準」
作　　者：張小明 著
發 行 人：黃振庭
出 版 者：崧燁文化事業有限公司
發 行 者：崧燁文化事業有限公司
E - m a i l：sonbookservice@gmail.com
粉 絲 頁：　　　　　網　址：
地　　址：台北市中正區重慶南路一段六十一號八樓 815 室
8F.-815, No.61, Sec. 1, Chongqing S. Rd., Zhongzheng
Dist., Taipei City 100, Taiwan (R.O.C.)
電　　話：(02)2370-3310 傳　真：(02) 2370-3210
總 經 銷：紅螞蟻圖書有限公司
地　　址：台北市內湖區舊宗路二段 121 巷 19 號
電　　話:02-2795-3656 傳真:02-2795-4100　　網址：
印　　刷：京峯彩色印刷有限公司（京峰數位）
　本書版權為九州出版社所有授權崧博出版事業股份有限公司獨家發行電子書及
　繁體書繁體字版。若有其他相關權利及授權需求請與本公司聯繫。
定　　價：500 元
發行日期：2019 年 08 月第一版
◎ 本書以 POD 印製發行